KB214629

트리비움(TRIVIUM) 지혜를 담은

SQ3R 독서기술

트리비움(TRIVIUM) 지혜를 담은

SQ3R 독서기술

지은이 | 이상욱
펴낸이 | 원성삼
표지 디자인 | 안은숙
펴낸곳 | 예영커뮤니케이션
초판 1쇄 발행 | 2024년 10월 29일
등록일 | 1992년 3월 1일 제2-1349호

주소 | 03128 서울특별시 종로구 대학로3길 29, 313호(연지동, 한국교회100주년기념관)
전화 | (02)766-8931
팩스 | (02)766-8934
이메일 | jeyoung_shadow@naver.com

ISBN 979-11-89887-83-4 (03370)

값 23,000원

트리비움(TRIVIUM) 지혜를 담은

SQ3R 독서기술

이상욱 지음

예영커뮤니케이션

들어가는 말

독서기술: 성공을 위한 필수 기술

오늘날 우리는 흘러넘치는 정보화 시대에 살고 있다. 인터넷, 소셜 미디어, 디지털 도서관 등 다양한 소스를 통해 방대한 양의 정보를 접할 수 있게 되었다. 이러한 정보는 교육, 업무, 일상생활에서 성공하기 위해 필수적인 요소로 자리 잡았다. 그러나 정보의 양뿐만 아니라 그 형식과 출처의 다양성 또한 우리에게 도전 과제가 된다. 효율적인 독서기술을 익히는 것은 이 시대에 필수적이라 할 수 있다.

정보화 시대를 살아가는 학생들은 교과서 외에도 온라인 강의, 논문, 디지털 교재 등 다양한 자료를 접하게 된다. 대학생들은 전공 수업 외에도 온라인 자료를 통해 최신 연구 동향을 파악하고 있다. 효율적인 정보처리 능력인 독서기술을 통하지 않고는 방대한 양의 자료를 빠르게 이해하고, 중요한 정보를 선별하여 학업 성취도를 높일 수 없다. 이는 단순히 교과서에 의존하던 과거와는 다른 모습이다. 독서기술을 숙달하는 것은 정보의 바다 속에서 헤엄치는 방법을 익히는 것과 같다.

전문가들은 지속적인 자기 계발과 최신 정보를 습득하기 위해 끊임없이 공부해야 생존할 수 있다. 예를 들어, 마케팅 전문가 이지연 씨는 시장 트렌드를 파악하기 위해 다양한 보고서와 연구 자료를 읽는다. 그녀는 효율적인 독서 기술을 통해 빠르게 핵심 정보를 파악하고, 이를 업무에 적용하여 경쟁력을 유지하고 있다. 정보화 시대에 빠르게 변화하는 시장에서 성공하기 위해서는 최신 정보를 빠르게 습득하고 적용할 수 있는 능력이 필수적이다. 자기성취는 탁월한 독서기술에서 나온다.

독서기술은 정보처리 능력이다

독서기술은 정보를 정확하게 이해하는 능력을 키워준다. 이는 단순히 글을 읽고 이해하는 것 이상의 의미를 지닌다. 예를 들어, 법률 문서를 읽는 변호사는 복잡한 법 조항과 판례를 정확히 이해하고 해석해야 한다. 법률 문서는 종종 전문 용어와 복잡한 문장 구조를 포함하기 때문에, 이러한 문서를 정확히 이해하는 능력은 매우 중요하다. 변호사는 이를 통해 고객에게 최적의 법률 조언을 제공할 수 있으며, 법정에서의 주장을 뒷받침할 수 있다. 이러한 이해력은 독서기술을 통해 꾸준히 훈련되고 발전된다. 즉, 정확한 정보 이해 능력은 변호사의 직무 수행에 필수적이며, 이는 독서기술을 통해 획득되고 강화된다.

효과적인 독서는 비판적 사고를 촉진한다. 이는 다양한 관점에서 정보를 분석하고, 그 신뢰성과 유용성을 평가하는 능력을 포함한다. 예를 들어, 연구 논문을 읽는 과학자는 실험 결과의 타당성을 평가하고, 연구 방법론의 강점과 약점을 분석하며, 새로운 연구 방향을 제시할 수 있다. 과학자는 기존 연구를 비판적으로 분석하여 새로운 아이디어를 개발하고, 연구의 신뢰성을 높일 수 있다. 이러한 비판적 사고와 분석 능력은 독서를 통해 지속적으로 강화된다. 독서기술을 통해 과학자는 복잡한 정보를 체계적으로 분석하고, 이를 바탕으로 혁신적인 연구를 진행할 수 있다.

독서기술은 문제 해결 능력을 향상시킨다. 이는 다양한 정보와 지식을 습득하고 이를 활용하여 복잡한 문제를 해결할 수 있는 능력을 포함한다. 예를 들어, 경영자는 다양한 경영 서적과 사례 연구를 통해 문제 해결 전략을 학습하고 이를 실제 상황에 적용할 수 있다. 경영 서적은 성공적인 기업의 사례와 전략을 포함하고 있으며, 이를 통해 경영자는 유사한 문제에 대한 해결책을 모색할 수 있다. 독서기술을 통해 습득한 지식과 정보는 경영자가 직면한 복잡한 문제를 해결하는 데 큰 도움이 된다. 문제 해결 능력은 현대 사회에서 매우 중요하며, 이는 독서기술을 통해 지속적으로 발전된다.

독서기술은 정보화 시대의 핵심 능력으로, 정확한 정보 이해 능력, 비판적 사고와 분석 능력, 그리고 문제 해결 능력을 포함한다. 이러한 능력들은 각각의 분야에서 성공적인 결과를 도출하는 데 필수적이며, 이를 통해 개인의 역량을 강화하고, 보다 나은 성과를 이루는 데 기여한다. 독서기술을 지속적으로 훈련하고 발전시키는 것은 정보화 시대에 필수적인 과제로, 이를 통해 더 나은 미래를 설계할 수 있다.

리버럴 아츠: 애플의 성공 비결

리버럴 아츠는 고대 그리스와 로마에서 유래한 교육 철학으로, 자유 시민이 갖추어야 할 필수 지식을 가르치기 위한 학문 분야를 말한다. “리버럴”은 ‘자유로운’을 의미하며, “아츠”는 ‘기술’ 또는 ‘학문’을 의미한다. 리버럴 아츠는 인간의 지적, 도덕적, 사회적 성장에 기여하는 다양한 학문을 포함하며, 전통적으로 일곱 개의 자유 학문으로 구성된다. 리버럴 아츠에는 일곱 가지가 있다. 이 책에서 다루는 트리비움(Trivium) 3학과 쿼드리비움(Quadrivium) 네 개 학문이 추가된다.

트리비움(Trivium)

트리비움은 학문적 기초를 다지는 세 가지 학문인 문법, 논리, 수사학으로 구성된다. 이 단계는 학생들이 기본적인 언어 능력과 논리적 사고를 기르도록 돕는다.

1) 문법(Grammar)

특징: 문법 단계는 언어의 구조와 규칙을 배우는 과정이다. 이는 기본적인 사실과 정보를 이해하고, 텍스트를 정확하게 해석하는 능력을 기르는 데 중점을 둔다.

목표: 학생들이 언어를 명확하게 이해하고 사용할 수 있도록 돕는다. 기본적인 어휘와 문법 규칙을 배우며, 텍스트의 기본 내용을 파악하는 능력을 기른다.

예시: 문학 작품에서 주요 인물, 줄거리, 설정 등을 파악하거나, 논픽션 텍스트에서 주요 주장과 증거를 식별하는 것.

2) 논리(Logic)

특징: 논리 단계는 논리적 사고와 추론을 배우는 과정이다. 텍스트 내의 논리적 구조를 분석하고, 주장의 타당성을 평가하며, 논리적 오류를 식별한다.

목표: 학생들이 비판적으로 사고하고, 논리적으로 일관된 주장을 펼칠 수 있도록 돕는다. 논리적 분석을 통해 깊이 있는 이해를 도모한다.

예시: 논픽션 작품에서 저자의 논리적 주장을 평가하거나, 문학 작품에서 인물 간의 갈등과 사건 전개의 논리적 연결을 분석하는 것.

3) 수사학(Rhetoric)

특징: 수사학 단계는 설득력 있는 의사소통을 배우는 과정이다. 이해한 내용을 논리적으로 정리하고, 설득력 있게 전달하는 능력을 개발한다.

목표: 학생들이 자신의 생각을 명확하고 효과적으로 표현할 수 있도록 돕는다. 논리적 주장을 뒷받침하는 증거를 활용하여 설득력 있게 의사소통하는 능력을 기른다.

예시: 텍스트 분석을 바탕으로 에세이를 작성하거나, 논픽션 텍스트의 내용을 토론하고 프레젠테이션을 준비하는 것.

쿼드리비움(Quadrivium)

쿼드리비움은 트리비움 이후의 학문적 단계로, 수학적 사고와 자연 현상을 이해하는 네 가지 학문인 산술, 기하학, 음악, 천문학으로 구성된다. 이 단계는 학생들이 자연 세계를 수학적, 과학적으로 이해하도록 돕는다.

1) 산술(Arithmetic)

특징: 산술은 숫자와 수학적 계산을 다루는 학문이다. 기본적인 산수 능력을 기르고, 수학적 개념을 이해한다.

목표: 학생들이 수와 계산의 원리를 이해하고, 이를 통해 논리적 사고와 문제 해결 능력을 기른다.

예시: 기본적인 덧셈, 뺄셈, 곱셈, 나눗셈 등의 연산을 수행하고, 숫자의 성질을 이해하는 것.

2) 기하학(Geometry)

특징: 기하학은 공간과 형태를 다루는 학문이다. 도형의 성질과 관계를 이해하고, 기하학적 추론을 통해 문제를 해결한다.

목표: 학생들이 공간적 사고를 기르고, 논리적 추론 능력을 배양한다. 기하학적 개념을 통해 물리적 세계를 이해한다.

예시: 도형의 면적과 부피를 계산하고, 기하학적 정리를 증명하는 것.

3) 음악(Music)

특징: 음악은 소리와 리듬을 다루는 학문이다. 음악의 이론적 기초를 이해하고, 음의 조화와 비율을 연구한다.

목표: 학생들이 음악적 감수성과 수학적 비율을 이해하도록 돕는다. 음악의 구조를 통해 조화와 균형의 개념을 배운다.

예시: 음계와 리듬의 구조를 분석하고, 음악의 조화와 비율을 이해하는 것.

4) 천문학(Astronomy)

특징: 천문학은 천체와 우주의 구조를 다루는 학문이다. 별과 행성의 움직임을 관찰하고, 천체의 법칙을 이해한다.

목표: 학생들이 자연 현상을 수학적, 과학적으로 이해하도록 돕는다.
우주의 구조와 천체의 운동을 통해 자연 세계의 질서를 배운다.
예시: 별자리의 위치를 파악하고, 행성의 궤도를 계산하며, 천체의 운동 법칙을 연구하는 것.

트리비움과 쿼드리비움은 고전교육의 핵심을 이루는 학문 체계로, 각각 언어와 수학을 중심으로 지적 능력을 배양하는 데 중점을 둔다. 트리비움은 문법, 논리, 수사학을 통해 언어와 논리적 사고 능력을 기르며, 쿼드리비움은 산술, 기하학, 음악, 천문학을 통해 수학적 사고와 자연 현상에 대한 이해를 돕는다. 이 두 체계는 학생들이 전인적으로 성장하고, 지적 능력을 최대한 발휘할 수 있도록 하는 고전적 교육 방법이다.

스티브 잡스는 애플의 성공 비결을 '기술과 인문학의 교차점'에 있다고 말했다. 그는 다음과 같은 이유로 리버럴 아츠를 중시했다. 스티브 잡스가 리버럴 아츠(Liberal Arts)를 강조한 이유는 그의 독특한 혁신 철학과 제품 개발 접근 방식에 깊이 뿌리내리고 있다. 그는 기술과 인문학의 융합이 진정으로 혁신적이고 사용자 중심의 제품을 창출하는 데 필수적이라고 믿었다. 잡스는 리버럴 아츠가 창의성과 비판적 사고를 촉진하고, 더 나아가 기술 혁신에 새로운 차원을 더할 수 있다고 보았다.

스티브 잡스는 리버럴 아츠가 예술, 문학, 역사, 철학 등 다양한 분야를 포함하여 창의적 사고를 자극한다고 보았다. 잡스는 이러한 창의적 사고가 기술 혁신에 필수적이라고 믿었다. 예를 들어, 아이폰과 같은 제품은 단순한 기술적 성취뿐만 아니라, 사용자의 감성을 자극하고, 직관적인 사용자 경험을 제공하는 디자인 철학을 반영하고 있다. 이는 리버럴 아츠의 영향을 받은 창의적 사고 덕분이다.

잡스는 제품을 설계할 때 항상 사용자의 경험을 최우선으로 생각했다. 리버럴 아츠 교육은 인간의 심리와 행동을 이해하고, 이를 통해 사용자가 쉽게 이해하고 사용할 수 있는 제품을 설계하는 데 도움을 준다. 예를 들어, 맥킨토시 컴퓨터는 사용자의 편의를 고려한 그래픽 사용자 인터페이스(GUI)를 도입하여 컴퓨터 사용을 보다 직관적이고 쉽게 만들었다. 이는 기술적 지식뿐만 아니라 인간 중심의 접근 방식을 통한 결과물이다.

잡스는 이러한 능력이 기술 혁신과 기업 경영에서 중요한 역할을 한다고 보았다. 그는 비판적 사고를 통해 기존의 문제를 새로운 방식으로 접근하고, 창의적인 해결책을 도출해냈다. 이는 애플의 제품 개발 과정에서 자주 나타나는 특징이다. 아이폰은 기술과 디자인의 완벽한 융합을 보여주는 대표적인 사례다. 잡스는 엔지니어와 디자이너가 협력하여 기술적으로 우수하면서도 미적 감각이 뛰어난 제품을 만들어냈다. 아이폰의 직관적인 인터페이스와 세련된 디자인은 리버럴 아츠와 기술의 결합이 만들어낸 결과물이다.

그리고 애플 스토어의 설계와 운영 방식도 리버럴 아츠의 영향을 받았다. 잡스는 단순히 제품을 판매하는 공간을 넘어, 사용자가 제품을 직접 체험하고, 브랜드와 교감할 수 있는 환경을 만들고자 했다. 이는 공간 디자인, 소비자 행동, 브랜드 경험 등을 종합적으로 고려한 결과로, 리버럴 아츠의 영향을 받은 창의적 사고가 반영된 것이다.

트리비움 읽기에 기반을 둔 SQ3R 독서법

독서와 학습을 효과적으로 수행하기 위해 개발된 다양한 방법들이 있다. 그중 SQ3R 독서법은 1941년 미국의 교육심리학자 프랜시스 P. 로빈슨이 처음 소개한 방법으로, 대학생들의 읽기 수준을 향상시키기 위한 기술이다. 또한, 고전교육의 삼학(三學) 전통인 트리비움(Trivium)은 학습을 문법, 논리, 수사학의 세 단계로 나누어 체계적인 학습을 돕는다. 이 두 방법은 각각의 단계에서 공통된 목표를 지니고 있으며, 서로 조화를 이루어 텍스트를 이해하고 해석하는 포괄적인 틀을 제공한다.

1) 문법 단계

문법 단계는 텍스트에서 기본 사실과 정보를 수집하는 단계다. 이 단계에서는 문학의 주요 개념, 인물, 줄거리 또는 논픽션 작품의 주요 주장과 증거를 식별한다. 이는 텍스트의 표면적 내용을 이해하고, 텍스트의 구조와 핵심 요소를 파악하는 것을 목표로 한다. 이 단계는 SQ3R의 개관(Survey) 단계 및 읽기(Read) 단계에 해당한다. 개관 단계에서는 텍스트를 전체적으로 훑어보고, 제목, 소제목, 굵은 글씨, 요약 등을 통해 텍스트의 전체 구조를 파악한다면 읽기 단계는 텍스트를 자세히 읽고, 주요 개념, 인물, 줄거리 또는 주요 주장과 증거를 이해한다. 트리비움의 문법 단계와 SQ3R의 개관 및 읽기 단계는 텍스트의 기본적인 구조와 내용을 파악하는 데 중점을 둔다. 두 방법 모두 텍스트의 주요 요소를 식별하고, 이를 기반으로 더 깊은 이해를 준비하는 과정을 포함한다.

2) 논리 단계

논리 단계는 텍스트 내의 논리적 연결을 분석하는 단계다. 이 단계에서는 주장의 타당성에 의문을 제기하고 증거를 평가하며 불일치나 오류를 식별한다. 이는 텍스트를 비판적으로 분석하고, 논리적 일관성을 평가하는 과정을 포함한다. SQ3R의 질문(Question) 단계 및 되새김(Recite) 단계에 해당된다. 질문 단계는 텍스트를 읽기 전에, 주요 제목이나 소제목을 바탕으로 질문을 만든다. 이러한 질문은 독서의 목표를 설정하고, 텍스트를 더 적극적으로 읽도록 돕는다. 되새김 단계는 읽은 내용을 되새기며 주요 개념과 정보를 기억하고, 텍스트의 핵심 내용을 요약한다. 논리 단계와 SQ3R의 질문 및 되새김 단계는 텍스트를 비판적으로 분석하고, 내용을 깊이 이해하는 데 중점을 둔다. 두 방법 모두 주장을 평가하고, 논리적 일관성을 검토하며, 중요한 내용을 기억하고 요약하는 과정을 포함한다.

3) 수사학 단계

수사학 단계는 이해한 내용을 설득력 있게 전달하고, 배운 내용을 실제로 적용하는 단계다. 이 단계에서는 토론에 참여하고, 요약이나 분석을 작성하며, 자신의 견해를 체계적으로 정리하여 발표한다. 이 수사단계는 SQ3R의 표현(Review) 단계에 해당된다. 표현은 읽은 내용을 복습하고, 주요 개념과 정보를 다시 확인한다. 이를 통해 텍스트의 내용을 완전히 이해하고, 이를 바탕으로 토론이나 에세이 작성, 그림이나 음악, 산업이나 기술의 제품 등 실질적인 작업을 수행한다. 수사학 단계와 SQ3R의 표현 단계는 이해한 내용을 정리하고, 이를 실제로 적용하는 데 중점을 둔다. 두 방법 모두 독서 후 내용을 복습하고, 이를 바탕으로 토론이나 글쓰기 등 실질적인 작업을 통해 배운 내용을 적용하고 전달하는 과정을 포함한다.

트리비움 지혜를 담은 SQ3R 독서기술

이 책은 총 6부로 구성되어 있으며, 각 부는 독서법과 그 활용 방법을 체계적으로 안내한다. 독서의 방법과 단계에 따라 읽는 사람의 경험과 지식 수준에 따라 그 효과가 달라질 수 있다. 다음은 각 부의 세부 내용이다.

1부 다양한 독서법 소개

1부에서는 다양한 독서법을 소개하며, 독서의 목적과 상황에 맞게 활용할 수 있는 방법들을 제시한다. 여기에는 속독, 정독, 낭독, 필사, 신토픽칼 독서, 거룩한 독서, 트리비움 독서, SQ3R 독서법이 포함된다. 같은 책이라 할지라도 독자의 경험과 지식 수준에 따라 적합한 독서법이 달라질 수 있음을 강조한다.

2부 개관(Survey) 단계

2부에서는 SQ3R 독서법의 첫 번째 단계인 개관을 다룬다. 이 단계에서는 저술 배경, 저자, 주제 파악, 목차 읽기, 책 제목 읽기 등을 통해 책의 전체적인 구조와 내용을 개관한다. 이를 통해 독자는 책의 전반적인 맥락을 이해하고, 더 깊이 있는 독서를 위한 준비를 하게 된다.

3부 질문(Question) 단계

3부에서는 SQ3R 독서법의 두 번째 단계인 질문을 다룬다. 이 단계에서는 저술 목적을 이해하고, 다양한 질문 방식을 통해 독서의 목표를 설정한다. 5W1H, KWL, 서사 질문, 관점 질문 등의 방식이 소개되며, 어떤 질문을 선택하느냐에 따라 동일한 책이라도 얻는 결과가 크게 달라질 수 있음을 설명한다.

4부 읽기(Read) 단계 – 문법 세우기

4부에서는 SQ3R 독서법의 세 번째 단계인 읽기를 다루며, 이를 트리비움의 문법 단계와 연결한다. 문법 단계에서는 언어의 구조와 규칙을 이해하고, 이를 통해 텍스트의 요소들을 올바르게 이해하는 훈련을 한다. 또한, 주어진 시간 내에 정확하게 정보를 얻기 위한 읽기 방법, 즉 적독(摘讀)의 기술을 소개한다. 이는 농부가 익을 과일을 따뜻이 필요한 정보를 빠르고 정확하게 파악하는 데 중점을 둔다.

5부 되새김(Recite) 단계 – 논리적 사고

5부에서는 SQ3R 독서법의 네 번째 단계인 되새김을 다루며, 이를 트리비움의 논리 단계와 연결한다. 이 단계에서는 논리적 추론을 통해 주어진 정보나 전제를 바탕으로 합리적인 결론을 도출하고 논증을 구성하며, 반론에 대응하는 기술을 훈련한다. 논리적 사고를 통해 효과적인 의사소통을 가능하게 하며, 관점으로 사고하는 기술, 이분법적 사고, 사고력을 확장하는 기술 등을 연습하게 된다.

6부 표현(Review) 단계 – 수사학 기업

6부에서는 SQ3R 독서법의 다섯 번째 단계인 표현을 다루며, 이를 트리비움의 수사학 단계와 연결한다. 이 단계에서는 읽은 내용을 자신의 것으로 만들고, 전체 내용을 정리하여 다른 사람을 설득하는 데까지 나아간다. 로고스(논리), 에토스(윤리), 파토스(감정) 등의 설득 기술을 익히며, 이를 통해 독서한 지식을 재창조하거나 새로운 이론을 제시하는 방법을 배운다. 이는 단순한 이해를 넘어 창의적인 지식의 발전으로 이어진다.

2012년에 출판된 『명작독서 명품인생』이 많은 독자의 사랑을 받으며 다시 개정판으로 출간되었다. 이번 개정판은 이미 고인이 되신 김승태 장로님의 도움 덕분에 가능했던 출판 사실을 기리며, 그의 공로에 깊이 감사드린다. 또한, 늘 격려와 용기를 주시고 지금은 병상에 계신 서용원 교수님, 말없이 제 사역을 위해 기도하는 아내, 그리고 저의 사역을 적극적으로 지지해 주신 임욱순 장로님께도 진심으로 감사의 마음을 전한다. 이분들의 헌신과 지지가 없었다면 이번 개정판 출간은 이루어지지 못했을 것이다. 모든 분들께 깊은 감사의 말씀을 드린다.

차례

3부 질문(Question): 알고 싶은 것 / 87

4부 읽기(Read): 문법 세우기 / 107

5부 되새김(Recite): 논리로 사고하기 / 133

6부 표현(Review): 수사로 표현하기 / 179

트리비움(TRIVIUM) 지혜를 담은

SQ3R 독서기술

1부

독서는 기술이다

독서는 기술이다

빌 게이츠는 책의 내용을 기억하는 데 큰 도움이 되는 독서 방법을 공유했다. 그의 접근 방식은 간단하면서도 효과적이다. 즉, 광범위하게 읽으라. 여러 권의 책에 몰입함으로써 유사한 내용의 상호 연관성이 분명해지고 이해도가 높아진다. 이 과정은 퍼즐을 조립하는 것과 유사하며, 각 조각은 포괄적인 이해에 이바지한다. 책의 이해도가 높아질수록 읽는 것이 더 즐겁고 결과적으로 기억력이 좋아진다.

성공하려면 이미 성공한 사람을 따라 해야 한다는 말이 있다. 성공한 사람들, 특히 부유한 사람들의 공통적인 특징은 책을 많이 읽는 경향이다. 독서만으로는 부와 성공을 향한 직접적인 길이 아닐 수도 있지만, 성공과 독서가 서로 얽혀 있다는 것은 부인할 수 없는 증거다. 독서는 특권이 적은 사람들이 번영을 얻을 수 있는 접근 가능한 길을 제시하기 때문이다. 시간이나 능력이나 재화와 같은 제한된 자원으로 시작하는 개인에게는 이러한 상관관계가 훨씬 더 중요하다. 따라서 읽기 능력을 익히는 것이 그 무엇보다 중요하다.

독서는 단순한 수동적 활동이 아니다. 이는 개인 및 직업 분야에서 성공을 뒷받침하는 기본 기술이다. 저명한 교육자이자 철학자인 모티머 아들러(Mortimer Adler)는 독서의 중추적인 역할을 인식하고 독서의 효과적인 실천을 옹호하는 데 평생을 바쳤다. 아들러의 관점은 독서를 단순한 단어 소비로 보는 관점에서 벗어났다. 오히려 그는 그것을 헌신과 실천을 통해 다듬어질 수 있는 기술로 여겼다. 그는 능숙한 독서가 개인 성장, 지적 성숙, 자아를 실현할 수 있는 전체론적 교육의 핵심이라고 굳게 믿었다. 이 복잡한 기술은 어휘 숙달, 이해력, 비판적 분석 및 평가 등 수많은 구성 요소를 포함한다. 진정한 독서 능력에는 단어 의미 파악, 텍스트 내용 이해, 제시된 정보 분석 및 평가가 포함된다.

아들러의 신념은 다른 기술과 마찬가지로 읽기도 체계적으로 가르쳐야 한다는 생각으로 확장되었다. 그의 견해는 어릴 때부터 독서에 대한 애정을 키우는 것이 매우 중요하다. 그는 관점을 넓히고 균형 잡힌 세계관을 키우기 위한 수단으로 소설, 논픽션, 시대를 초월한 고전을 포괄하는 다양한 독서 다이어트를 옹호했다.

아들러 철학의 핵심은 자료와의 상호작용을 포함하는 기술인 능동적 독서였다. 능동적인 참여에는 질문 제기, 콘텐츠와 개인 경험 간의 연결 구축, 텍스트를 비판적으로 해체하는 작업이 포함된다. 그는 적극적인 독서는 이해력과 기억력을 향상할 뿐만 아니라 비판적 사고와 분석 능력을 키워준다고 주장했다. 읽기 기술에 대한 아들러의 믿음은 현대에도 여전히 유효하며, 개인적 및 직업적 성취를 위해 강력한 읽기 능력을 개발해야 하는 지속적인 필요성을 강조한다.

다양한 주제에 걸쳐 내용을 탐구하고, 독서에 대한 변함없는 사랑을 키우는 포괄적인 독서 접근 방식을 수용한 개인은 능숙한 독자와 평생 학습자로 발전하는 데 필요한 바로 그 기술을 배양할 준비가 되어 있다. 이 기술은 개인이 지식의 다양한 환경을 탐색하고, 복잡한 개념을 파악하고, 심오한 통찰력을 얻을 수 있도록 지원하여 궁극적으로 유능한 독자가 될 뿐만 아니라 끊임없이 호기심이 다양한 지식 추구자가 되기 위한 여정을 촉진한다.

읽기 기술은 고기 잡는 기술

읽기 기술은 낚시 기술에 비유될 수 있다. 각 기술에는 인내와 노력, 어느 정도의 전문 지식이 필요하다. 학교는 주로 지식 전파에 중점을 두지만, 물고기 잡는 기술과 유사한 읽기라는 중요한 기술을 간과하는 경우가 많다. 낚시에 많은 헌신이 필요한 것처럼 읽기 능력을 습득하고 향상하는 것도 마찬가지다.

전통적인 교실 환경에서는 읽기 능력의 전체적인 개발이 뒷전으로 밀려나 잠재적으로 정보에 대한 이해력과 기억력이 부족해질 수 있다. 어휘와 이해력이 다루어지지만, 효과적인 읽기에 본질적인 비판적 사고와 분석의 필수 구성 요소는 때때로 무시된다.

그러나 낚시 실력을 교실 밖에서 기를 수 있는 것처럼, 개인에게는 정규 교육을 넘어 읽기 능력을 강화할 기회가 있다. 매일 독서에 시간을 할당하면 이해력과 비판적 사고가 향상되어 내용을 더욱 깊이 이해할 수 있다. 더욱이, 다양한 텍스트에 참여하면 시야가 넓어지고 균형 잡힌 세계관이 조성된다.

학교에서는 읽기 기술을 강조하지 않고 지식을 전달할 수 있지만, 개인은 읽기에 시간과 노력을 투자하고 다양한 문학 작품을 수용하며 성찰의 시간을 투자해야 독립적으로 읽기 능력을 향상할 수 있다. 물고기를 잡는 노력과 마찬가지로, 읽기 능력을 습득하고 연마하는 데에는 인내와 노력이 필요하다. 그러나 강화된 읽기 능력의 보상은 헤아릴 수 없을 만큼 크므로 노력할 가치가 매우 높다.

독서 목적에 따른 독서법

효과적인 독서전략은 독서의 뚜렷한 목적에 맞게 조정되어야 한다. 다면적인 활동인 독서는 정보를 얻고 이해를 심화하는 두 가지 주요 기능을 수행한다. 이러한 범주에는 다양한 접근 방식이 필요하며 다양한 읽기 방법의 필요성이 강조된다.

정보 획득을 위한 독서는 실용성과 목표 지향적 노력을 중심으로 이루어진다. 그 목적은 스캐닝, 스키밍, 요약을 포함하는 특정 지식을 신속하고 효율적으로 검색하는 기술이다. 이러한 독서 방법은 속도와 데이터 추출을 우선시하는 연구, 연구 및 업무 관련 작업에 이상적이다.

반대로, 이해력을 높이기 위한 독서의 목적은 참여적이고 성찰적인 자세를 요구한다. 여기에서는 비판적 사고를 장려하고 새로운 자료를 기존 지식 및 개인 경험과 연결하는 적극적인 참여가 중요하다. 이러한 종류의 독서는 개인의 성장을 촉진하고 개인이 개념을 내면화하고 의미를 부여하도록 힘을 실어준다.

이 두 가지 읽기 목적의 요구 사항이 달라서 적용되는 접근 방식과 기술도 달라야 한다. 독서는 수동적인 정보 흡수를 초월한다. 그것은 아이디어를 자신의 정신적 틀에 동화시키는 상호작용 과정을 포함한다. 이 프로세스를 통해 개인은 제시된 콘텐츠에 대해 자신의 가치, 신념 및 세계관을 평가할 수 있다.

이를 고려하여 다양한 목표에 대해 뚜렷한 읽기 방법론을 사용하는 것이 현명하다. 예를 들어, 트리비움-SQ3R 방법은 개관, 질문, 적극적 읽기, 심화 및 표현을 통합하여 심오한 참여를 위한 포괄적인 프레임워크를 제공한다. 이러한 접근 방식은 자료에 대한 깊은 이해를 장려하고 보유력을 향상한다.

요약하면, "독서는 기술이다"라는 아들러의 주장은 개인적, 직업적 성장을 촉진하기 위해 독서를 맞춤화하는 것의 중요성을 강조한다. SQ3R 기술과 같은 전략을 수용하고 상호 작용적이고 사려 깊은 접근 방식을 수용함으로써 독자는 자신의 기술을 다듬고 이해력을 확대하며 독서를 목적이 있고 풍요로운 노력으로 변화시킬 수 있다.

1. 속독 - 파레토 법칙

1) 속독이란 무엇인가?

여러 독서법 가운데 속독이 있다. 한 시간에 한 권 정도 읽으면 속독이라 하는데 책 내용을 전부 읽는 것이 아니다. 속독은 전부 읽지 않고 포인트와 요점만 간추려 파악하는 독서법이다. 그러기 위해서는 목차를 활용하는 것이 좋다. 목차 읽기를 생략하는 경우가 많은데 목차 안에 포인트가 있다. 목차에는 키워드가 있고, 맥락이 있다. 그래서 저자가 강조하는 부분이 어떤 부분인지 알아차릴 수 있다. 목차를 읽으면 자주 등장하는 단어와 구조만으로 글을 미리 파악할 수 있다.

책의 내용을 꼼꼼히 읽는다고 모두 내 것이 되는 것은 아니다. 내가 천 권의 책을 읽었다고 지금, 현재 읽은 천 권의 책의 내용이 다 생각나는 것은 아니다. 하지만 무의식에 쌓여서 어느 때 필요한 상황에 부초처럼 떠오른다. 속독을 많이 하면 뇌가 그만큼 자극되고 머리 회전이 빨라진다. 인간의 뇌는 쓰지 않으면 나이가 젊어도 늙어버린다. 대신 외모를 가꾸듯이 뇌도 적극적으로 관리해야 한다. 속독으로 뇌를 자극하고 단련하면 질이 달라질 수 있다. 책을 넘치도록 읽고 접하게 되면 머리 회전도 빨라질 것이다. 그리고 책을 많이 읽으면 읽을수록 이해력과 독해력도 향상된다. 핵심 단어를 찾아 읽을수록 독서량을 증폭시킬 수 있다. 책 읽기는 읽은 만큼 속도도 비례한다.

2) 왜 속독인가?

눈의 속도에 비해 머리가 못 따라가면 독서의 부작용이 발생한다. 빅데이터 시대의 효과적인 정보를 어떻게 활용할 것인가에 대해 관심을 둔 원동연 박사는 『5차원 독서법과 학문의 9단계』에서 속독의 필요성을 제기했다.

원동연 박사는 『5차원 독서법과 학문의 9단계』에서 속독의 원리를 이렇게 설명한다.

> "읽는 속도가 두뇌에서 일어나는 생각의 속도보다 느리다. 정보처리 능력이 원래 인간은 일반적으로 분당 1,000-1,500자의 정보를 처리할 수 있는 능력을 갖추고 있다. 그러나 요즈음 사람들의 정보처리 능력을 조사해보면 분당 600자 내외이며, 심할 경우 200-300자에 머무는 경우도 많다. 기본을 훨씬 밑도는 비정상적인 수준에 있다는 말이다.
> 따라서 정보처리 능력을 정상으로 회복하는 것이 무엇보다도 시급하다. 분당 1,000-1,500자 정도를 읽고 이해하는 것이 정상임에도 불구하고 이것이 안 되는 이유는 둔한 눈의 움직임과 소리를 내지는 않더라도 속으로 따라 읽는 습관 때문이다. 따라서 빠른 속도로 이해하면서 읽기 위해서는 먼저 굳어진 안구 근육부터 풀어주어야 한다. 그리고 속으로 따라 읽지 말고 눈으로만 읽는 훈련을 해야 한다."

학생들을 지도하다 보면 속독 독서법을 통해 정보처리 능력을 2, 3배로 높이는 것은 그다지 힘든 일이 아니다. 왜냐하면 턱없이 높은 수준이 아니라 정상적인 수준으로 회복하는 것이기 때문이다. 누구라도 꾸준히 7, 8주 훈련을 거듭하면 그 능력을 2배 이상 손쉽게 향상할 수 있다. 임상 경험에 따르면, 우리나라 중학교 2, 3학년 학생들을 일주일에 1시간씩 그룹으로 훈련하고, 각자가 날마다 5분씩 연습한 결과, 7주 후에는 최소 1,400자, 최대 2,100자까지 증가하는 것으로 측정되었다.

3) 속독은 어떻게 하는가?

80/20 법칙이라고도 하는 파레토 법칙은 결과의 80%가 원인의 20%에서 나온다고 말한다. 이 원칙은 속독을 포함하여 삶의 많은 영역에 적용될 수 있다. 속독에서 파레토 법칙은 적은 수의 읽기 기술과 전략이 읽기 속도와 이해력을 크게 향상할 수 있다고 제안한다. 예를 들어, 안구 운동을 개선하고 하위 발성(마음속에서 단어를 조용히 반복하는 것)을 줄이는 데 집중함으로써 개인은 읽기 속도와 이해력을 높일 수 있다. 이 두 가지 기법을 연습하고 숙달하면 파레토 법칙에 따라 개인의 전반적인 읽기 능력에 어울리는 영향을 미칠 수 있다.

책을 빨리 읽으면 무슨 능력자로 알고 있지만, 속독법은 책을 많이 읽으면 누구나 터득할 수 있는 기술이다. 한 분야의 책을 백 권만 읽어도 반복되는 내용이 많아서 건너뛰고 읽게 된다. 해 아래 새로운 것이 없어서 내용이 대부분 반복되기 때문이다. 독서에도 80:20의 파레토 법칙이 적용된다. 이탈리아의 경제학자인 빌프레도 파레토가 주창한 '20대 80 법칙'은 모든 결과의 80%가 전체 원인의 20%에서 일어난다는 것이다. 백화점 매출의 80%가 20%의 고객에게서 나오고, 회사에서 얻는 생산량의 80%는 20%의 직원이 생산한다는 것이다.

이 법칙은 선택과 집중이라는 관점에서 본다면 중요한 의미를 담고 있다. 인생의 본질을 다루는 문·사·철 인문학이 20%에 해당한다면, 실용서 및 교양서들은 80% 현상이나 설명에 불과하다. 그래서 인문학 독서가 중요한 이유도 여기에 있다. 인문학은 본질을 다루고 있기 때문이다. 그리고 실용서, 교양서 등에는 본질이 20%이고 현상이 80% 비율로 구성되어 있다. 꼭 읽어야 할 부분은 20% 정도에 지나지 않는다. 하지만 80%의 바탕 지식이 있어야 20%의 저자의 주장이 이해된다. 이런 종류의 책은 통독이나 속독, 필요한 부분만 읽는 적독(摘讀)이 필요하다. 딸 적(摘), 읽을 독(讀), 적독(摘讀)만으로도 충분하다. 정해진 시간 내에 띄엄띄엄 필요한 부분만 읽는 독서법이다. 인문서와 실용서 비율이 20%: 80%이지만 읽는 시간으로 따진다면 비슷한 시간이 된다.

문장 구조가 잘 구성된 책일수록 읽기에 유리하다. 문단은 대개 소주제 문장과 설명문장으로 되어 있다. 소주제 문이 대개 1문장으로 되어 있다면 설명문장은 대개 4-5문장으로 구성되어 있다. 여기에도 소주제 문은 20%에 해당하고 설명 부분은 80%에 해당한다. 따라서 소주제 문이 아는 내용이면 굳이 설명문장을 읽을 필요가 없다.

결정적으로 책을 빠르게 읽기 위해서는 배경지식 수준을 높이는 것이 중요하다. 속독은 기술만 가지고 되는 것은 아니다. 어느 정도 내공이 있는 사람이 실행해야 가능한 독서법이다. 속독으로 감명 깊었던 책을 여러 번 읽을 수 있고 시간 대비 여러 권을 많이 읽을 수 있어서 한 주제를 다양한 관점에 바라볼 수 있는 이로움을 극대화할 수 있다.

책을 빠르게 읽기 위해서는 신토픽칼(syntopical) 독서가 유리하다. 공통 주제를 찾아 꼬리물기 식으로 책을 읽어라. 이때 중요한 것은 내가 선택한 주제의 책을 쉬운 책부터 읽는 것이 중요하다. 본인의 레벨에 맞는 책을 읽어서 실제로 적용해 성장해 나가는 것이 중요하다. 훌륭한 책을 읽어도 현실에서 성공하지 못하는 가장 큰 이유가 누군가의 추천으로 나와 맞지 않는 책을 읽기 때문이다. 처음에는 무조건 관심 분야나 쉬운 분야를 찾아서 공통 주제의 책을 읽어 가다 보면 100%의 속도감이 일취월장 향상되는 것을 경험하게 될 것이다.

독서의 기술을 깨우치는 길은 많은 책을 읽어 요령을 스스로 깨우치고 자기 능력에 맞게 정리하는 것이다. 가랑비에 옷이 적시듯이 정신은 서서히 다듬어진다. 탁월한 인생을 살기 위해서는 자기만의 독서법으로 지식의 인간이 되는 것이다. 시간에 쫓기듯 속독에 집착하면 수박 겉핥기가 된다. 목적 없는 속독이 유익한 것이 아니다. 모든 책을 정독한다고 효과적인 방법도 아니고 책의 형식에 따라, 독자의 지적 수준에 따라 분류하여 결정하는 것이 좋은 방법이다.

2. 정독 – 디코딩 과정

1) 정독이란 무엇인가?

책을 처음부터 끝까지 꼼꼼하게 자세히 읽는 것을 정독이라 할 수 있다. 책 속에 담겨 있는 내용을 세세하게 상상하며 머릿속에 정돈하면서 읽는 것이다. 『책에 던지는 7가지 질문』이라는 책을 쓴 정수복 작가에 따르면 책읽기는 압축파일을 풀어 해독하는 과정이라고 한다. 작가의 기술이란 인간의 정수를 알파벳 문자들에 압축해 넣는 마술, 바로 그것이다. 니코스키잔차키스의 『영국기행』에서 독자의 기술은 그 마술적 장치를 열고 그곳에 갇혀 있는 뜨거운 불이나 부드러운 숨결을 느끼는 것이다.

책을 읽어내기 위해서는 저자의 비유나 상징적인 의미로 압축된 개념이나 단어의 의미를 깊이 생각하면서 이해하고 풀어내는 정신적 긴장과 집중이 필요하다. 모르는 단어나 표현이 나오면 관련 사전을 찾아보거나 다른 책을 참고로 찾아보고 그 의미를 책의 여백에 써넣으면서 읽어야 비로소 한 권의 책의 내용이나 사상, 가치가 온전히 내 몸 안으로 들어오게 된다.

사상은 건축물, 주관적인 논리는 설계도, 스스로 터득한 지식은 건축재료라고 생각한다. 설계도를 그릴 줄 알고 건축 재료가 무엇인지 알기 위해서는 배워야 한다. 그러나, 단순히 설계도를 볼 줄 아는 것과 스스로 설계도를 그릴 줄 아는 것은 다르다. 설계도를 그리려면 무게를 견뎌 건물이 무너지지 않기 위해 어떻게 해야하고, 지진에 견디려면 어떻게 해야 하는지 따위의 모든 것을 따져봐야 하는 과정이 있기 때문이다. 쇼펜하우어는 책 읽기는 그런 과정으로 가기 위한 단편적인 것에 불과하고 제일 중요한 것은 사색이라고 강조한다. 즉, 스스로 생각해서 깨닫는 독서, 정독이 중요하다는 말이다.

2) 왜 정독인가?

책의 효능과 마력은 책이 나침반 역할을 하는 데서 비롯된다. 길을 잃고 어두운 밤에 방황할 때 책을 잡고 읽어 내려가면 나에게 어둠을 밝힐 수 있는 등불처럼 한 줄기 빛을 주기도 하며 딜레마 상황에서 갈등하고 고민할 때 어디로 갈 것인지를 알려주는 나침반 같기도 하다. 책은 언제나 거기에 있다.

정독하지 않고서는 독서의 참맛을 느낄 수 없다. 책 내용이 쉽게 읽히지 않고 많은 생각거리를 제공해주는 책이라면 절대적으로 정독이 필요하다. 그런 책은 정독하지 않고는 문장이 품고 있는 의미심장함을 해독해 낼 재간이 없기 때문이다. 필요에 따라서 속독할 필요가 있는 책도 있다. 시간적 제한이 아니면 대강의 정보를 빠르게 얻기 위해서 속독은 효율적인 독서법이다. 하지만 책 내용이 쉽게 읽히지 않고 많은 생각거리를 제공해주는 책이라면 절대적으로 정독이 필요하다. 정독하지 않고서는 문장이 품고 있는 의미심장함을 해독해낼 재간이 없다.

정독하면 사고력 향상과 행동 변화로 연결된다. 옛사람의 독서법에는 책을 읽다가 깨달은 것이 있으면 잊지 않기 위해서 메모를 남기면서 읽는 질서(疾書)와 책을 읽다가 중요한 구절이 나오면 이를 베껴 쓰는 초서(抄書)가 있다. 이처럼 적지 않고 눈으로만 책을 읽으면 머릿속에 모두 기억되지 않을 뿐만 아니라 읽어도 행동 변화로 연결되지 않기 때문이다.

한양대 정민교수는 '세설신어'에서 고전문학이란 묘계질서(妙契疾書)를 실천할 것을 요청한다. 묘계(妙契)는 번쩍 떠오른 깨달음이다. 질서(疾書)는 빨리 쓴다는 뜻이다. 주자가 '장횡거찬(張橫渠贊)'에서 "생각을 정밀하게 하고 실천에 힘쓰며, 깨달음이 있으면 재빨리 썼다(精思力踐, 妙契疾書)"라고 한 데서 나왔다. 성호 이익 선생도 이러한 묘계질서의 방법을 평생 실천했다. 경전을 읽다가 스쳐 간 생각들을 메모로 붙들어 두었다. 이것이 모여 '시경질서', '맹자질서', '가례질서', '주역질서' 같은 일련의 책이 되었다.

세계관 확장을 위해서 정독해야 한다. 제임스 사이어(James W. Sire)는 『어떻게 천천히 읽을 것인가』(*How to read slowly*)라는 책에서 책읽기를 통해 저자의 세계관을 파악하기 위해서는 책을 '천천히' 읽어야 한다는 것이다. 그는 느린 읽기가 텍스트에 더 깊이 관여할 수 있게 하고 독자가 저자의 생각과 관점을 더 잘 이해하는 데 도움이 된다고 주장한다. 책읽기를 통해 얻으려고 하는 목적은 크게 재미, 정보, 관점의 세 가지가 있는데, 이러한 목적 중 저자의 관점, 즉 세계관을 파악하며, 자신의 관점, 즉 세계관을 넓혀가기 위한 책읽기는 정독이라는 것이다.

3) 정독은 어떻게 하는가?

책은 내 몸을 통과하면서 진저리를 치게 만들고 심한 통증과 아픈 상처를 남긴다. 통증과 상처를 치유하는 방법은 다시 책을 읽고 그 위에 다른 책이 통과하면서 상처를 치유하게 만드는 방법밖에 없다. 그래서 책을 읽는 방법은 책 읽는 목적에 따라 선택해야 한다. 목적에 따라 독서법이 달라질 수 있다. 정독이라는 그저 천천히 읽는 것이 아니라 집중해서 읽는 방법이다. 이는 교과서처럼 학문적 책읽기에 적합한 방법이다.

한번 읽은 책을 여러 번 읽는 것도 정독의 좋은 방법이다. 여러 책을 천천히 읽는 것도 가능하지만 그 분야의 최고의 권위를 가진 책을 여러 번 재독 하는 것도 정독법이다. 처음 읽을 때는 내용이 지루하고 이해가 어렵더라도 재독 할 때 그 내용이 이해되는 경우가 많기 때문이다. 백 권의 책을 읽는 것보다 심오한 책 한 권의 책을 백번 읽는 것이 더 낫다는 말도 이 때문이다. 책은 읽은 권수보다 한 권이라도 그 속에서 배운 게 있으면 그게 더 중요하다는 말이다.

정독은 책을 쓴 저자의 의도를 정확하게 알아낼 수 있는 장점이 있다. 하지만 다양한 주제를 접할 수 없음은 단점이 될 수 있다. 정독은 항상 속독과 비교된다. 정독은 좋은 방법이고, 속독은 나쁜 방법이라 말할 수 없다. 책의 전체적인 흐름이나 형식을 파악하는 데는 속독이 좋지만 정확한 내용과 문장을 파악하고 어휘력과 문장력을 발달시키기에는 정독이 유리하다.

독서법과 목적은 매우 밀접한 관계가 있다. 독서법과 목적에 관련된 옛사람들의 우물 이야기가 있다. 우물을 파는 사람이 셋이 있었는데 한 사람은 석 자 정도만 파서 진흙을 발견하면 그것을 아궁이에 처리하였다. 두 번째 사람은 여섯 자까지 파서 구정물이 나오면 그것으로 청소하는 데 사용하였다. 세 번째 사람은 아홉 자까지 파서 맑은 물이 나와서 그것을 식수로 사용했다는 이야기다. 독서도 독서 목적에 따라서 독서법 방법도 다르다는 것을 일깨워주는 말이다.

3. 낭독 – 몸으로 읽기

1) 낭독이란 무엇인가?

독서란 원래 소리 내 책을 읽는 것이었다. 우리 조상들이 천자문을 소리를 내 읽었던 것을 보면 낭독이 오래전부터 내려온 독서법임을 알 수 있다. 철학자 아우구스티누스는『고백록』에서 밀라노의 주교였던 암브로시우스가 책을 읽고 있는 모습을 이렇게 묘사했다.

> "책을 읽을 때 그의 목소리는 들리지 않고 혀도 움직이지 않았다. 우리는 종종 이런 식으로 침묵 속에서 독서에 빠진 그를 발견하곤 한다. 그는 절대로 큰 소리를 내어 글을 읽지 않았다."

이스라엘의 신앙교육은 '쉐마' 교육으로 대표된다. "이스라엘아 들으라 우리 하나님 여호와는 오직 유일한 여호와이시니"(신 6:4). 그렇다면 '쉐마' 교육이란 어떤 것을 의미하는가? '쉐마'는 '듣다'라는 뜻의 히브리어 동사 '샤마아'의 명령형으로, 우리말로는 '들으라'라고 번역할 수 있다. 그러나 '쉐마'는 '이스라엘아, 들으라'로 시작되는, 신명기 6장 4-9절의 문절 제목이다. 유대인들은 문절 혹은 책의 제목을 정할 때 첫 단어를 그대로 사용하는 관습이 있다. 그러므로 '쉐마'는 신명기 6장 4-9절을 지칭하며, 그 내용은 가정에서 자녀들을 신앙적으로 어떻게 교육할 것인가를 구체적으로 규명해 준다.

유대인들의 전통에 의하여 하루에 두 번씩 암송하게 되어 있는 '쉐마'는, 이스라엘의 의식구조와 삶에 가장 큰 영향을 미친 신앙고백 문이다. '쉐마'를 정기적으로 암송하는 관습이 구약시대부터 정착되어 있었다. "내가 네게 명하는 이 말씀을 너는 마음에 새기고 네 자녀에게 부지런히 가르치며… 이 말씀을 강론할 것이며"(신 6:6-7)를 본문 낭독의 명령으로 이해하였고, 신명기 6장 7절에서 언급되고 있는 "누워 있을 때든지 일어날 때이든지"를 문자적으로 받아들여, 아침과 저녁에 한 차례씩 '쉐마'를 암송하는 제도로 삼았다.

낭독의 전통은 신약시대에서 이어졌다. 낭독되는 텍스트는 모세의 율법서뿐만 아니라 시편과 선지자들의 글로까지 확장되었다. 복음서에서는 예수님이 당시의 관습을 따라 회당에서 이사야의 글을 낭독하셨다고 기록되어 있다. 예수님은 말씀을 낭독하신 뒤 청중을 향해서 "이 글이 오늘 너희 귀에 응하였느니라"(눅 4:21)고 말씀하셨다. 이는 선지자가 예언한 메시아가 바로 자신임을 계시하신 것과 동시에 기록된 말씀이 텍스트 속의 죽은 글자가 아니라 현재적으로 우리에게 다가오는 하나님의 말씀임을 강조하신 것으로 이해할 수 있다. 사실 텍스트를 낭독하는 예수님이 말씀이시지 않은가?

2) 왜 낭독인가?

낭독은 읽는 능력을 배가시킬 때 유용하다. 좋은 책을 오래도록 가슴속에 간직하고 싶다면 낭독이 좋다. 낭독은 입으로 읽고 귀로 듣게 되므로 한두 번 읽는 효과가 있다. 목소리 톤도 감정을 실어 읽을 수 있어 마음 조절도 가능하다. 독서법 중에서 어느 방법이 학습효과가 가장 뛰어난지 조사했는데 낭독으로 읽었을 때 학생들의 성적이 훨씬 높게 나왔다는 보고도 있다.

낭독은 암기력에도 좋은 독서법이다. 읽는 내용도 더 이해되고 내용을 더 많이 기억할 수 있다. 속으로 읽는 묵독보다 낭독으로 읽게 되면 문장이 온몸 세포에 스며들게 된다. 생소한 문장이나 어휘가 혀를 통해 온 세포에 스며들게 함으로 온몸으로 읽는 독서법이다. 그동안 속독이나 묵독을 주로 사용했던 독서를 소리 내어 한 글자 한 글자 읽다 보니 스스로 마음공부가 되고 연설 실력이나 글쓰기 실력에 많이 향상된다. 책을 눈으로만 읽으면 문장에 담긴 감정이나 리듬을 느낄 수 있는 장점도 있다. 이는 읽는 즐거움이 배가된다.

소리 내서 책을 읽는다는 것은 오감을 작동해서 읽는다는 말이다. 눈과 귀와 혀와 귀를 자극하기 때문에 뇌에 더 많은 자극을 줘 책의 내용을 더 잘 이해할 수 있다. 더 많은 내용을 기억할 수 있고, 더 오랫동안 기억에 남길 수 있다. 이는 기억력을 높이는 방법과 유사하다. 뇌는 더 많은 감각기관과 자극을 활용할수록 중요한 정보라고 여겨 머릿속에 깊이 새기는 경향이 있다.

낭독은 입과 혀를 움직이며 소리를 내고, 자신이 낸 소리를 귀로 들으며, 음절 단위로 끊어 읽으려 노력하면서 더 많은 감각기관과 자극을 활용한다. 그럼으로써 집중력은 더 높아지고, 책의 내용을 더 잘 이해할 수 있고, 더 많은 내용을 기억에 남길 수 있다. 낭독의 장점을 활용해 보라. 이해가 잘되지 않는 부분을 소리를 내 읽게 하면 내용 파악이 나아짐을 금방 깨달을 수 있다. 묵독보다 책을 읽는 속도가 느리니 천천히 이해하며 읽을 수 있다. 게다가 집중도 더 잘 된다. 소리 내어 읽어야 하니 다른 생각할 겨를이 없다. 끊어 읽어야 할 부분을 열심히 찾아야 해서 책에 더욱 집중할 수 있다. 게다가 이해가 가지 않던 문장도 소리 내 읽으니 더 수월하게 이해할 수 있다.

낭독 독서법은 뇌를 자극해서 활성화한다. 조선 시대에는 낭독법을 실감이 나게 전달해 주는 낭독전문가도 있었다. 낭독법은 책을 누구나 읽을 수 없는 시대에 사람들에게 낭독해 줌으로 학문발전에 큰 영향을 미치기도 했다. 낭독은 신체 여러분을 이용하기에 몸을 깨우는 데 좋다. 그리고 낭독은 자신의 목소리를 자주 들음으로 자신에게 관심을 집중하여 자존감을 상승하기도 한다.

하지만 확실히 묵독보다 책을 읽는 속도가 떨어진다는 단점이 있다. 묵독으로 한 문장을 읽을 때는 1초면 읽을 수 있었지만, 같은 문장을 낭독으로 읽을 때는 2-3초가 걸린다. 얼마 차이 나지 않는 것으로 보이지만 한 문장이 아닌 책 한 권이 될 때 상당한 차이가 있다. '원래 생각했던 대로 낭독을 하며 책 한 권을 제대로 읽을 것인가? 아니면 묵독을 할 때처럼 빠르게 읽되 많은 책을 읽을 것인가?' 그때마다 상황별로 선택하면 된다.

3) 낭독은 어떻게 하는가?

큰 소리로 읽는 기술을 연습하는 것은 엄청난 가치를 지닌다. 텍스트를 효과적으로 활용하려면 음성 표현, 여러 번 반복, 핵심 단어 및 문구 강조를 통해 읽어야 한다. 그러한 접근 방식은 온전한 헌신으로 실행될 때 적극적인 참여를 촉진하고 이해력을 향상한다. 머리를 턱 높이까지 높이면서 명확한 발음과 꾸준한 속도를 유지하면서 의도적으로 읽는 것이 좋다. 표정을 사용하면 음성 변조가 보완되어 말을 통해 감정이 공명할 수 있다. 이 기술은 낭송이 언어를 통해 음악적 차원을 차지하는 시와 같은 장르로 영향력을 확장한다.

해방 후 시 낭송이 시작된 것은 시인들이 자신의 창작물을 목소리로 공유할 수 있게 된 전환점이 되었다. 음악 공연과 마찬가지로 시 낭송에는 음조, 음량, 기법을 비롯한 요소들의 복잡한 상호작용이 수반된다. 이러한 요소는 내용의 정서적 공명과 해석에 큰 영향을 미치며 예술 형식을 독특하게 만든다.

묵독은 역사적으로 실행되었지만, 현대에는 '입을 다물다'와 '읽다'를 의미하는 문자로 구성된 '默讀'이라는 용어로 특징지어지는 것이 두드러졌다. 그러나 묵독에는 단점이 있는데, 집중력이 부족하고 내용이 피상적으로 흡수되는 경우가 많다. 소리의 진동을 통해 몸과 마음을 안정시키는 만트라와 유사한 음성 읽기와는 대조적이다. 음성 읽기는 이해력과 기억력을 향상하는 강력한 대안을 제공한다.

조용히 읽는 것이 점점 더 선호되는 세상에서 음성 읽기의 장점을 간과해서는 안 된다. 소리 내 읽는 기술을 수용함으로써 개인은 독서 경험에 활력을 불어넣고 자료와 더 깊은 연결을 조성하며 이해를 강화하는 효율적인 방법을 수용할 수 있다.

4. 필사 독서 – 혼으로 읽기

1) 필사 독서란 무엇인가?

성경은 부모가 자식에게, 선대가 후대에 입에서 입으로 전하던 내용을 글로 적어 내려가면서 기록되기 시작했다. 성경은 수천 년의 시간을 뛰어넘어 전해진 기록물이다. 그리고 그것이 가능했던 것은 바로 성경 필사의 힘이었다.

성경에 관한 예배행위 중 가장 대표적인 활동을 꼽으라면 성경 필사를 꼽을 수 있다. 성경 필사는 눈이나 소리로만 성경을 읽는 것과 달리 몸의 수고를 감수하고도 성경을 읽는 그야말로 '온몸으로 성경을 읽는' 예배행위다. 오늘날에는 성경 필사는 예배행위 중 하나일 뿐이지만, 성경 필사는 성경의 긴 역사와 함께하는 전통을 지니고 있다.

수도자들은 성경 필사를 위해 수도원에 '필사실(Scriptorium)'을 만들었다. 특히 필사는 훈련받은 수도자만이 할 수 있는 특별한 활동이었다. 덕분에 수도원은 성경을 양산하고 보관하는 중요한 역할을 했다. 이런 수도자들의 활동은 기원전부터 이어왔는데, 사해 연안 동굴에서 생활하던 에세네파 쿰란(Qumran) 수도자들이 잘 알려졌다. 기원전 2세기부터 활동하던 쿰란의 수도자들은 성경 필사실을 갖추고 성경 연구와 성경 필사에 매진했다. 그러나 로마군이 이스라엘로 진격하자 모든 필사본을 동굴에 숨기고 흩어졌다. 이 성경 필사본이 1947년 우연히 발견됐는데, 이 필사본의 발견으로 구약성경의 연구가 활발하게 이뤄질 수 있었다.

필사는 자신이 닮고자 하는 인물의 태도나 생각을 자신의 태도와 생각으로 만들 수 있고, 그의 능력까지도 물려받을 기회가 된다. 깊은 사색으로 사고를 확장하고 작가의 관점에서 이해할 수 있게 된다. 공들여 읽고 인내하며 쓴 시간과 고통을 감수하기 때문이다. 시간과 인내는 불가능을 가능으로 바꾸어 주고 문제의 답을 준다.

음악의 신동 모차르트는 분명 천재였지만 타고난 게 아니라 노력의 결과였다. 그의 곡들이 오직 영감에서만 나온 것은 아니었다. 당대의 음악 대가들을 연구하고 수없이 악보를 필사하고 나서 얻은 결과물이었다.

모차르트는 친구에게 보낸 편지에서 이렇게 말한다. "사람들은 내가 쉽게 작곡한다고 생각하지만 그건 실수라네. 단언컨대 친구여, 나만큼 작곡에 많은 시간과 생각을 바치는 사람은 없을 걸세. 유명한 작곡가의 음악치고 내가 수십 번에 걸쳐 꼼꼼하게 연구하지 않은 작품은 하나도 없으니 말이야." 모차르트의 손가락은 이미 20대에 굳어 기형이 되었다. 그가 얼마나 많은 악보를 필사하고 치열하게 연구했는지 말해주는 부분이다. 필사로 내림 받은 작품성에 자신의 감성을 더하고 재능을 쏟아부었다.

어떤 이는 "필사는 느리고 답답해 보여도 가장 빠른 길이다"라고 이야기한다. 필사는 한 자 한 자 눌러쓰기에 시간이 있어야 하는 작업이다. 생각하면서 쓰기에 집중력이 향상되고 스트레스를 줄인다. 몸에 새긴 기억은 오래 지속된다. 작품을 정확하게 이해할 수 있어 온전히 자신의 지식이 된다. 필사는 정독을 넘어 깊이 사색해야 하는 숙독이다. 그러기에 이해하지 못할 책이나 작가가 없다. 시간과 수고가 필요할 뿐이다. 필사는 엉덩이의 힘으로 쓰는 것이다. 엉덩이가 무거울수록 필사 시간이 늘어나고 진득한 독서 습관이 된다. 인내와 끈기가 필요한 자아 성찰의 시간이 되고 힐링의 시간이 된다.

글 쓰는 작가들은 필사를 즐긴다. 무라카미 하루키나 신경숙은 스스로 필사를 통해 실력을 키웠음을 솔직하게 말한다. 그들은 좋아하는 책이나 작가의 글을 장인이 한 땀 한 땀 가방을 꿰매듯이 따라 적었다고 한다. 작가의 생각과 감정을 대신하여 체험하고 영혼의 힘으로 작가의 능력을 빨아들인 것이다. 작가 지망생들 또한 필사라는 관문을 통해 글 쓰는 능력을 향상한다.

『태백산맥』의 조정래 작가는 "필사란 책을 되새김질하는 과정"이라고 말한다. 눈으로 읽고 지나가는 것보다 한 글자, 한 글자 따라 쓰는 행위가 책의 저자와 가장 깊이 교감하는 방법이라는 것이다. 불교에서는 불경을 베껴 쓰는 것을 '사경'이라고 한다. 사경의 목적은 이를 통해 붓다가 말한 진리를 눈과 머리로만이 아니라 온몸으로 느끼기 위함이다.

2) 왜 필사 독서인가?

필사는 내용을 오래 기억할 수 있고, 이해력이 높은 독서법이다. 문장이 아름다운 책을 골라 하루에 몇 페이지만이라도 필사해보면 하루가 다르게 문장력이나 어휘가 풍부해지는 것을 감지할 수 있다. 그냥 베껴 쓴다는 가벼운 생각으로 시작했을지라도 한 글자 한 글자 써 내려갈 때 훑어 지나가던 글들이 다시 보이고 모호했던 문장들도 다시 들어온다. 더 생각이 깊은 저자의 생각과 접속하면서 사고력도 크게 달라진다. 한정적인 생각의 폭을 크게 넓힐 수 있다.

필사는 가장 훌륭한 글쓰기 훈련법이다. 위대한 작가들도 이를 인정한 바 있다. 가령 『모비딕』을 쓴 허먼 멜빌(Herman Melville)은 셰익스피어의 오셀로를 250번이나 베껴 썼다. 『인간의 굴레』와 『달과 6펜스』의 저자 서머싯 몸은 자신의 글쓰기 비결에 대해 "나중에 써먹을 요량으로 깊은 인상을 준 문구들을 베끼고, 또 기이하거나 아름다운 단어들의 목록을 작성했다"라고 말했다. 그는 또한 존경하는 작가의 문체를 배우기 위해 문장을 베끼고 암기한 후 그 기억에 의존해 문장을 다시 써보기도 했다. 『거장처럼 써라』의 저자 윌리엄 케인(William Cane)도 아리스토텔레스와 키케로 등 위대한 작가들의 사례를 언급하며 필사를 훌륭한 글쓰기 학습법이라고 설명한다.

필사는 또한 좋은 독서 훈련법이기도 하다. 권정희·전은경·정지선 숭례문 학당 강사는 『청소년을 위한 필사 가이드』에서 "필사는 가장 느린 독서법"이라며 "한 줄 한 줄 옮겨 적으며 그 문장의 의미와 전후 맥락을 짚어보고, 쉼표 하나에 생기는 미묘한 의미까지 파악하게 해주는 독서법이 필사다. 한 줄 한 줄 천천히 읽어 나가는 힘은 자연히 긴 글을 읽는 인내심을 길러 준다"라고 말한다. 글쓰기 강사 김민영은 『필사 문장력 특강』에서 "필사 이전의 읽기와 이후의 읽기가 다르다는 사람도 많았다"라며 "내용만 파악하고 넘어갔던 읽기에서 문맥이 보이는 읽기로 나아갔다는 것"이라고 설명한다.

필사는 또한 글쓰기에 자신이 없는 이들에게 자신감을 쥐여 준다. 『청소년을 위한 필사 가이드』의 저자들은 "좋은 글을 따라 쓴 뒤 모방해 작문하는 과정은 설령 내가 글을 잘 못 써도 제법 잘 쓴다고 느끼게 해준다"라며 "좋은 글이라 검증받은 글을 읽고, 따라 쓰고, 그것을 모방해 작문까지 하다 보면 학생들은 희망을 발견한다. '아 나도 잘 쓸 수 있구나!' 이런 생각은 자신감으로 이어진다"라고 말한다.

대작가 조정래에 따르면 필사는 인생 공부이기도 하다. 그는 아들과 며느리에게 대하소설 『태백산맥』을 베껴 쓰게 한 이유에 대해 2013년 〈경기일보〉와 인터뷰에서 "매일매일 성실하게 꾸준히 하는 노력이 얼마나 큰 성과를 이루는지 직접 체험케 하려는 것이었다"라며 "『태백산맥』 베끼기를 통해 아들과 며느리가 인생이란 스스로 한 발, 한 발 걸어야 하는 천릿길이란 것을 깨우쳐 주고 싶었다. 인생이란 지치지 않는 줄기찬 노력이 피워내는 꽃이라는 것을 체득시키고 싶었다"라고 설명했다.

3) 필사 독서는 어떻게 하는가?

필사라는 행위는 본래 지극히 개인적인 행위이다. 혼자인 시간에 집중해서 한 글자 한 글자 써 내려갈 수 있다. 많은 이들이 키보드에 익숙하여서 노트북 자판을 활용해도 좋지만, 필사의 효과 중 하나인 '힐링 효과'는 직접 손으로 꾹꾹 눌러쓰는 자필(손글씨)로 할 때 나타난다.

『청소년을 위한 필사 가이드』의 저자들에 따르면, 하루 다섯 줄만 필사하자는 마음가짐이 부담감을 던다. 또한, 필사할 때는 필사하는 문장을 소리 내어 읽으며 옮겨 적는 것이 좋다. 필사로부터 더 많은 것을 얻고 싶다면, 필사한 문장의 원문 형식을 그대로 유지한 채 소재만 바꿔서 다시 써본다.

필사는 글을 쓸 수 있는 기초가 된다. 필사하지 않으면 남는 게 없다. 습관적으로 필사를 해야 한다. 꾸준히 필사하며 깊이 생각하여 글을 베껴야 한다. 손을 이용한 독서법은 뇌에 직접 자극을 주기에 잠재된 능력을 깨워준다. 많이 읽고 쓰다 보면 내용 자체를 다시 한번 생각할 수 있는 기획자가 되기에 글쓰기에 확실한 효과가 있다.

5. 신토픽칼 독서(Syntopical Reading) – 테마 독서

1) 신토피칼 독서란 무엇인가?

애들러의 신토픽칼 독서는 공통 주제에 대한 여러 텍스트의 비교를 강조하는 읽기 접근 방식이다. 이 접근 방식은 철학자 애들러가 개발했다. 그는 주제를 이해하려면 단순히 하나의 텍스트를 읽는 것 이상이 필요하지만 동일한 주제에 대한 여러 텍스트를 비교해야 한다고 믿었다.

신토픽칼 독서에서 독자는 공통 주제에 대한 여러 텍스트를 선택하고 체계적이고 비교적인 방식으로 읽는다. 독자는 주요 주장과 관점을 이해하기 위해 각 텍스트를 조사하는 것으로 시작한다. 그런 다음 독자는 각 텍스트를 적극적으로 읽고 메모하고 중요한 사항을 강조 표시한다. 마지막으로 독자는 각 텍스트에 제시된 다양한 관점과 주장을 비교하고 대조하면서 텍스트의 정보를 종합한다.

2) 왜 신토픽칼 독서인가?

모티머 애들러의 『독서법(How to read a book)』은 독서법에 관해 쓰인 책 중 지금까지 인정받고 있다. 모티머 애들러는 미국 컬럼비아 대학교에서 6년 동안, 시카고 대학에서 10년 동안 학생들에게 독서법을 지도한 명성 있는 교수이다. 모티머 애들러의 독서법의 기본적인 핵심 요소는 언제나 동일하다. 이것은 1단계 개관독서법, 2단계 분석독서법, 3단계 종합독서법이다. 애들러의 3단계 독서법을 통달하면 기본기가 잘 다져져 문학, 역사, 철학 등 여러 가지 장르의 책을 읽을 수 있다.

신토피칼 독서는 독자가 다양한 관점과 주장 사이의 관계를 보고 보다 포괄적이고 전체적인 방식으로 주제를 이해할 수 있게 해주기 때문에 주제를 더 깊이 이해하는 데 유용한 도구이다. 이 접근 방식은 독자가 공통 주제에 대한 여러 텍스트 간의 관계를 이해해야 하는 학술 또는 연구 환경에서 자주 사용된다. 이 접근 방식은 개인이 여러 텍스트에 제시된 다양한 관점과 주장을 비교하고 대조하여 주제를 더 깊이 이해하는 데 도움이 된다. 이 접근 방식은 학술 및 연구 환경에서 읽기 이해력과 정보 보유력을 향상하는 데 사용할 수 있다.

3) 신토픽칼 독서는 어떻게 하는가?

독서를 시작하기 전에 먼저 책을 읽는 목적을 정하고, 차례를 파악하여 내게 필요한 부분만을 선별하는 등 책에 대한 전략적 접근이 필요하다. 좋은 독서법은 많은 책을 겉핥기만 하지 말고 한 권이라도 규칙을 가지고 읽는 것이 중요하다. 때론 숙독할 만한 책도 많다. 하지만 대부분 책은 점검 독서에서 끝나도 된다. 독자는 책에 적합한 독서법을 판단하여 행하면 큰 무리는 없을 것이다.

애들러의 신토픽칼 독서는 철학자 애들러가 개발한 읽기 및 분석 방법이다. 여기에는 핵심 아이디어와 주장을 식별하고 이들 간의 관계를 이해하기 위해 공통 주제 또는 주제에 대한 여러 텍스트를 검토하는 것이 포함된다. 신토픽칼 독서 과정에는 다음과 같은 여러 단계가 포함된다.

어떤 주제를 종합적으로 탐구하려면 단순히 읽는 것뿐만 아니라 다양한 관점을 비교하고 대조하고 종합하는 전략적 접근이 필요하다. 종종 비교 읽기라고 불리는 이 방법은 독자들이 다양한 작가, 시대, 분야의 여러 텍스트를 분석하여 주제의 복잡성을 탐구할 수 있도록 해준다. 프로세스에 대한 자세한 분석은 다음과 같다.

(1) 텍스트 선택

관심 있는 중심 주제나 주제를 선택하는 것부터 시작하라. 다양한 각도에서 이 주제를 다루는 텍스트를 선택하라. 이러한 텍스트는 역사적 기간, 저자 및 학문 분야를 포괄하여 균형 잡힌 이해를 제공할 수 있다.

(2) 텍스트 이해

각 텍스트를 철저하게 읽고 내용에 몰입한다. 주요 아이디어, 주장, 제시된 증거, 각 텍스트의 전체 구조를 꼼꼼하게 기록하라. 이 단계를 통해 진행하기 전에 내용을 확실하게 파악할 수 있다.

(3) 비교와 대조

이제 비교 읽기의 핵심이 된다. 다양한 텍스트를 비교하고 대조하여 선택한 주제에 대한 관점의 공통점과 차이점을 찾아보라. 저자가 주제에 어떻게 접근하는지 살펴보고 관점이 수렴하거나 분기되는 영역을 강조한다.

(4) 주요 문제 식별

각 텍스트가 다루는 주요 문제 또는 질문을 식별한다. 토론에서 나타나는 기본 주제와 문제에 주의를 기울이라. 이 단계는 각 텍스트의 핵심 관심사를 추출하는 데 도움이 된다.

(5) 주장 평가

각 저자의 주장을 평가한다. 자신의 관점을 입증하기 위해 제시하는 증거를 고려하면서 주장의 강점과 약점을 자세히 조사하라. 주장의 타당성과 일관성을 비판적으로 평가하라.

(6) 아이디어 종합

텍스트에 제시된 아이디어, 주장 및 증거를 종합한다. 이러한 요소가 어떻게 교차하고 상호 작용하는지 분석하여 중요한 주제에 대한 종합적인 관점을 만든다. 서로 다른 아이디어 사이의 관계와 그것이 전체적인 이해에 어떻게 이바지하는지 고려하라.

(7) 개인적인 결론

증거와 주장의 철저한 평가와 종합을 바탕으로 주제에 대한 자신만의 결론을 공식화하라. 결론은 다양한 텍스트에 나타난 미묘한 차이를 인정하는 정보에 입각한 관점을 반영해야 한다.

본질적으로, 비교 읽기는 읽기를 미묘한 분석 과정으로 바꾸는 역동적인 접근 방식이다. 여기에는 콘텐츠를 비판적으로 평가하고, 패턴을 식별하고, 궁극적으로 균형 잡힌 개인적 결론에 도달하는 적극적인 참여가 포함된다. 이 방법은 다양한 관점 내에서 주제를 맥락 화하여 이해를 풍부하게 하고 복잡한 주제에 대한 더 깊은 이해를 촉진한다.

먼저 독서는 하나의 기술이라는 사실을 인정하고 시작해야 한다. 이 사실을 인지하지 못하면 단순 문자 해독 수준에 머물게 된다. 독서를 기술이라 생각하면 독서에 대한 태도가 근본적으로 달라질 수밖에 없다. 또 독서를 배워야 한다는 생각을 인정하게 된다. 독서의 기술을 배우기 위해, 독서법을 배우기 위해서는 많은 시간과 노력을 투자해야 한다. 피아노와 태권도나 골프를 배우는 것과 마찬가지다. 하지만 대중들은 이제까지 독서는 글씨를 읽을 수 있다면 누구나 할 수 있다고 치부했다. 책 읽는 방법을 배워야 한다는 생각조차 없다. 피아노를 배울 때의 괴로움과 꾸준함으로 늘려가야 하는 능력처럼 독서법도 인내함으로 일정 단계까지 훈련해야 한다. 독서에도 수준과 단계가 있다. 자신이 초급 수준인지, 중급 수준인지, 고급 진찰 인지 먼저 구분해보자. 그리고 꾸준한 개발을 시작해야 한다.

6. 거룩한 독서(Lectio Divina) – 수용하는 독서

1) 거룩한 독서란 무엇인가?

거룩한 독서는 성서에 뿌리를 두고 있다. 일반 독서와 다른 것은 책을 읽는 사람이 주제가 아니라 텍스트가 주체가 된다. 텍스트는 독자를 비추는 거울이 되고 독자는 객체일 뿐이다. 독자는 텍스트가 말하는 것을 들어야 하고 그 텍스트를 판단하지 않는다. 성서 안에서는 어떤 틀을 가진 거룩한 독서의 실천은 없지만, 후에 교회 역사 속에서 거룩한 독서를 개발할 수 있는 성서적 기원을 발견 할 수가 있다.

거룩한 독서의 성서적 기원은 이스라엘 백성이 시내산에서 하나님께 계약법전을 받는 장면에서 시작한다. "모세가 와서 여호와의 모든 말씀과 그 모든 율례를 백성에게 전하매 그들이 한 소리로 응답하여 이르되 여호와께서 말씀하신 모든 것을 우리가 준행하리이다(출 24:3)." 모세를 통하여 하나님의 말씀을 들은 이스라엘 백성들은, 자신이 들은 하나님의 말씀을 준행할 것을 다짐하고 있다. 거룩한 말씀을 듣고, 들은 말씀을 실천하고자 하는 것이 바로 거룩한 독서의 기본적인 정신이다(출 24:1-8; 수 24장; 신 27-28장).

기독교의 독서는 참여 독서이다. 우리가 읽는 말이 우리 삶의 내부가 되도록 그것을 받아들이고 그 리듬과 이미지가 기도의 실천, 순종의 행위, 사랑의 방식이 되도록 하는 독서이다. C. S. 루이스(Lewis)는 자신이 쓴 마지막 책에서 두 가지 독서법에 관해서 이야기했다. 하나는 우리 자신의 목적을 위해서 책을 이용하는 독서이고, 또 하나는 저자의 목적을 받아들이는 독서다. 첫 번째 독서는 나쁜 독서로 이끌 뿐이고, 두 번째 독서는 좋은 독서의 가능성을 열어준다.

그는 내용을 '수용'할 때 우리는 감각과 상상력과 다른 다양한 능력들을 그 예수가 창조한 패턴에 따라서 사용한다. 반면 그것을 '사용'할 때 우리는 그것을 우리 자신의 활동에 대한 보조물로 취급한다. '사용'은 '수용'보다 열등하다. 왜냐하면 예술을 수용하지 않고 사용하면, 그저 우리 자신의 인생을 쉽게 하거나 밝게 하거나, 그 수고를 덜어 주거나, 완화시켜 줄 뿐, 그것이 무엇을 더해 주지는 않기 때문이다.

우리는 너무도 분명하게 인격적이신 하나님의 계시에 참여하기 위해서 성경을 읽는다. 우리는 성경이 우리에게 다가오는 방식대로 성경을 읽을 뿐 우리가 성경에 다가가는 방식대로 성경을 읽지 않는다. 칼 바르트(Karl Barth)는 어떻게 하면 하나님을 우리 삶에 들어오시게 하고 우리 삶에 참여하시게 할지를 알기 위해서 성경을 읽어서는 안 된다. 그것은 성경을 거꾸로 이해하는 것이다. 우리는 자신을 계시하시는 하나님을 만나고자 이 텍스트 안으로 들어간다. 성경이 계시하는 세계는 분명한 인격성을 가진 하나님의 세계다. 우리가 끊임없이 저지르는 그러나 결코 행해서는 안 되는 잘못은 성경을 우리의 경험에 억지로 끼워 맞추는 것이라고 말했다.

2) 왜 거룩한 독서인가?

고전적인 거룩한 독서(Lectio Divina)의 실천은 최근에 와서 새롭게 조명되고 있다. 첫째, 성경 공부와 거룩한 독서를 구분할 필요가 있다. 성경 공부는 거룩한 독서를 충실하게 실천하기 위한 관념적 배경을 제공해주는 데 있어서 매우 유용하다.

둘째, 거룩한 독서는 개인적인 덕성 함양이나 격려를 위한 성서 읽기와는 다르며, 여러 가지 측면의 계시나 하나님 말씀의 성육신이신 예수 그리스도에 대해 알게 되는 것(단순히 성경 지식을 얻는 것)과도 전혀 다른 것이다. 거룩한 독서는 오히려 이러한 성경 공부의 목표를 고양하는 방법이나 길이라고 할 수 있다.

셋째, 거룩한 독서는 단순한 성서 읽기나 성자들의 삶과 행적을 다룬 영적인 서적을 읽는 것과도 다르다.

마지막으로, 거룩한 독서는 같은 시대에 함께 발전되어 온 대중 성서 기도문(Praying the scriptures in common) 낭독과도 다르다. 고전적인 거룩한 독서의 실천은 개인적으로 실천되었으며, 일정한 기도 시간 동안 한 단계에서 다음 단계로 진행될 뿐 아니라 성령의 인도하심에 따라 각 단계의 과정에 몰입하게 된다.

거룩한 독서는 특별한 과정으로 우리에게 많은 유익을 가져오는 것으로 입증되고 있다. 거룩한 독서의 실천을 통해 얻게 되는 효과는 하나님과의 일치이며 이것을 통해 하나님을 닮아가게 된다. 이것은 대화에서 마음을 나누는 공유의 형태로 바뀌게 되며, 또한 적절한 말씀과 형상 가운데 하나님과 깊은 영적 연합을 경험하게 해준다. 단순한 침묵만이 아닌 고요함 속에서의 교통함이 이루어지게 된다.

거룩한 독서를 통해 사람들은, 요한이 "그분이 없이는 어떤 것도 창조될 수 없고 존재할 수도 없다"라고 고백했던 것처럼, 모든 창조물과 사건 가운데서 하나님의 임재를 느끼게 된다. 관상적인 기도를 통해 우리는 모든 창조의 근원과 관련하여 우리 자신의 한계와 편협된 세계관으로부터 탈피할 수 있게 된다. 그 결과 우리는 다른 사람의 느낌을 공유할 수 있고 온 우주의 창조물에 대한 기쁨을 맛볼 수 있게 된다. 바울은 그리스도 안에서 하나님의 완전하심이 자신 안에 충만히 내주하고 있다고 말한다. 마찬가지로 하나님은 우리의 능력에 맞게 우리가 수용할 수 있을 만큼 우리 안에서 충만함을 나타내신다. 이 충만함은 고요한 내적 침묵을 통해 개발되어야 하고 거룩한 독서로 수련되어야 한다.

3) 거룩한 독서는 어떻게 하는가?

성서를 읽고(lectio) 그 가운데 마음에 와닿는 구절이 있으면 마치 소가 여물을 되씹으면서 소화하듯이 그것을 계속 되뇐다(meditatio). 그러다 보면 말씀이 마음속에 완전히 스며들게 되고, 그 말씀을 통해 현존하시는 하나님께 자연스럽게 기도(oratio)를 할 수 있고 이 기도가 깊어지면 하나님과 일치를 이루는 관상(contemplatio)으로 발전하게 된다.

즉 렉시오 디비나는 어려운 이론이나 복잡한 방식에 얽매여 본질을 잃어버리는 것이 아니라 간편한 방식으로 하나님의 말씀을 자신 안에 내면화하고 육화시키는 것이다. '렉치오 다비나'는 네 가지 요소, 이것들은 순서의 의미보다 상호작용으로 인식해야 한다고 한다.

[개인적인 거룩한 독서(Lectio Divina) 방법]

(1) Lectio(정독, 精讀)

정독을 위해서는 성령의 비추심을 청하며 하나님께서 하시는 말씀을 경청하려는 믿음과 사랑의 마음이 필요하다. 성경 본문에 관심을 집중하여 온 마음으로 주의 깊게 꼼꼼히 읽어야 한다. 이때 편견 없이 정확하게 읽는 것이 중요하다. 병행 구절, 반복되는 단어를 찾아보거나 육하원칙(언제, 어디서, 누가, 무엇을, 어떻게, 왜)에 따라 내용을 정리하면서 자세히 읽어 나가는 것이 좋다.

(2) Meditatio(묵상)

묵상은 정독하면서 관찰한 본문 내용을 심화시키고 신앙의 자세로 깊이 숙고하는 과정이다. 이 단계에서는 주님의 마음, 사상, 논리를 숙고하고 깊이 알아들음으로써 그분이 나에게 참으로 어떤 존재인가를 묻고, 그분이 계시하고자 하는 바를 알고 싶은 열망을 갖게 된다. 이때 본문을 반복해서 읽으면서 신앙인의 눈으로 말씀 안에 감추어진 진리, 하나님과 예수님의 활동을 발견하기 위해 노력해야 한다.

(3) Oratio(기도)

기도는 묵상으로 알아들은 주님을 경탄하고 깨달아 이제는 친밀한 관계 속에서 서로 사랑을 나누는 때다. 우리는 말씀을 통하여 마음을 건드리시는 분께 감사와 찬미를 드리거나, 나와 이웃을 위해 청원하며 말씀을 실천할 힘을 주시기를 기도하게 된다. 기도 단계에서는 성령의 이끄심에 응답하면서 단순하게 마음을 열고 사랑과 열망으로 주님과 친밀한 내적 대화를 나눈다.

(4) Contemplatio(관상)

관상은 말씀 안에서 하나님을 만나고 일치하는 것으로 렉시오 디비나에서 나온 자연스러운 결실이며, 은총으로 주어진다. 침묵이라는 새로운 언어를 배우는 때이고 하나님과 사랑에 빠지는 단계다. 관상을 통해 자기중심적 지향을 버리기 위하여 우리 자신이 처한 상황들을 세밀히 바라보게 된다. 하나님의 시선으로 모든 사건, 자연과 사람을 바라보게 되어 어디에서건 하나님을 발견하게 된다.

렉시오 디비나를 통해 내면으로 들어온 말씀을 실제 삶 안에서 의식하며 이웃과의 관계에서, 매일의 시간 안에서 말씀이 이끄시는 대로 실천하며 삶을 충만하게 살아간다.

[그룹 렉티오 디비나(Lectio Divina) 방법]

렉티오 디비나(Lectio Divina)는 하나님 앞에서 홀로 묵상하는 시간이지만 최근에 와서는 'Group Lectio' 훈련으로 소그룹 모임을 하는 경우가 많이 있다. 그룹일 경우 4–8명이 적합하다.

첫 번째 성경 본문 읽기: 그룹원들과 함께 성경 본문을 읽는다. 이때 첫 번째 봉독자가 2회 같은 본문을 읽는다. 첫 번째 읽기에서는 마음에 와닿는 단어나 문장을 침묵 속에서 묵상한다. 5분 정도의 침묵 시간이 끝난 후에 각자가 마음에 와닿은 단어와 문장을 이야기한다.

두 번째 읽기: 두 번째 봉독자가 같은 성경 본문을 읽는다. 이때에는 특별히 본문에서 예수님에 관한 말씀이나 이미지를 살피도록 인도한다. 말씀 읽기 후에 2–3분간 침묵하고 각자가 느낀 점이나 깨달은 것을 돌아가며 나눈다.

세 번째 읽기: 두 번째 봉독자가 세 번째 같은 본문을 천천히 읽는다. 이때에는 본문의 말씀을 통해서 주님께서 우리로 세상에 나아가서 어떤 일을 하라고 하시는지(doing), 혹은 어떤 사람이 되기를 원하시는지(being)를 묵상한다. 2–3분간 묵상한 후에 돌아가며 나눈다. 끝으로 함께 천천히 주기도문을 암송한 후에 끝마친다.

그리스도인은 성경을 먹고 산다. 성경은 음식이 인간의 몸에 영양분을 주듯이 거룩한 공동체에 영양분을 준다. 그리스도인은 단지 성경을 배우거나 연구하거나 사용하는 것이 아니다. 그것을 흡수한다. 그것을 우리의 삶으로 가져와 물질대사를 시켜서, 사랑의 행위를 하게 하고, 시원한 물을 대접하게 하며, 온 세상에 선교가 일어나게 하고, 치유와 전도를 일으키고, 예수님의 이름으로 정의를 행하게 하고, 성부 하나님을 경배하며 두 손을 들어 올리게 하고 성자와 함께 발을 씻기게 한다.

7. 트리비움 독서법 – 리버럴 아츠(liberal arts) 독서

1) 트리비움 독서법이란 무엇인가?

아이폰으로 유명한 애플의 전 CEO인 스티브 잡스가 자사 이벤트에서 '리버럴 아츠(liberal arts)'와 '기술'이 만나는 곳에 자신들의 제품이 위치한다고 발표를 한 후 국내에서 리버럴 아츠의 중요성이 많이 논의되기 시작했다. 리버럴 아츠를 언론에서 '인문학'이라고 번역하는데 사실 이건 매우 잘못된 이야기다. 차라리 '교양과목'이라고 번역하는 것이 적절하다. 이는 리버럴 아츠가 수학, 천문학 등의 기초과학을 포함하고 있기 때문이다. 리버럴 아츠의 가장 기본이 되는 3가지 요소가 문법, 논리, 수사인데, 이 3가지를 합쳐서 트리비움이라고 한다. 트리비움은 '3개의 길이 만나는 곳'이라는 뜻으로 중세까지 리버럴 아츠의 기본과목으로 사람들이 공부했다.

트리비움(三學, 라틴어: trivium)은 중세시대에 서양의 대학교에서 가르쳤던 자유과의 큰 두 갈래 중 하나다. 트리비움은 쿼드리비움(四科, quadrivium)의 기초로서 수학했던 학문이며, 문법(grammar), 논리학(logic), 수사학(rhetoric)으로 구성된다. 트리비움은 고대 그리스와 로마의 1,000년 역사를 지탱하게 해준 교육의 뿌리다. 트리비움은 중세를 거쳐 근대에 이르면서 철학자이자 교육학자인 존 듀이(John Dewey)의 등장과 함께 교육이 진보적으로 바뀌게 되면서 서서히 퇴조하기 시작했다. 그러면서 아이들의 학습 능력도 동시에 떨어졌다. 도로시 세이어스는 학문 탐구의 르네상스를 '잃어버린 배움의 도구(The Lost Tools of Learning)'를 통해 제시했다.

우리나라 교육에서도 새로운 교육이론이 속속 등장했지만 짧은 순간 조명을 받고 순식간에 사라지는 인스턴트식 교육이었다. 생각하지 않는 삶을 살아갈 수밖에 현실에서 현대를 살아가는 모든 이들에게 흔들림 없는 진정한 학문의 도구가 트리비움이다. 트리비움은 4차 산업혁명으로 지식의 수명이 더 짧아지는 세상을 살아가는 모든 이들에게 새로운 세상에 빠르게 적응할 수 있는 가장 기본적으로 갖추어야 할 역량이다.

트리비움 기반의 인문고전 독서토론은 많은 상징성을 가진다. 특히 중세에도 그랬듯이 더 높은 학문을 수학하기 위해서는 트리비움은 필수코스이다. 독서 활동은 학문을 탐구하거나 미래를 통찰하는 힘을 키우기 위해 배경지식을 쌓는 활동으로 반드시 거쳐야 하는 과정이다. 독서 활동 과정에서 트리비움을 체계적이고 전략적으로 사용할 수 있도록 학생들에게 지도할 필요가 있다. 체계적으로 습득된 트리비움은 학생들이 세상을 헤쳐나가는 유용한 도구로 사용될 것이다.

독서 활동의 과정을 통해서 얻어야 하는 부분을 압축적으로 잘 표현한 것이 트리비움이다. 또한 독서를 어떻게 할 것인가에 대한 이정표를 알려주는 것도 트리비움이다. 특히 난해한 인문고전을 제대로 이해하고 이해한 내용으로 자신의 관점을 만들고 다른 관점을 가진 사람들과 토론을 하고 정리하는 일련의 과정들은 트리비움과 동일하다.

2) 왜 트리비움 독서법인가?

오늘날과 같이 빠르게 변화하고 정보가 풍부한 세상에서 효과적인 읽기 능력은 그 어느 때보다 중요하다. 그러나 많은 학생이 효과적으로 읽는 방법을 배우지 않고 기계적인 학습을 통해 정보를 암기하는 데 집중한다. 교육에 대한 이러한 접근 방식은 학생들이 고등학교를 졸업하고 대학에 입학할 때까지만 효과가 있으며, 대학에서 더 비판적 사고와 문제 해결 활동에 참여할 것으로 기대된다.

이 문제에 대한 한 가지 해결책은 트리비움 읽기 방법이다. 이 방법은 독서의 양보다 독서의 질의 중요성을 강조하고 개인에게 포괄적이고 능동적으로 독서에 접근하는 방법을 가르친다. 트리비움 독서 방법은 읽기가 연습과 적용을 통해 개발되고 향상될 수 있는 기술이라는 생각에 기반한다.

트리비움 읽기 방법은 개인이 읽고 있는 자료에 완전히 참여하고 정보를 더 잘 이해하고 기억하도록 돕기 위해 고안되었다. 이것은 자료를 조사하고, 질문하고, 능동적으로 읽고, 정보를 검토하고 암송하는 것과 관련된 SQ3R 기술을 포함한 기술의 조합을 통해 달성된다. 읽기에 대한 참여적 접근 방식을 채택함으로써 개인은 정보 이해력과 기억력을 향상해 읽기를 보다 생산적이고 의미 있는 경험으로 만들 수 있다.

영국의 소설가이자 언어학자인 도로시 세이어스(Dorothy Leigh Sayers)는 1947년 옥스퍼드 대학교에서 '잃어버린 배움의 도구(The Lost Tools of Learning)'라는 주제로 역사에 남을 만한 연설을 했다. 이 연설에서 도로시 세이어스는 현대 교육의 문제점을 제시하며 "트리비움의 문법(grammar), 논리학(logic), 수사학(rhetoric)은 단순한 과목이 아니라, 다양한 과목을 다루고 배우는 수단이나 방법이다"라고 주장했다. 또한 도로시 세이어스는 "교육의 궁극적인 목적은 학생들이 스스로 학습하는 법을 터득하게 하는 것이며, 이 목표를 달성하지 못하는 교육은 헛된 노력에 불과하다"라고 말했다.

다시 말해서 현대 교육의 기적은 우리의 문화를 지적으로 무기력하게 만들었다는 점이다. 우리는 자신 스스로 생각하는 학습하는 도구들을 잃어버린 것이다. 세이어즈는 그 문제에 대해 구체적인 제시를 한다. 그것이 트리비움의 적용이다.

3) 트리비움 독서법은 어떻게 하는가?

이 트리비움은 비판적 사고(critical thinking)를 위한 중요한 도구로 살펴볼 필요가 있다. 지식, 이해력, 지혜는 따로 나누어 공부할 수 있지만, 이 3가지가 서로 분리된 것은 아니다. 오히려 이 3가지는 함께 성장하고 서로 의지한다. 고전교육은 매우 선천적인 정신개발을 따른다. 어떤 과목을 교육하든지 3단계를 거친다. ①사실에 대한 숙달, ②관계성의 숙달, ③사용과 적용의 숙달이다. 이 관례를 살펴보자.

먼저 문법(grammar)은 지식, 문법 또는 사실은 기초이다. 지식 단계를 습득하지 않고는 이해력의 집을 지을 수 없다. 역사에서 문법은 이야기의 이름, 장소, 날짜와 같은 것이다. 과목에서는 누가, 무엇을 어디서, 언제와 같은 사실을 다룬다. 문법을 통해 정확하게 지식을 얻는 방법을 배웠다.

다음 논리(logic)는 지식에 기초를 놓은 다음에 이해력, 논리, 또는 이론을 지을 수 있다. 우리는 이해력을 지음으로써 지식에 대한 갈망과 필요성을 더 느끼게 된다. 역사에서 논리학은 전쟁, 이동, 발명품에 대한 이유를 정하기 위해 조사하고 연구하는 것이다. 과목에서 논리학은 이론, '왜'에 해당한다. 생각하고 분석하는 행위이다. 우리가 책을 읽고 생각하고, 그리고 글을 쓰는 것과 같은 활동 등이 논리에 해당한다. 이 과목을 통해서 설명, 정의, 논쟁, 오류에 대한 지식을 가르쳤다. 논리학 수업은 추리력의 기술을 가르치는 과목이다. 논리학을 통해서 비평적으로 분석하고 이해하는 방법을 가르친다.

마지막이 수사(rhetoric)다. 우리는 지식의 기초를 놓고 이해력의 구조를 지은 다음에 이제껏 지어진 것을 실제로 사용할 수 있는 지혜, 수사, 실행을 지을 수 있다. 이것은 더 여러 가지 지식과 이해력의 필요성을 느낀다. 역사에서 수사학은 정치적, 경제적, 종교적 과학적인 관점에서 역사를 조사하고 결론지어 적용하는 것이다. 과목에서 수사학은 실행, '어떻게'에 해당한다.

8. SQ3R 독서법 – 탁월함을 추구하는 독서

1) SQ3R 독서법이란 무엇인가?

필자는 비판적인 책읽기 독서법 중 가장 실용적인 방법인 SQ3R 독서법이라고 생각한다. SQ3R 독서법은 위에서 언급한 독서법을 잘 아우를 수 있기 때문이다. SQ3R 독서법은 미국의 교육심리학자 로빈슨(Francis P. Robinson)이 1941년 처음 소개한 것으로, 대학생들의 읽기 수준을 향상하기 위한 효과적 공부법(Effective Study, 1946)에서 학습 방법으로 고안된 것이다. 이 방법은 대학생의 읽기 수준을 향상하기 위해 고안된 것으로서, 특히 전공 교과서를 읽기 위해서는 반드시 익혀 두어야 하는 기술 중 하나로 알려져 있다.

1단계 개관(Survey) – 메인 아이디어 찾기

책을 읽기 전에 내용을 미리 생각해 보는 단계로, 제목이나 차례 등을 통해 글 전체의 내용을 미리 개관하는 단계다. 책을 간략하게 훑어보면서 메인 아이디어를 찾을 때 사용하는 단계다.

2단계 질문(Question) – 알고 싶은 것 질문하기

내용에 대해 다양한 알고자 하는 것을 찾으며 책을 읽는 단계다. 인물, 장소, 행동 등 본문 내용뿐만 아니라 제목, 소제목 등의 책 전반에 걸쳐 질문할 수 있다. 질문을 함으로써 내용을 좀 더 확실히 인식할 수 있다는 장점이 있다.

3단계 읽기(Read) – 문법 세우기 단계

알고 싶은 것을 찾기 위해서 질문을 가지고 책을 차례대로 읽어 나가는 단계다. 트리비움 읽기 방법으로 말하면 문법의 단계다. 누가 무엇, 언제, 어디서와 같은 사실에 집중한다. 문법 단계는 학습 과정에서 필수적인 부분이며, 이를 통해 자료의 기본 구조를 이해할 수 있다. 문법에 중점을 두면 책에서 제시된 아이디어와 그들 간의 관계를 더 잘 이해할 수 있다. 인물이나 사건에 집중해 처음부터 끝까지 책을 자세히 읽어 나가고, 다 읽은 후에 다시 처음으로 돌아가 책에서 중요하다고 생각했던 부분을 정독한다.

4단계 되새김(Recite) – 논리 세움 단계

이전 단계를 통해 내용을 모두 파악한 후 실행하는 단계다. 트리비움 읽기 방법으로 말하면 "왜"라는 관점을 가지고 논리를 세우는 단계라고 할 수 있다. 앞에서 읽은 중요 내용을 되새기로 스스로 질문과 대답을 하며 요약과 정리를 함께 할 수 있는 단계다. 자신의 관점으로 논리를 세우거나 이분법적인 논리의 한계를 분석하고, 개념, 판단, 추론 단계를 거치면서 사고를 확장하는 단계이다. 이 단계에서 사고의 지평이 넓어지게 되고 심화한다. 그럴 뿐만 아니라 관점을 달리하는 훈련함으로써 자신의 세계관을 정립하는 단계이기도 하다.

5단계 표현(Review) – 재창조하기

논리 세움 단계를 거쳤으면 그것을 재창조하여 밖으로 표현하는 단계이다. 트리비움 읽기 방법으로 말하면 문법으로 얻어진 지식과 논리로 얻어진 논리로 내 생각을 글로 쓰고 나누는 것으로 사람들의 공감을 얻는 단계라 할 수 있다. 소위 수사학은 청자나 독자에게 자기 생각이나 의견을 전달하는 것으로, 자신이 알고 있는 지식(문법으로 얻어짐)과 자신이 이해하고 있는 것(논리로 얻어짐)을 적절하게 조합하여 지혜롭게 전달하는 것을 뜻한다. 대학 입학을 위해서 시행하는 대학별 논술 시험이 이 마지막 수사(rhetoric) 단계라고 할 수 있다.

'SQ3R 독서법'이란 책 내용을 자신의 경험과 관련지어 읽는 독서법이다. 읽는 속도는 느리지만 책의 내용을 내 것으로 만들 수 있다는 장점이 있어 중·고등학생들의 독서 학습법으로도 많이 활용되고 있다. 학습을 위한 독서법은 여러 가지가 있지만, 이 독서법은 그중에서도 가장 효율성이 높은 독서법으로 손꼽히고 있는 이유이다.

2) 왜 SQ3R 독서법인가?

학생이나 학부모와 상담하다 보면 가끔 '책은 많이 읽는데 국어 성적이 안 나온다.', '공부하는 시간은 많은데 성적은 안 오른다.', '책을 읽기는 읽지만, 주제를 파악하지 못하겠다.'라는 고민을 호소하는 경우가 있다. SQ3R 독서법은 바로 이런 문제가 있는 학생들에게 조언해 줄 수 있는 해답이 될 수 있다.

이 중에서 특히 중요한 것은 훑어보기를 함으로 메인 아이디어를 찾기와 알고 싶은 것을 질문하기 단계다. 훑어보면서 글 전체를 예측하고, 질문을 통해서 핵심을 찾는 방법으로 글을 지속적으로 읽으면 글을 읽는 속도가 향상되고, 메인 아이디어를 찾는 능력이 향상된다. 이렇게 접근하는 학생들의 경우는 읽기 능력의 향상 속도가 투자한 시간에 비해 향상 속도가 빠르다. 반면, 그냥 책을 많이 읽는 학생들의 경우는 책을 많이 읽지만, 발전 속도가 더디어서 학습효과가 떨어질 수밖에 없다.

SQ3R 독서법을 지도할 때 한 가지 고려해야 할 점은 학생들의 읽기 능력이 천차만별이라는 점이다. 주어진 글을 빠르고 정확하게 내용을 파악하고, 독서량도 많아서 다른 텍스트와 비교해서 이해할 수 있는 학생이 있지만, 내용 파악도 제대로 못하는 학생도 있다. 그래서 읽기 능력이 우수한 학생들은 지루해하지 않도록 비판적 읽기나 다른 텍스트와 연결해서 읽는 연습에 중점을 두고, 읽기 능력이 부족한 학생들은 SQ3R의 단계에 따라 독서량을 늘리는 방법에 중점을 둘 필요가 있다.

고전적 SQ3R은 읽기 전·중·후 활동 과정을 모두 포함하고 있는 장점을 지닌다. 특히 '왜'라고 질문하며 책을 읽는다는 건 깊이 이해하기 위한 과정이기도 하거니와 '왜'에 대한 답을 충분히 찾지 못했을 때 그 답을 찾고자 더 깊이 읽고 내용을 더 잘 이해할 수 있는 방법을 찾게 하는 동력이 된다.

지식이라는 것은 눈에 보이지 않고 안다는 것도 어디까지가 아는 것인지 경계가 모호하지만 분명한 것은 꺼내어 볼 때 잘 모르고 있다는 것을 깨닫게 된다. 독서하고 내용을 요약해 말해 보거나 알게 된 것을 설명하거나 책을 읽고 생각과 느낌을 나눠보는 것, 질문하고 답하기, 토론하기도 말하기 독서라고 할 수 있다.

'고전적 SQ3R' 독서 방법론에는 한계가 존재한다. '고전적 SQ3R'은 사실적인 에세이, 기사문, 설명문과 같이 객관적인 내용을 전달하는 읽기 지문이나 설명적인 학습 내용을 이해하는데, 크게 유용하지 않다. 이해력, 분석력, 조직력과 같은 수렴식 사고력이나 세계관을 확장하는 데는 유용하지만, 추리력, 비판력, 창의력과 같은 확산적 사고력을 신장하는 데에는 부적절하다. 예를 들어 다양한 상징적 의미를 파악하며 읽어야 하는 문학적인 글 읽기에는 부적절한 읽기 모형이라고 할 수 있다. 문학 텍스트 읽기는 표면적 의미를 통하여 이면적 의미를 파악함으로써 필자의 창작 의도와 텍스트의 다양한 상징적 의미를 이해하는 행위인데 고전적 SQ3R은 문학적 이해에 적용하지 못하는 한계점을 가지고 있다. 또한 고전적 SQ3R은 시간이 많이 소비되거나 다소 복잡한 측면이 있다.

3) SQ3R 독서법을 어떻게 활용할 것인가?

저자는 고전적인 SQ3R 읽기 전략을 세심하게 강화하여 사용자 친화적이고 매우 효과적으로 만들었다. 초기 개관(Survey) 단계에서는 저자의 배경 이해, 목차 검토, 책 제목을 해독하여 핵심 아이디어를 정확히 파악하는 등의 단계를 포함하는 개요 전략을 제공한다.

질문(Question) 단계로 전환하면 KWL 전략이 도입되어 독자가 기존 지식(Know)을 기록하고, 무엇을 원하는가(Want to Know)를 제시하고, 궁극적으로 새로 발견한 통찰력(Learned)을 기록하도록 독려한다. 이러한 구조화된 접근 방식은 개인적인 생각을 책의 내용과 연결함으로써 이해를 촉진한다. 문학 작품에 관한 서술적 탐구, 관점 기반의 접근 방식을 채택하여 작가의 의도를 파악하는 등 전략적 질문의 중요성이 강조된다.

읽기(Read) 단계로 넘어가면 독서는 복잡한 정보처리 여정으로 묘사된다. 정보 흡수력을 높이기 위해서는 '의미 단위로 읽기', '밑줄을 쳐서 읽기' 등의 기법을 권장한다. 효과적인 이해를 위해 사용자 정의 기호, 간격 및 컬러 펜이 승인되었다. 비판적 사고를 확장하기 위해 동의하는 부분보다 반대하는 부분에 밑줄을 긋는 아이디어를 제안한다.

되새김(Recite) 단계에는 이전 질문에 대한 상호 참조 응답과 개인적인 논리 설정이 포함된다. 요약을 작성하고 관점 기반 사고를 사용하면 이해력이 향상된다. 복잡한 주제를 관리 가능한 구성 요소로 분해하기 위해 논리적 프레임워크인 이분법 접근 방식이 도입되었다.

표현(Reviwe) 단계는 단계별 글쓰기 전략 단계다. 서평 작성, 요약, 설득력 있는 주장 형성을 위한 팁이 제공된다. SQ3R 방법 내에서 이 단계는 동화된 지식의 실제 적용을 위한 접점인 트리비움(Trivium)의 '수사학' 단계에 해당한다.

이 강력한 메시지는 읽기 기술을 가르치고 습득하는 것이 중요함을 강조한다. 이는 학생과 성인 모두의 삶을 향상하는 실천이며, 그 진정한 본질을 파악하기 위해 개인적으로 수행해야 하는 여정이다. 어른이 겪는 어려움을 인식하고, 인생 초기에 독서 습관을 기르라는 권고는 매우 중요하다. 독서에 대한 긍정적인 초기 경험은 독서가 일상생활에 원활하게 통합되고 내재적인 습관으로 발전할 수 있는 길을 열어준다.

트리비움(TRIVIUM) 지혜를 담은

SQ3R 독서기술

2부

개관(Survey): 메인 아이디어 찾기

1단계 개관하기: 메인 아이디어 찾기

책의 글자를 모두 읽는다고 독서가 아니다. 수백 권을 읽었다고 그 내용을 다 기억하는 것은 아니다. 포인트를 찾아내서 읽게 되면 읽을 때 핵심 주제를 찾아내고 그 핵심 주제로 논리를 파악하면 빠른 결론에 도달할 수 있다. 이 과정을 거치면서 정독할 책인지 아닌지를 가려내기도 한다. 개관하기 읽기는 소제목과 첫 문장 그리고 마지막 문장 등 핵심 문장을 훑어 읽으면서 내용을 파악하는데 주력하는 독서단계다.

많은 양을 담고 있는 책은 그만큼 읽어내는데 시간이 많이 투자되기 때문에 효율성이 필요하다. 반대로 시나 에세이는 짧은 책이기 때문에 오히려 느린 슬로우 리딩 독서법을 실행해서 단어의 깊이를 중요시한다. 책이 두껍다는 것은 함의적인 내용보다는 객관적인 자료를 있는 그대로 많이 담겨 있다. 이런 책은 훑어 읽으면서 중요한 문장들 가려내야 하는 것이 시간상으로 효율을 갖는 독서법이다.

개관하기 단계에서는 책의 배경, 저자, 매인 아이디어를 파악하고 목차를 살피는 단계이다. 프롤로그나 에필로그를 보면서 전체적인 내용을 파악하는 단계이다. 따라서 읽기의 첫 단계인 개관하기는 주제를 파악하고 제목 기억하기 전략을 사용한다. 제목은 거의 모든 독해 자료에서 반드시 전제된다. 독해 자료의 이독성(readability), 즉 텍스트를 읽고 얼마나 쉽게 이를 이해할 수 있는가의 정도를 분석할 때의 기준으로 제목의 유무, 어휘의 구체성 여부, 배경지식의 유무와 관련 경험의 여부 또는 문화지식의 친숙도 여부를 논한다. 이는 독해를 할 때 제목이 있고 그림이 있으면서 어휘가 구체적일수록 독해를 쉽게 만들어 준다는 것을 뜻한다. 제목 안에 부제가 있으면 있을수록 그 소단락의 의미 분석을 쉽게 한다.

고마야 가즈요시는 『선택적 책읽기』에서 읽기 전략의 포인트는 What→Why→How이라고 말한다. 나타난 문제, 성취와 같은 현상(What)을 알고 그런 현상으로 나타날 수밖에 없는 그 이유(Why)를 생각하고 그것을 자기 일이나 인생에 어떻게 활용할 것인가(How)를 책을 읽음으로써 학습하는 것이다. 『선택적 책읽기』 독서법은 트리비움 독서법과 맥락을 같이 한다. 읽기를 통해서 원인과 결과와 같은 생각하는 법, 즉 사고방식과 구조 파악 하는 법, 자신의 문제를 해결하는 것이 책을 읽는 목적이라고 할 수 있을 것이다. 여기에서 말하는 문제 해결 이슈야말로 가장 확실한 정보의 취득이다.

이러한 단계를 거친 후에 독자가 제목을 의식적이고 능동적으로 확실히 인식한 후에 전체적인 의미를 적극적으로 추측하는 하향 독서 과정으로 독해해 나간다면 효과적일 것이다. 독해 활동 초기에 제목을 두뇌 활동에 삽입시켜서 능동적으로 독해할 때 주의력을 집중시킴과 동시에 추리력도 향상될 것이다. 읽기 전 수행 활동으로 글의 제목과 부제를 소리 내어 읽어보고 적어보게 하는 것도 좋다.

1. 배경을 조사하라

저술배경을 조사하는 것은 읽기 과정에서 중요한 단계다. 왜냐하면 그것은 저자의 관점과 동기에 대한 중요한 맥락과 이해를 제공할 수 있기 때문이다. 이것은 독자가 텍스트에 제시된 정보를 더 잘 이해하고 해석하는 데 도움이 될 수 있다.

예를 들어 플라톤의 『국가』와 크세노폰의 『키루소의 교육』을 예를 들어 보자. 두 작품 모두 정부와 리더십 같은 주제를 다루는 중요한 역사적 텍스트다. 그러나 그들의 저술 배경은 서로 다르며, 이것은 그들의 저작물이 쓰인 방식과 그들이 제공하는 관점에 상당한 영향을 미쳤다.

플라톤은 고대 그리스 철학의 중요한 인물 중 하나로, 그의 철학적 업적은 현대 철학과도 큰 영향을 미쳤다. 그는 현실과 이상 사회의 본질을 탐구하는 데 큰 관심을 가졌으며, 이를 바탕으로 그는 정치 철학 작품인 『국가』를 썼다. 이 책은 정의의 본질과 이상적인 국가를 탐구하는 대화 형식으로 쓰였으며, 소크라테스와 여러 아테네인이 함께하는 대화가 그려져 있다. 『국가』는 그 당시의 사회와 정치에 대한 비판과 개선을 제시하며, 이상적인 국가의 모습을 그려낸다.

크세노폰은 고대 그리스의 역사가이자 장군으로, 『키루소의 교육』은 그가 쓴 페르시아 제국 창시자인 키루스 대왕의 생애를 다루는 역사적 기록이다. 크세노폰은 작품에서 키루스의 지도력과 국가의 실질적인 측면에 초점을 맞추어, 국민을 효과적으로 이끌고 강력한 제국을 건설할 수 있었던 방법에 대한 통찰력을 제공한다. 크세노폰은 자신이 경험한 전쟁에서의 지식과 키루스 대왕의 통치 철학을 바탕으로 작품을 썼다. 크세노폰은 키루스의 지도력과 통치 철학에 대해 깊이 있게 분석하며, 그가 어떻게 국민의 지지를 얻으며 강력한 제국을 건설할 수 있었는지를 설명한다.

이 두 텍스트의 작성 배경을 조사하는 것은 저자의 관점과 동기에 대한 중요한 맥락과 이해를 제공하기 때문이다. 플라톤과 크세노폰은 동시대를 살아간 사람들로 아포리아에 처한 그리스를 어떻게 할 것인가에 대안 관점을 플라톤은 정치 철학적인 입장에서 크세노폰은 교육과 리더십 입장에서 제시하고 있다. 이러한 관점을 이해함으로써 독자는 그들의 작품에 제시된 정보를 더 잘 이해하고 해석할 수 있으며 제시된 정보의 가치에 대해 정보에 입각한 결정을 내릴 수 있게 된다.

결론적으로, 텍스트의 작성 배경을 조사하는 것은 저자의 관점과 동기에 대한 중요한 맥락과 이해를 제공하기 때문에 읽기 과정에서 중요한 단계이다. 이것은 독자가 텍스트에 제시된 정보를 더 잘 이해하고 해석하고 제시된 정보를 기반으로 정보에 입각한 결정을 내리는 데 도움이 될 수 있다.

2. 작가를 조사하라

책 읽기 전에 명탐정으로 변신하여 '작가를 조사하라!' 책을 읽기 전에 먼저 알아두면 좋은 것들이 있다. 작가가 어느 시대 어떤 사회 배경 속에서 살아왔는지, 그 책을 어떻게 쓰게 됐는지를 알아보는 것이다. 작품에는 작가가 세상을 보는 시선이 드러나 있게 마련이기 때문이다. 만약 작가가 살아간 세상이 어떠했는지를 안다면 작품을 이해하는 데 큰 도움이 될 것이다.

가령 마키아벨리는 16세기 초 이탈리아의 정치적 혼란기에 『군주론』을 썼다. 당시 이탈리아는 여러 도시 국가로 나뉘어 권력과 영향력을 다투고 있었고, 그 나라 역시 외세의 지배를 받고 있었다. 마키아벨리 자신은 피렌체 공화국의 외교관이자 전략가로 활동한 정치인이었으며 이탈리아의 정치 상황과 통치자의 행동을 관찰한 폭넓은 경험하고 있었다. 마키아벨리는 이탈리아의 정치적 상황에 대한 응답으로 그리고 통치자에게 조언과 지침을 제공하는 수단으로 『군주론』을 썼다. 그는 통치자가 자신의 권력을 유지하고 전임자의 실수를 피할 수 있는 실용적인 지침을 제공하기를 원했다.

『군주론』에서 마키아벨리는 권력을 유지하기 위해 통치자의 교활함과 조작을 옹호하면서 권력과 정치에 대한 현실적이고 종종 냉소적인 견해를 제시한다. 그는 정치 권력을 추구하는 데 있어 전통적인 도덕 및 윤리적 원칙을 제쳐두고 통치자는 자신의 지위를 유지하기 위해 무슨 일이든 기꺼이 해야 한다고 주장한다.

『군주론』을 쓰면서 마키아벨리는 고전문학과 정치 철학의 영향을 받았으며 이러한 출처를 통해 정치 권력과 리더십에 대한 새로운 관점을 제공하려고 했다. 그는 정치와 권력에 대한 당시의 지배적인 태도에 도전하고 이 주제에 대해 새롭고 혁신적인 접근 방식을 제공하기를 원했다. 마키아벨리는 이탈리아의 정치적 상황에 대한 응답이자 통치자들에게 실질적인 조언과 지침을 제공하는 수단으로『군주론』을 썼다. 권력과 정치에 대한 현실적이고 종종 냉소적인 관점을 제시함으로써 그는 당시의 지배적인 태도에 도전하고 정치 권력과 리더십에 대한 새로운 관점을 제공하고자 했다.

책을 읽기 전에 작가를 조사하는 것이 매우 중요하다. 독자는 작가를 경찰이 범죄자를 조사하듯 샅샅이 조사해야 한다. 이유는 이 작업이 바로 독자와 저자 간의 '심리적 거리'를 좁히기 때문이다. 작가가 어디서 태어났는지, 저자가 대학교에서 어떤 전공을 했는지, 저자의 가족은 어떤 사람들인지, 심지어 저자의 취미가 무엇인지 인터넷이나 책을 통해서 최대한 사적인 부분을 조사하는 것이다. 개인적이고 사적인 내용을 알게 되면 책이 단순하지 않고 소중해진다. 글 뒤에 숨겨진 의미까지 파악하려고 엄청난 집중력을 발휘할 것이다. 그래서 저자와 친밀해지면 저자의 마음으로 책을 읽게 될 것이다.

3. 주제를 파악하라

매인 아이디어를 파악하기 위해서 반드시 거쳐야 할 또다른 단계는 프롤로그와 에필로그를 읽는 것이 유용하다. 『반 룬의 예술사』를 저술한 헨드릭 빌럼 반 룬은 "시작이 반이라면 머리말을 읽으면 책의 절반을 읽은 것이다. 머리말을 읽고 책을 선택하면 실망할 확률을 줄일 수 있다." 라고 말했다. 나루케 마코토는 『책, 열 권을 동시에 읽어라』에서 다음과 같이 말하고 있다. "어떤 책이든 서문에 가장 공을 들이게 마련이다. 따라서 서문의 내용을 읽으면 그 책이 전달하고자 하는 요점을 대충 파악할 수 있다. 만약 서문을 읽어도 아무런 느낌이 오지 않는다면 본문은 더는 자세히 읽을 필요도 없다. 나의 경우, 지인에 대한 감사의 글을 줄줄 늘어놓은 책은 재빨리 덮고 다음 책으로 넘어간다."

과장해서 표현하자면, 한 권의 책을 읽는데 서문을 읽고 결론을 읽으면 끝난다. 본문은 구체적인 실증의 예이거나 논리적 설득에 해당한다. 혹자는 효율적 책 읽기에 대해 이렇게 정의했다. 즉 책을 손에 쥐면 먼저 목차와 서문을 읽고 난 뒤 마지막 장으로 가서 결론을 읽는 것이다. 이를 통해 책에서 말하고자 하는 메시지를 확인한 후 본문을 통해 구체적인 실증의 사례를 읽는 것이다. 바쁜 직장인들은 특별히 관심이 있지 않으면 책을 처음부터 끝까지 완독하기가 힘들다. 따라서 책을 빨리, 또 무조건 다 읽어야 한다는 죄의식에서 벗어나 책에 대한 기본적인 이해를 한 후 시작하는 게 좋다. 특히 요즘 발간되는 마케팅 관련 서적의 경우 새로운 용어나 키워드가 있는가가 중요한 요인이다.

책에서 주제를 파악하는 가장 중요한 방법은 바로 키워드를 찾는 것이다. 일단 키워드가 발견되면 저자가 그것을 어떻게 변증해 가는가에 초점을 맞추면 된다. 책 대부분은 'What', 'Why'. 'How to'의 주제로 책을 저술한다.

'What'은 개념을 설명한 책이다. '정의란 무엇인가?' '문학이란 무엇인가?' '사람은 무엇으로 사는가?' '국가란 무엇인가?' '무엇이 옳은가?' …

'Why'는 이유에 관한 책이다. '내가 행복한 이유', '여행의 이유 내가 살아남은 이유', '생물은 왜 죽는가?' '왜 세계 절반은 굶주리는가?' '왜 일하는가?' …

다음으로 'How to', 방법론, 적용에 관한 책이다. '수학은 어떻게 문명을 바꾸었는가?' '세상은 어떻게 세상을 구했는가?' '우리 자녀 어떻게 키워야 하는가?' '주식투자 어떻게 해야 하는가?' '어떻게 읽을 것인가?' 이런 유의 책들은 매인 아이디어를 찾는데 어렵지 않다. 매인 아이디어가 제목에 담고 있기 때문이다.

4. 목차를 암기하라

생각을 적은 글은 기획이 있느냐, 없느냐에 따라 '기록'과 '문서'로 나눠진다. 문서 그대로 있으면 '자료'에 불과하지만, 상품 가치를 지니게 되면서 판매가 가능한 '책'이 된다. 서점에 즐비하게 놓여있는 종이 뭉치들이 단순한 문서가 아니라 책이라는 점을 가볍게 생각해서는 안 된다. 책은 기획을 바탕으로 가공된 콘텐츠의 집약체다. 그 콘텐츠마다 성격과 개성이 있는 지적 구조화 산물이다. 그래서 작가가 자신이 쓴 정제되지 않은 초고를 나중에 책의 형태로 마주할 때면 감회가 새롭다고들 한다. 마치 종이 위에 스케치만 그렸는데, 그 그림이 움직이는 캐릭터로 만난 느낌과 비슷하지 않을까 싶다.

목차는 마치 고급 음식점에서 코스요리를 즐길 때, 앞으로 나올 음식들을 안내하고 있는 음식 목록, 표와 같은 역할을 한다. 물론, 어떤 음식이 나올지를 모르고 음식을 먹는 것도 그 나름의 모험심을 자극하겠지만, 구체적인 기대감은 주지 못한다. 낯선 프랑스식 이름의 음식을 보면서, 이 단어가 혹시 달팽이를 의미하는 것인지, 거위 간이란 뜻인지 등등 예상과 예측을 하면서 느끼는 기대감도 낯선 모험심을 자극할 뿐만 아니라, 미리 입맛이 다셔지는 효과마저 있다.

책을 읽기 전에 '목차'를 종이에 한 번씩 쓰면서 전체적인 내용의 흐름을 익혀 두는 것이 좋다. 목차를 암기하면 제일 좋다. 대학원에 들어온 학생들에게 제일 강조하는 학습법이 바로 목차암기다. 학위가 끝나고 현장에 나가면 가장 중요한 이론정리가 머릿속에 남아 있지 않으면 늘 공부했던 책을 찾아보게 된다. 늘 책을 읽고 공부해도 뭔가 부족하다는 생각이 들게 된다. 바로 목차가 머릿속에서 사라졌기 때문이다. 반복하고 낭송을 하고 옆 사람에게 설명하면서 머릿속에 새겨야 할 것이 바로 목차암기이다.

성공적인 책 읽기가 되기 위해서는 목차와 친해져야 한다. 목차와 친숙해진다는 것은 맥락을 파악하는 것이다. 책을 무작정 읽던 어린 시절에는 목차를 살펴본다는 것에 대한 의미는커녕 그것이 참으로 재미있는 일임을 깨닫지 못했다. 대개 머리말을 읽는 것으로 책의 전체적인 내용을 파악하곤 했지만, 머리말로 표현한 책의 전반적인 아이디어를 어떻게 구현하고 있는지는 목차를 펼쳐봐야 알 수 있다. 그리고 머리말을 인사말 정도로 알고, 감사의 말만 늘어놓는 저자들도 있기에, 목차 읽기는 모든 책 읽기의 시작이라고 해도 과언이 아니다.

5. 책 제목을 읽어라

책 제목은 끌어당기고 싶은 문고리(door handle)로 비유할 수 있다. 책 제목을 보고 손으로 집고 문을 열고 책 내용으로 들어가기 때문이다. 좋은 제목을 보면 금방 컨셉을 알 수 있다. 책 제목이 독자를 끌어당기는 힘이 없으면 결국 문이 열리지 않는다. 흥미를 유발하지 못하거나 지나

치게 선정적이면, 문고리에 아예 손이 닿지 않을 수 있다. 제목은 독자에게 읽히기 위해서 반드시 거쳐야 하는 관문이다.

책 제목은 사람으로 치면 첫인상과 같을 것이다. 그래서 작가들에게 저술 활동 중에 가장 힘든 작업 중 하나가 제목을 정하는 일이라고 한다. 사람들도 첫인상이 그렇게 중요하지 않다고 말하면서도 상당히 영향력이 있는 것처럼 책 제목들도 그렇다. 제목이란 내용을 적확하고 간결하게 표현한 것이다. 제목은 책을 끝까지 읽지 않고도 내용을 파악할 수 있게 해주는 기능이다. 독자들은 신문이나 잡지를 대했을 때, 먼저 전체의 제목을 훑어본다. 그리고 어느 기사를 먼저 읽고, 어느 기사는 읽지 않은 것인가를 결정한다. 내용이 우수한 기사도 제목이 나쁘면 독자로부터 외면을 당하게 된다. 책 읽기도 이와 다를 바가 없다. 책 제목뿐만 아니라 중간제목도 동일하다. 따라서 제목은 독자의 독서 의욕을 자극하도록 작성되지 않으면 안 된다.

저자들이 책 쓰기에서 중요한 것이 책 제목을 정하는 일이다. 제목은 그 책의 컨셉을 명확히 하기 때문이다. 작가들에게 제목 짓기는 책 쓰기의 진검승부(眞劍勝負)이기도 하다. 제목은 책 맥락의 가장 대표적 특징을 말해준다. 좋은 책 제목은 독자가 제목 한 줄만 듣고도 내용이 무엇인지 감을 잡을 수 있어야 한다. 제목들에는 다양한 유형들이 있다.

한꺼번에 파악할 수 있는 직관형 책 제목이 있다. 제목은 직관적(Intuitive)이다. 예를 들면, 도미니크 오브라이언의 『뇌가 섹시해지는 책』 원제는 『*How to Develop a Brilliant Memory Week by Week*』였는데, 직역하자면 '주별 멋진 기억력 개발 방법'이라고 할 수 있는데 난감하다.

명확한 대상(target)이 있는 제목도 있다. 일반적으로 명확한 대상(target)에게 메시지를 전송하기 위해서는 제목이 시작되는 부분에 누구에게 이야기하는지 분명해야 한다. 제목이 시작하는 첫 부분에 『서른 살이 심리학에게 묻다』, 『마흔에 읽어야 할 손자병법』, 『50세부터 인생관을 바꿔야 산다.』 등 대상자를 분명히 제목에 명시하는 방법이다.

시대를 읽는 키워드(keyword)가 있는 명사형 제목도 있다. 시의성(時宜性)이 있어서 독자의 손을 잡게 만드는 제목이다. 예를 들면, 『블루오션』, 『88만원 세대』, 『피로사회』처럼 정의형 제목이다. 제목 그 자체가 단순한 제목이 아니라 시대의 흐름을 대변하는 상징어가 된다.

스토리텔링이 될 수 있는 비유형 제목도 있다. 출판사들의 입장에서는 기억하기 쉽고 강렬한 책 제목을 정하는데 거의 사활을 걸고 있다. 많이 쓰는 방법이 시에서 빌리는 경우가 많다. 이때 스토리텔링이 될 수 있는 비유가 들어가면 좋다. 『나쁜 사마리아인』, 『사다리 걷어차기』, 『술 취한 코끼리 길들이기』처럼 비유형 제목도 좋다.

반전이 있는 역설형 제목도 있다. 좋은 제목이란, 작품과의 연관성을 가지면서도 의외의 한방이 있어야 한다. 제목으로 사용하지 않았던 말을 사용해야 새로울 수 있다. 제목을 보고 책 전체 뉘앙스를 유추할 수 있어야 하지만 새로운 반전을 주어야 한다는 것이다. 『적을 만들지 않는 대화법』, 『미움을 받을 용기』 등처럼 역설형 제목이다.

호기심을 자극하는 질문형 제목도 있다. 예를 들면 『정의란 무엇인가?』, 『어떻게 원하는 것을 얻는가?』, 『어떻게 나를 최고로 만드는가?』 등 질문형 제목은 호기심을 자극할 수 있다. 질문형 제목은 독자들의 궁금증을 단박에 풀어줄 것 같아서 다들 좋아한다.

주어와 동사가 있는 문장형 제목도 있다. 독자가 책을 오픈하는 데 가장 결정적인 역할을 하는 부분이 타이틀이다. 제목만 보더라도 독자가 책 내용을 어느 정도 알 수 있도록 해야 한다. 『나는 단순하게 살기로 했다』, 『나는 나로 살기로 했다』, 『나는 까칠하게 살기로 했다』, 『나는 아내와의 결혼을 후회한다』 등 '나는'로 바꾸는 것도 널리 쓰는 주어형 제목이다. 이런 제목은 개인적 욕망을 잘 반영한다. 동사는 피동형보다 능동형이 힘이 있다. 『단순하게 살아라』, 『지금, 이 순간을 살아라』 '-하라'는 식의 명령형 제목이 옛날에는 유행한 적이 있다. 최근에는 좀더 부드러운 표현으로 바뀌고 있다. 『하고 싶은 대로 살아도 괜찮아』, 『곰돌이 푸, 행복한 일은 매일 있어』 같이 주어와 동사를 함께 갖춘 문장형 제목도 늘어나는 추세다.

해결책이 있는 구체성이 있는 제목도 있다. 『책 잘 읽는 방법』, 『막막할 때마다 꺼내 읽는 면접책』 해결책이 있는 방법은 오래전부터 익숙해져 있는 패턴이지만 여전히 유효하다. 실용적인 정보, 유용한 조언, 속시원한 해결책을 제시해 줄 것 같은 기대하게 한다. 『생각 버리기 연습』, 『엄마의 말하기 연습』처럼 '연습' 실행할 수 있을 것 같은 제목이다.

숫자가 포함된 제목도 있다. 제목에서 숫자로 정리한다면 구체적으로 보일 수 있다. 『1등의 습관』, 『1cm 다이빙』, 『1그램의 용기』, 『1.4킬로그램의 우주, 뇌』 등 정확한 숫자로 정리할 경우, 구체적인 것을 기대하게 된다. 『살아 있는 동안 꼭 해야 할 49가지』, 『초등학생이 알아야 할 100가지』 등 구체적 가지 수를 제시했다. 진짜 제목에서 많이 쓰이는 것이 숫자다. 숫자만큼 구체적인 것은 없다.

책의 주제나 저자의 의도는 일차적으로 타이틀에서 나타난다. 책의 제목에 따라 같은 저작물이라도 주제와 내용, 성격 등, 책에 대한 이미지는 독자의 뇌리에 다르게 각인된다. 이것은 딱히 책에만 국한되는 것은 아니다. 영화나 음악, 그 외에 의류나 가방, 방송프로그램 명도 마찬가지다. 구글(Google)의 원래의 이름은 백럽이었다고 한다. 아마 구글이 백럽이었다면 지금과 같은 성공을 거두었을까 하는 의문도 든다.

3부

질문(Question): 알고 싶은 것

2단계 질문하기: 알고 싶은 것은

"이 우주에서 우리에겐 두 가지 선물이 주어진다. 사랑하는 힘과 질문하는 능력. 그 두 가지 선물은 우리를 따뜻하게 해주는 불(火)인 동시에 우리를 태우는 불이기도 하다." 퓰리처상 수상 시인인 메리 올리버(Mary Oliver)의 산문집 『휘파람 부는 사람』에 수록된 글이다. 메리 올리버의 인용문은 이해와 성장을 위한 강력한 도구로서 질문하는 능력의 중요성을 강조한다. 질문을 할 수 있는 능력을 통해 개인은 주변 세계를 탐색하고, 지식과 이해를 찾고, 자신의 믿음과 가정에 도전할 수 있다.

질문하기 단계는 알고 싶은 것을 질문으로 만드는 단계다. 질문하기는 비판적 사고와 문제 해결의 중요한 요소이다. 개인은 질문을 함으로써 정보를 수집하고, 다양한 관점을 고려하고, 복잡한 문제에 대한 잠재적 해결책을 식별할 수 있다. 질문을 하는 것은 또한 개인이 자신의 믿음과 가정에 도전하는 데 도움이 되어 더 깊은 이해와 개인적인 성장으로 이어진다. 질문하는 능력은 이해, 성장이나 개인 개발을 위한 강력한 도구이다. 교실에서든, 개인 생활에서든, 직장에서든 질문을 하는 것은 지식을 얻고, 새로운 아이디어를 탐구하고, 우리 자신의 믿음과 가정에 도전하는 데 필수적이다.

책을 읽기 전에 기본적인 질문을 간직하고 읽게 되면 프리즘이 그 답을 비추고 있는 것처럼 효율적인 독서를 할 수 있다. 질문독서법은 분석력과 건설적인 비판적 사고력 등을 단기간 안에 기를 수 있는 탁월한 독서법이다. 단순하게 눈으로만 읽는 것이 독서가 아니라 질문과 답을 통해서 내 안에 잠자고 있는 잠재 능력을 깨워줄 새로운 독서법이다.

SQ3R 독서법에 강점은 '질문하기'에 있다. 질문이 제기되면 답을 찾기 때문이다. 개관(Survey) 단계에서 텍스트의 전체적인 윤곽과 매인 아이디어를 찾았다면, 질문(Question) 단계에서는 문제를 정의하고, 구체적으로 질문을 만들어 가설을 설정하는 단계이다. 질문하기 전략을 접목해 활동을 구체화하였다. 이 단계에서 접목한 질문하기 전략은 읽기에 매우 효과적인 전략이다. 질문을 만들어 보는 것은 제시된 글을 다른 형태로 변화시켜 보는 방법으로, 읽은 글의 내용을 좀 더 자세하게 진술할 수 있게 해준다.

독자는 질문하기를 수행한 뒤에 글을 읽을 경우, 자신이 만든 질문에 대한 답을 찾기 위해 더 많은 주의와 노력을 기울이게 된다. 그리하여 단순히 글만 읽을 때보다 더 많은 정보를 기억하게 된다. 또 질문을 만드는 능력에 따라 학습 내용 전체를 파악하는 능력을 길러줄 수 있고, 내용 중세심한 주의를 기울여야 할 부분과 그렇지 않은 부분, 즉 중심 내용과 세부 내용에 대한 집중 정도를 달리하게 하는 특징도 있다. 읽기 전 수행 활동으로 제목을 읽고 난 뒤 육하원칙(5W1H)의 틀을 이용하여 질문을 만들어 본다.

책을 읽을 때 질문하면서 읽어야 오류를 범하거나 방향을 잃지 않는다. 질문이 없으면 답도 없듯이 질문은 새로운 답을 얻기 위한 최상의 방법이다. 책을 읽으면서 질문을 하지 않으면 저자의 논리에 그대로 따라가는 격이 된다. 질문이 생겼다면 그만큼 생각이 커졌다는 증거다. 이해가 되지 않거나 저자에게 의문이 생긴 것은 그냥 지나치지 말고 메모하고 저자에게 질문을 던져 답을 구하는 방식을 택해야 한다. 새로운 글을 읽으면서 질문을 함으로 그것에 관한 법을 구할 수 있는 법이 질문독서법이다.

1. 저술 목적을 질문하라

책을 온전히 이해하고 감상하기 위해서는 작가가 글을 쓴 목적에 대해 질문하는 것이 중요하다. 글을 쓰는 목적은 저자가 책을 쓰기로 선택한 근본적인 이유와 그것을 통해 얻고자 하는 것이다. 작가가 글을 쓴 목적을 이해하면 책의 중심 메시지와 주제뿐만 아니라 작가의 관점, 신념, 가치에 대한 통찰력을 얻을 수 있다.

존 칼빈(John Calvin)은 1536년 판 『기독교강요』(*Christian Covenant*)의 서문에서 글을 쓰는 목적을 이해하는 것의 중요성을 강조한다. 왕에게 보낸 서한에서 칼빈은 기독교 언약을 쓴 목적이 '기본 원칙을 가르치고' '하나님을 향한 선한 열정이 충만한 사람들'을 '참된 경건'으로 인도하는 것이라고 했다. 칼빈은 자신의 목적을 글로 명확하게 진술함으로써 독자들에게 책의 내용과 목표를 더 명확하게 이해할 수 있도록 했다.

책을 읽을 때 작가의 목적에 대해 질문하는 것이 중요하다. 작가는 그들의 글을 통해 무엇을 성취하려고 했는가? 그들은 청중에게 어떤 메시지를 전하고 싶었는가? 그들의 관점은 무엇이며 어떤 가치를 가지고 있었는가? 이러한 질문을 함으로써 독자는 책의 내용과 주제를 더 깊이 이해하고 자신의 경험과 신념을 연결할 수 있다.

채금식 질문/스폰지식

닐 브라운·스튜어트 M.킬리의 『11가지 질문 도구의 비판적 사고력 연습』은 11가지 유형의 질문을 통해 당연하게 보이는 주장이나 결론을 당연하게 보지 않는 기술을 제공한다. 사고방식에는 두 가지 방식이 있다. 하나는 정보를 최대한 많이 빨아들이는 스펀지식 방식이 있으며 다른 하나는 상호작용에 근거한 채금식 사고방식이 있다. 전자는 지식 획득을 강조하는 반면 후자는 지식 획득의 과정에서 지식과의 적극적인 상호작용을 강조한다. 우리의 사고방식은 지식과 상호작용을 하는 채금식(採金式)을 취해야 한다.

스펀지식 읽기는 스펀지가 물을 흠뻑 빨아들이듯 정보를 어떠한 여과 없이 받아들이는 방식을 말한다. 채금식 읽기는 모래알을 채를 통해 사금으로부터 금을 거르듯, 정보를 받아들일 때 무엇을 받아들이고 무시할지 스스로 선택하는 읽기 방식을 말한다. 스펀지 식의 책 읽기 목적은 책의 모든 내용을 자기 것을 만들고자 하는 방식이라면 채금식은 지식과 상호작용을 통해서 핵심적인 알맹이 몇 개를 건지는 방식이다. 스펀지식의 책 읽기는 조건 없이 암기하려는 태도라면, 채금식의 책 읽기는 끊임없이 질문을 던지면서 책을 읽는 방식이라 할 수 있을 것이다.

질문은 사람들에게 생각을 불러일으킨다. 그리고 그 질문에 답하게 만듦으로써 자신이 무엇을 얼마만큼 알고 있는지? 어떻게 알고 있는지? 무엇을 모르는지를 확인하도록 돕는 장치다. 따라서 글을 읽기 전에 미리 던진 질문을 통해 글을 정확하게 이해했는지? 아니면 왜곡하여 파악했는지를 금방 확인할 수 있다.

(1) 각 장의 중심 내용은 무엇인가?
(2) 이 책의 구조는 어떤 맥락으로 이루어졌는가?
(3) 이 책의 논증, 즉 사실을 인정할 수 있는 근거는 무엇인가?

저술 목적을 파악하기 위한 질문 방법은 모두 다섯 가지로 정리할 수 있다.

2. 간결하게 질문하라

질문은 짧게, 굵게, 간결하게 하라. 질문은 자신의 말로 써야 한다. 이것은 정보를 더 깊이 있게 처리할 수 있는 능력을 길러줄 뿐 아니라 나중에 회상하는 데 도움이 된다. 질문은 핵심만 담아낼 수 있을 정도로 짧고 간결해야 한다. 긴 질문은 몇 개의 짧은 질문으로 나누어 단계적으로 물어야 효과적이다. 또한 질문자의 주장이나 견해가 질문과 뒤섞여서는 안 된다. 일상의 대화에서도 질문은 짧게 점진적으로 대화하듯 하고 질문을 자주 점진적으로 할수록 상대방은 진의를 말하게 되는 것과 비교할 수 있다.

인간은 무한한 잠재력을 가지고 있어서 상대방의 내면에는 하나의 정답만 있는 것이 아니다. 그렇다면 하나의 정답보다는 무수히 많은 정답을 낼 수 있는 질문을 하는 것이 생각의 지평을 넓힐 수 있다. 이처럼 무수히 많은 답변을 유도하는 것이 '열린 질문'이다.

열린 질문에 반대되는 개념은 '닫힌 질문'인데 닫힌 질문은 '예', '아니오'로 대답할 수 있는 질문과 같이 더는 생각할 여지를 주지 않고 하나로 즉답할 수 있는 질문을 말한다. 이런 질문은 학생들의 학습에는 좋지 않은 질문이다. 하지만 좀 무거운 주제의 질문에서는 본 질문에 앞서 '예', '아니오' 혹은 단답형의 질문을 앞세운 다음에 본 질문으로 들어가면 좋은 결과를 얻을 수 있다. 특히 협상에서는 짧고 간단한 질문을 던지면서 상대방을 '예'로 끌어내는 것이 절대적으로 유리하다.

질문의 힘은 강하다. '새는 난다. 그런데 왜 인간은 날지 못하는가?'란 질문이 비행기를 발명케 했다. '사람들은 왜 각기 다른 모습과 특징을 가지고 있을까?'란 의문이 DNA를 발견케 했다. 그리고 '병따개 없이 캔 맥주를 딸 수는 없을까?'란 질문이 오늘날 팝탑 캔을 만들었다. 질문의 위대함을 보여주는 실례들이다. 질문이 역사를 바꾸고, 인간 문명을 바꾸고, 개인적으로는 인생을 바꾼다.

『디자인으로 미래를 경영하라』를 저술한 경영학자 톰 피터스(Tom Peters)라는 사람이 있다. 그는 경영학 관련 서적보다는 소설을 즐겨 읽는다고 한다. 사람들이 그 이유를 물었다. 그러자 그는 이렇게 말했다.

> "대부분의 경영학 서적들은 답을 제시해 준다. 반면 위대한 소설들은 '위대한 의문'을 던져준다는 이것이 내가 가르침을 얻기 위해 소설을 즐겨 읽는 이유이다."

학문의 발전 과정을 보면 문학, 철학, 예술 등 인문 분야가 먼저 발전하고 여기서 영감을 받아 수학과 과학이 발전하고 기술과 산업으로의 발전이 그다음을 잇는 형태가 된다. 문학이나 철학이 위대한 것은 하나의 정답이 아닌 상상력과 의문을 던져주기 때문이다.

3. 5W1H로 질문하라

책을 읽을 때 내용을 평서문으로 읽지 말고 의문문으로 바꾸어 읽어 보면 많은 궁금증이 유발된다. 제목이나 소제목을 질문으로 바꾸는 것이 책을 읽기 전의 선결 조건이다. 질문을 바꿀 때 5W1H 방식을 사용하는 것이 유용하다. 리처드 바크의 『갈매기의 꿈』이라는 작품으로 예를 제시하면 다음과 같다.

(1) 누가(who): 주체에 관한 질문이다.	『갈매기의 꿈』의 주인공은 누구인가?
(2) 무엇을(what): 목적, 대상에 관한 질문이다.	『갈매기의 꿈』의 중심 주제나 메시지는 무엇인가?
(3) 어디서(where): 공간에 관한 질문이다.	『갈매기의 꿈』의 이야기는 어디에서 이루어지나요?
(6) 어떻게(how): 방법이나 경향에 관한 질문이다.	『갈매기의 꿈』 속 주인공은 어떻게 목표를 달성하는가?
(4) 언제(when): 시간에 관련된 질문이다.	『갈매기의 꿈』에서 이야기에 중요한 사건이 일어난 곳을 말해보자.
(5) 왜(why): 이유나 원인에 관한 질문이다.	『갈매기의 꿈』에 나오는 갈매기는 왜 자꾸 나는 꿈을 꾸는 걸까?

질문 방식에서, 트리비움 독서법에서는 '누가', '무엇을', '어디서', '언제'는 문법적 단계에서 '왜'는 논리 단계에서 그리고 '어떻게'는 수사학 단계에서 강조된다.

여기에서 중요한 것은 질문의 유형에 따라 독자의 답이 달라진다는 것이다. 그래서 단답형 답변이 나올 수 있는 질문을 피하는 것이 중요하다. 이러한 질문은 책을 읽은 후에 간결 명쾌한 답을 얻어 정리함으로 오랫동안 기억을 담아낼 수 있도록 하는 것이 목적이다.

4. K.W.L 질문하라

많은 독자가 글을 읽는 동안 무엇을 읽어야 할지 몰라 어려움을 겪는다. 읽기 활동을 돕는 효과적인 전략 중에 K.W.L 전략이 있다. 글을 읽기 전에 주제에 대해 알고 있는 기존 지식과 더 알고 싶은 내용을 생각해 보면서 흥미를 일으키고, 글을 읽으면서 자신의 예측이 옳은지 확인하고, 글을 읽은 후에는 새로 배운 내용이 무엇인지 평가하고 정리하는 능력을 길러 주는 전략이다. 이러한 과정을 통해 독자들은 읽기 과정에 적극적으로 참여하게 된다. K.W.L 전략은 특히 정보를 제공하는 설명문, 논설문 등의 읽기 지도에 특히 효과적이다.

Know: 자기가 화제에 대해 이미 '알고 있는 것'을 떠올려 정리.

Want to know: 그 화제에 대해 '알고 싶은 것'에 대해 정리.

Learned: 글을 읽고 그 글을 통해 '새로 배운 것'을 정리.

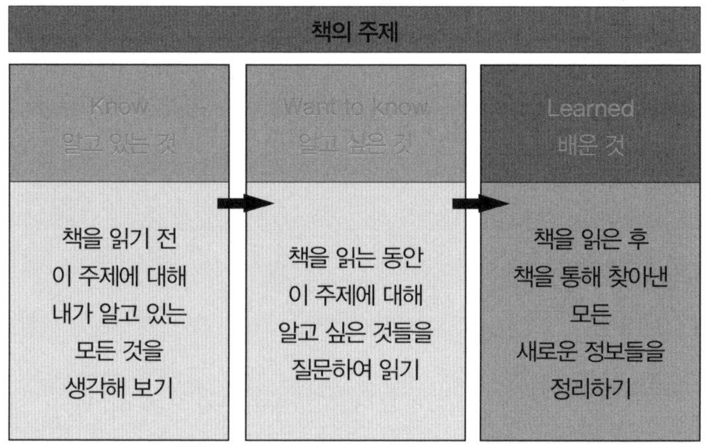

K.W.L 전략은 글을 읽기 전에 화제에 대하여 알고 있는 것, 화제에 대하여 알고 더 알고 싶은 것, 글을 다 읽고 난 후에 알게 된 것을 자기 점검하면서 읽을 수 있도록 해주는 읽기 전략이다. "주제에 관해 나는 무엇을 알고 있는가?" 독자로서 자신이 가장 취약한 부분은 어디인가? 무엇을 기억해야 하는가? 자기 질문하기에 적절한 독서전략이 오글(Ogle, 1986)에 의해 설명문에 대한 읽기 수업 모형으로 처음 개발한 K.W.L 전략이다.

K.W.L 전략은 특히 과학 도서를 읽을 때 유용하다. 본디 과학이란 어떤 영역의 대상을 객관적인 방법으로 계통적으로 연구하는 활동이나 그 활동의 결과를 얻어낸 성과의 내용이기 때문이다. 과학도에게서는 사실을 바탕으로 쓰였다. 따라서 그 책에 쓰여 있는 사실을 정확하게 이해하는 것이 중요하다. K.W.L 전략은 글을 읽기 전에 특정 화제에 대하여 알

고 있는 것, 알고 싶은 것이 무엇인지 확인할 수 있도록 간단한 틀을 제공해준다.

5. 서사적으로 질문하라

본래 SQ3R 독서법 자체는 사회·과학책을 읽는 데 유용하지만 문학 독서에도 응용해서 적용할 수 있다. 서사란 삶의 진실을 담고 있는 텍스트이다. 그 진실은 한 줄로는 요약될 수 없으며 우리가 그 서사에 충실할 때, 또는 서사가 다루는 인물의 내면에 들어가 그 인물에게 오롯이 공감할 때만 터득될 수 있다. 이 진실은 우리의 인식의 지평을 넓히거나 우리가 이전과는 다른 태도를 보이게 한다.

소설가 쿤데라(Milan Kundera)에 따르면, 소설은 인간의 삶과 실존에 대한 앎 또는 인식을 제공한다. 예술은 미학 또는 감성학의 영역이며 인지와는 거리가 있다. 근대 미학은 예술을 인지, 이성, 인식과는 거리가 있는 감성의 영역, 감각의 영역으로 제한해놓았다. 쾌감을 갖게 해주는 것, 이렇게 예술을 규정하고 정당화했지만, 쿤데라는 다른 이야기를 한다. 그에 따르면 소설은 이러한 예술의 한 갈래가 아니다. 소설에는 감각적인 쾌락뿐만 아니라 인식도 있다.

어떤 서사를 읽으면서 우리가 공감할 수 있는 까닭은, 우리 자신의 내면에도 문제를 겪는 주인공들이 가진 요소들이 있기 때문이다. 다른 사람들의 실패 또는 선택에 대해 우리가 느끼는 공감은 우리 역시 어떤 상황에서는 그들과 같은 재앙에 말려들 수 있다는 느낌에서 유래한다.

작가들은 저항할 수 없는 진실로 우리를 이끈다. 역사상 인간이 저지른 모든 어리석은 일은 우리 자신의 본성의 여러 측면과 연결되어 있다는 것이다. 우리 자신의 내부에도 최악의 측면과 최선의 측면을 아울러 인간 조건 전체가 담겨 있으며, 따라서 적당한 아니 엉뚱한 상황이 닥치면 우리 역시 무슨 짓이든 저지를 수 있다는 것이다.

타인의 경험을 통해 나의 경험을 다시 들여다볼 수 있고, 서사 속 인물이 갖는 감정을 직간접적으로 흡수하고 사유할 수 있는 것. 우리가 서사에 기댈 수 있는 본질적인 힘은 결국 이것이다. 그래서 어떤 책을 어느 시기에 만나게 되느냐에 따라 삶이 바뀌기도 한다. 다만 그러기 위해서는 책을 책답게 읽어야 한다. 그때 비로소 책은 삶의 나침반이 되어 새로운 길을 열어준다. 뜻밖의 책이 삶의 새로운 방향타가 될 수 있다. 그건 누구에게나 일어날 가능성이다. 그러기 위해서 서사적 질문독서법이 중요하다. 가령 생떼쥐베리의 『어린 왕자』를 예로 들면 다음과 같다.

(1) 사건과 관련된 질문	
① 이 작품에서 핵심 사건들은 무엇인가?	① '어린 왕자'의 핵심 사건은?
② 이 핵심 사건은 다른 사건들과 어떤 인과 관계로 배열되어 있는가?	② '어린 왕자'의 주요 사건들은 어떤 인과 관계로 배열되어 있는가?
③ 이 작품에서 중심인물에 어떤 문제가 생겼는가?	③ '어린 왕자'에서 주인공은 어떤 문제에 부딪히나요?
④ 이 작품에서 주인공은 문제를 어떻게 해결해 가는가?	④ 어린 왕자는 '어린 왕자'에서 자신의 문제를 어떻게 해결하려고 하는가?
⑤ 그 후에 어떻게 되었는가?	⑤ '어린 왕자'에서 어린 왕자가 자신의 문제를 해결하려고 시도한 후에는 어떻게 됩니까?

(2) 등장인물과 관련된 질문	
① 이 작품에서 가장 중요한 인물은 누구이고 그 밖의 인물들은 누구인가?	① '어린 왕자'에서 가장 중요한 인물은 누구이고 나머지 인물들은 누구인가?
② 이 작품에서 화자는 등장인물들에 대해 어떻게 말하고 있는가?	② 화자는 '어린 왕자'의 등장인물에 대해 무엇이라고 말합니까?
③ 이 작품에서 각각의 등장인물에 부여된 성격은 무엇인가?	③ '어린 왕자'의 각 캐릭터의 성격은?

(3) 배경과 관련된 질문	
① 이 작품의 공간적, 시간적, 그리고 사회적 배경은 어디, 무엇이고 어떻게 옮겨 가고 있는가?	① '어린 왕자'의 공간적, 시간적, 사회적 배경은 어디로, 무엇을, 어떻게 움직이는가?
② 공간적인 배경과 관련해서, 이 작품의 등장인물의 물리적인 환경이 그들의 행동에 어떤 영향을 미치는가?	② 공간적 배경과 관련하여 '어린 왕자' 속 인물들의 물리적 환경은 그들의 행동에 어떤 영향을 미치는가?
③ 시간적인 배경과 관련해서, 어떤 유형의 연대기적이고 '시간의 유형(낮이나 밤, 겨울이나 여름)'은 이 이야기에서는 어떤 의미를 지니는가?	③ 시간적 배경과 관련하여 '어린 왕자'에서 어떤 연대기적, '시간의 유형(낮 또는 밤, 겨울 또는 여름)'이 의미가 있는가?
④ 사회적인 배경과 관련해서, 정치적인 제도, 계급구조, 경제체제, 사회관습 등은 이 이야기에서 어떤 의미를 지니는가?	④ 사회적 배경과 관련하여 '어린 왕자'에서 정치제도, 계급구조, 경제도, 사회관습은 무엇을 의미하는가?
⑤ 공간적 배경과 관련해서 어떤 유형의 '공간의 유형(상하, 안팎, 땅과 하늘 등)'은 이 이야기에서는 어떤 의미를 지니는가?	⑤ 공간적 배경과 관련하여 '어린 왕자'에서 어떤 '공간의 유형(상하, 안과 밖, 땅과 하늘 등)'은 어떤 의미가 있는가?

어린이 동화 『어린 왕자』로 이렇게 서사적으로 읽을 때, 작가가 텍스트로 드러내지 않고 행간에 숨겨 놓은 의도나 사상을 발견할 수 있다.

6. 관점으로 질문하라

책을 읽기 전과 후는 그리 오랜 시간이 걸리지 않는다. 짧은 시간이지만 그 시간 동안 생각의 파란이 일어나고 옳다고 믿었던 신념체계가 금이 가면서 심각한 통증을 유발하기도 한다. 읽기 전에 바라본 세상과 읽고 나서 다시 바라본 세상 사이에는 건널 수 없는 깊은 강이 흐른다. 그만큼 책은 강력한 충격제다. 혁명을 잉태하게 하고 이전과 다른 삶을 살아가는 디딤돌이 된다. 어떤 사람은 마르크스를 읽고 나서 그런 경험을 하고, 어떤 사람은 성경을 읽고 나서 그런 경험을 한다.

책은 생각을 잉태하는 강력한 모티브가 된다. '사람이 책을 고르는 것이 아니라 책이 사람을 고르는 것이다.' 영화 '허리케인 카터'에 나오는 대사다. 내가 고른 책이라 생각했지만, 책이 나를 선택해서 나에게 읽혔다는 생각이 드는 것도 내가 책을 선택했다는 생각에 반기를 드는 위험한 모티브다. 내가 성경책을 가지고 교회에 가는 것이 아니라 성경책이 나를 데리고 교회에 간다는 말과 다름이 없다. 앙드레 지드는 이와 관련해서 이런 말을 했다. "나는 한 권의 책을 뽑아 읽었다. 그리고 그 책을 도로 꽂아 놓았다. 그러니 나는 이미 조금 전의 내가 아니다." 책은 위험한 생각을 넘어 위험한 결단을 내리게 만들고 위험한 행동과 실천을 재촉하기도 한다.

전쟁에도 여러 가지가 있지만, 영토전쟁은 깊이 들여다보면 곧 이데올로기 전쟁이요. 더 깊은 곳에는 세계관 전쟁이다. 옛날에는 땅 뺏기 전쟁이었지만, 그 후에는 아편전쟁, 경제전쟁, 무역전쟁, 무기전쟁, 이념전쟁, 종교전쟁 등이 있었다. 그러나 전쟁의 형태는 다양하지만, 그 핵심에는 세계관이 있다. 모든 전쟁의 근원은 세계관 전쟁이요 사상 전쟁이요. 이데올로기의 전쟁이다.

세계관이란, 다른 것이 아니고 말 그대로 '세상을 보는 안목이요, 전제'이기도 하다. 그래서 세계관이란, 어떤 사람이 인생을 살아가는 데 있어서 기본적 전제라고 할 수 있다. 이런 기본적 입장의 세계관은 개인 생활은 물론, 문화, 사회, 정치와 학문과 예술의 방향을 결정한다.

중생의 체험을 가진 사람의 세계관은 새로운 것이어서, 세상과 우주와 역사와 인생을 보는 새로운 눈이 열린다. 그래서 거듭난 자의 세계관으로 펼쳐지는 교회와 정치, 경제, 사회, 문화, 역사라야 세상을 새롭게 할 수 있다. 새로운 세상은 낡아빠지고 타락한 이성과 타락한 양심의 소유자가 만들 수는 없다. 새로운 세계관 곧 중생자의 세계관을 가져야 세상이 보이고, 우주가 보이고, 역사가 보이고, 인생과 문화와 예술이 보이는 것이다.

성경은 세계관 충돌의 공간이다. 성경은 광범위한 세계관과 그사이의 갈등을 포괄하는 텍스트이다. 다양한 책과 구절을 통해 성경은 상충하는 세계관으로 볼 수 있는 도덕, 윤리 및 영성에 대한 다양한 관점을 제시한다. 예를 들어, 성서에는 노예 제도, 성 역할, 하나님의 본성과 같은 문제에 대해 어긋나는 견해가 들어 있다.

구약성서의 에스더서는 어긋나는 두 세계관 사이의 뚜렷한 이분법을 제시한다. 하만이 구현한 한 가지 관점은 개인의 야망, 기량, 운명을 형성하기 위한 관계 조작을 중심으로 전개된다. 이 세계관에서는 종교적 행위조차 거래적이며, 자기 이익을 위해 신성한 힘을 사용하는 것을 목표로 한다. 이러한 접근 방식은 고대 세계에서 널리 퍼져 있었다. 단, 이스라엘에서는 하나님을 개인적인 목적을 위한 수단으로 인식하는 경우가 많았다.

이와 대조적으로, 모르드개와 에스더는 대조되는 세계관의 예다. 그들은 자신의 현재 위치와 행동이 하나님의 뜻에 부합한다고 굳게 믿는다. 그들의 행동은 그들의 역할이 하나님의 선하심을 반영하도록 정해졌다는 확신으로 추진된다. 이는 모르드개가 여왕의 역할에 대해 에스더에게 질문한 것에서 분명하다. 그들은 자신의 지위를 개인적인 성취가 아니라 하나님의 섭리를 성취하기 위한 임무로 인식한다.

하만이 유대인들을 향해 가한 위협조차도 하나님의 계획을 펼치는 수단이 된다. 이는 등장인물의 신념과 가치관을 형성하는 변혁적인 과정이 된다. 하만의 행동은 그의 자기중심적인 가치관을 반영하는 반면, 모르드개와 에스더의 결정은 더 깊은 목적의식을 반영한다. "나는 누구인가?"라는 질문은 이러한 가치체계를 뒷받침하고 궁극적으로 그들의 행동을 주도한다. 이러한 질문은 질문에 뿌리를 둔 신념과 가치가 행동을 통해 나타나기 때문에 세계관의 핵심을 탐구한다.

① 행동양식 또는 습관(Behavior)	– 이야기 전반에 걸쳐 하만의 야망과 권력에 대한 열망이 그의 행동에 어떻게 나타나나요? – 자신의 믿음에 대한 모르드개의 확고한 헌신은 어떤 면에서 그의 행동과 결정에 영향을 미칩니까? – 에스더가 자신의 역할에 대한 책임과 사람들의 안전을 놓고 고군분투할 때 에스더의 행동은 어떻게 바뀌나요?
② 가치체계(Value System): What is good or wrong?	– 어떤 가치가 하만의 행동을 주도하며, 어떻게 그를 파괴적인 길로 인도합니까? – 모르드개의 가치관은 그가 하만에게 절하기를 거부한 것과 이후 유대 민족을 보호하기 위한 그의 행동에 어떤 영향을 미쳤습니까? – 에스더는 자신의 정체성을 드러내고 민족을 구하기 위해 개입하는 결과를 고려할 때 어떤 도덕적 딜레마에 직면합니까?
③ 신념, 믿음(Belief) : What is the Truth?(무엇이 옳다고 생각하는가?)	– 권력과 성공에 대한 하만의 인식을 뒷받침하는 믿음은 무엇이며, 그것이 다른 사람들과의 상호작용에 어떤 영향을 미칩니까? – 하나님의 섭리에 대한 모르드개의 믿음과 유대인 공동체의 일원으로서 그의 책임이 그의 결정과 반응을 어떻게 형성했습니까? – 에스더는 여왕으로서의 정체성과 백성에 대한 의무, 그리고 신앙을 조화시키면서 어떤 내적 갈등을 경험하게 됩니까?
④ 세계관(Worldview) : What is his identity?(무엇이 그의 정체성인가?)	– 개인적인 이익 추구에 뿌리를 둔 하만의 세계관은 다른 사람과의 상호작용과 상황을 조작하려는 의지에 어떤 영향을 미칩니까? – 하나님의 계획과 목적을 중심으로 한 모르드개의 세계관은 역경에 직면한 그의 회복력에 어떤 영향을 미칩니까? – 젊은 여성이 궁정에 들어간 것부터 하나님의 더 큰 계획에서 자신의 역할을 인식한 여주인공에 이르기까지 에스더의 진화하는 세계관은 그녀의 정체성과 결정을 어떻게 형성합니까?

세계관 도표(Worldview Diagram)

한 사람의 총체적인 인격과 삶

(A Person's Total Character & Life)

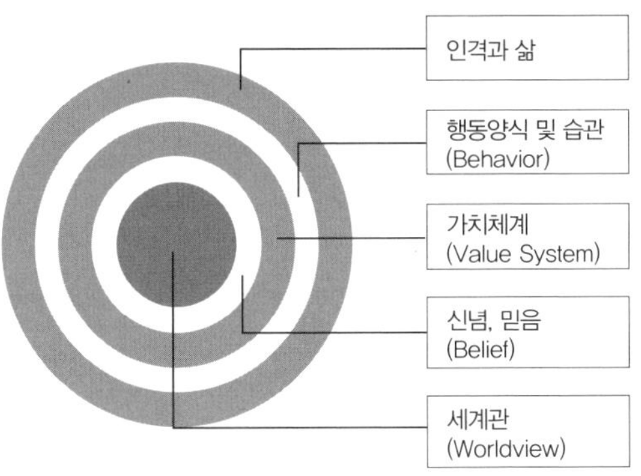

권력과 이익을 향한 하만의 무자비한 추구는 그들의 역할이 하나님의 의도와 일치한다는 모르드개와 에스더의 흔들리지 않는 확신과 극명한 대조를 이룬다. 그들의 믿음은 자신이 누구인지에 대한 이해에 뿌리를 두고 있다. 모든 문학 작품은 작가의 세계관을 구현하며, 시대를 넘어 존재하는 무수한 세계관을 담고 있다. 이들을 구별하지 못하면 혼합주의가 생겨 혼란을 일으킬 수 있다. 포스트모더니즘, 뉴에이지, 세속적 인본주의, 허무주의, 회의주의와 같은 세계관은 부분적인 진실을 제공하지만, 기원과 목적지에 대한 근본적인 답이 부족하다.

근본적인 세계관을 분별하지 않고 반복해서 읽는 것은 의도하지 않은 결과를 초래할 수 있다. 기독교적 렌즈를 통해 문학에 접근하려면 교육자는 이러한 신념체계 내에서 해석을 능숙하게 재구성해야 한다. 이 복잡한 과정에는 질문을 확립된 표준에 맞춰 조정하고 기독교 세계관에 공감하는 관점에서 텍스트를 포괄적으로 탐색하는 작업이 포함된다. 이러한 의도적인 접근 방식을 통해 내러티브의 뉘앙스가 펼쳐지고, 의미의 더 깊은 층에 빛이 들어오고, 독자가 더 큰 통찰력과 민감성을 가지고 문학적 풍경을 탐색할 수 있게 된다.

읽은 후에는 습득한 지식을 확고히 하기 위한 질문이 자연스럽게 발생한다. 학습에서 개인적 이해로의 전환은 독서의 중요성의 본질을 잘 보여준다. 질문하는 독서 방법은 탐구를 통해 자기 생성 적인 관점을 키우고, 독립적인 사고와 강압에 대한 저항을 가능하게 한다는 점에서 차별화된다. 이를 통해 개인은 다양한 질문과 답변을 함양하고 자율성을 함양하며 지적 능력을 향상할 수 있다.

4부

읽기(Read): 문법 세우기

3단계 정독하기: 밑줄 긋기

질문하기 단계에서 독자가 중심이 되어 문제를 정의하고 질문을 설정하였으면 읽기 단계에서는 텍스트를 직접 읽으면서 학생이 작성한 질문의 내용을 검증하는 단계다. 텍스트를 읽어 가면서 질문의 답이 될 만한 자료를 수집하는 과정에서 효율적인 읽기 전략은 흔적 남기기다. 흔적 남기기 전략은 텍스트의 정보 아래 줄을 긋거나 텍스트의 부분들에 두드러진 표시를 하는 것이다. 흔적 남기기 활동을 통하여 독자에게 텍스트의 내용을 이해하는 데 필요한 것인지 구조를 만들 뿐만 아니라 텍스트를 구성하고 생성하는 활동을 촉진한다. 흔적 남기기 전략은 질문하기 단계에서 만든 질문에 대답을 찾기 위해 텍스트를 정리하고 수집하는 데 효율적일 뿐만 아니라 텍스트의 다른 주요 내용도 파악할 수 있다. 이러한 전략을 중심으로 텍스트를 읽게 되면 세밀한 읽기가 가능하다.

질문하기 단계에서 던진 질문에 답을 찾아가며 지은이의 주장이나 관점이 타당한지, 편견이 있지는 않은지 등을 생각하면서 비판적으로 읽는다. 또한 겉으로 드러나지 않은 글 속에 숨은 의미를 파악하는 것도 중요하다. 잘못된 질문은 수정하고 미처 질문을 해보지 못한 그것에 관한 내용이 나오면 그 내용도 파악하여 새로운 질문을 만들 수도 있다.

이 단계는 트리비움(Trivium)의 첫 번째 단계, 문법(Grammar)에 해당한다. 문법은 언어의 구조와 규칙을 다루는 중요한 분야다. 언어는 다양한 구성 요소로 이루어져 있는데, 문법을 통해 언어의 요소들을 올바르게 이해하고 사용할 수 있다. 문법을 이해함으로써 언어의 복잡한 구조와 관계를 파악하며, 문장을 구성하고 해석하는 기술을 갖출 수 있다. 문법은 언어의 구조와 규칙을 연구하는 분야로, 언어의 형태, 표현, 문장 구조 등을 이해하는 데 도움을 준다. 문법을 이해하면 효과적인 글쓰기와 읽기가 가능해지며, 명확한 의사소통이 가능해진다.

학생들이 언어의 메커니즘을 이해함에 따라 문법 규칙이 중심이 된다. 동사 시제, 명사격, 주어-동사 일치, 구두점 및 구문을 관리하는 규칙을 배운다. 이 체계적인 연구를 통해 학생들은 언어가 어떻게 작동하는지, 그리고 일관되고 의미 있는 문장을 구성하는 방법에 대한 깊은 이해를 얻게 된다. 이 단계를 충실하게 실행하면 다음과 같은 결과를 얻을 수 있다.

① 효과적인 글쓰기가 가능해진다. 문법을 정확하게 활용하는 것은 효과적인 글쓰기의 핵심이다. 문법적인 오류나 부정확한 문장 구조는 글

의 명확성과 의미 전달을 저해할 수 있다. 올바른 문법을 사용하여 문장을 다듬고 표현력을 향상하면, 독자들이 글을 더 쉽게 이해하고 공감할 수 있다.

또한 학생들은 의사소통 기술을 향상하는 언어 기능에 참여한다. 쓰기와 말하기에 감각을 더하는 수사적 장치를 탐구한다. 은유, 직유, 비유, 의인화는 표현을 향상하는 도구가 된다. 학생들은 감정 전달, 생생한 이미지 그리기, 아이디어 강조 등 다양한 목적으로 언어를 조작하는 방법을 배우게 된다.

② 명료한 의사소통이 가능해진다. 이 단계는 학생들이 단어의 의미와 뉘앙스를 배우는 세심한 어휘 탐구가 특징이다. 문장을 형성하는 다양한 구조를 탐구하고 단어가 어떻게 결합하여 의미를 전달하는지 이해한다. 문법은 의사소통의 정확성과 명확성을 보장하는 역할을 한다. 올바른 문법을 사용하면 의미가 더 명확하게 전달되어 오해를 줄이고, 상대방이 의도한 바를 정확하게 이해할 수 있게 된다. 이를 통해 의사소통 과정에서 생기는 혼란과 혼동을 방지할 수 있다.

학생들은 효과적인 의사소통을 위한 강력한 기반을 구축하기 위해 복잡한 언어의 세계에 몰입하는 단계다.

③ 읽기의 이해도 향상된다. 문법적인 지식은 읽기의 이해도를 향상하는 데 도움을 준다. 올바른 문법을 사용하는 문장은 더 명확하고 일관

된 의미를 전달하며, 독자들이 텍스트의 내용을 더 정확하게 이해할 수 있도록 돕는다.

문법을 익히면 학생들은 텍스트를 깊이 있고 정확하게 읽고 해석할 수 있다. 복잡한 문장을 해독하고 주어-객체 관계를 식별하고 의도된 의미를 추출한다. 글을 쓸 때 문장은 논리적으로 구성되어 있고 생각을 정확하게 전달한다. 그들이 말할 때, 그들의 말은 명확하고 의도한 청중의 공감을 끌어낸다.

④ 자기 생각 표현 강화해 준다. 문법을 정확하게 이해하고 활용하면 자기 생각과 의견을 더 효과적으로 표현할 수 있다. 올바른 문법을 사용하여 문장을 구성하고 표현하면, 자신의 의도를 더 명확하게 전달하며 강력한 주장을 구사할 수 있다.

트리비움 전통의 이 기본 단계는 학생들에게 단순한 언어 능력 이상의 것을 제공한다. 다양한 상황에서 효과적으로 의사소통하는 능력을 배양한다. 언어와 문법의 복잡성을 이해함으로써 학생들은 논리와 수사학의 후속 단계를 준비하는 여정을 시작한다. 견고한 건물을 짓는 데 견고한 기초가 중요하듯, 문법은 전체 트리비움 교육의 초석이다.

이 단계에서 독서는 논리적으로 읽는 것이 중요하다. 주어와 서술어를 밑줄 그으며 분석하면서 독서를 하는 기법이다. 즉 문장에서 '은, 는, 이, 가'라고 나오는 주어와 '-다, -입니다, -한다'로 끝나는 서술어는 바로 주어와 문맥적으로 논리가 맞아야 하는 구조다. 주어와 논리가 서로 정확히 맞아야 한다. 이 두 말을 문장에서 꼼꼼하게 분석하면서 읽다 보면 논리적 독서법을 할 수가 있다. 저자의 논리가 얼마나 정교한지 한 눈에 보이기도 한다. 정확하게 논리가 보여야 독서법의 수준도 올라갈 수 있다.

독서법은 말 그대로 과학이다. 인과 관계가 정확하게 구성되어 있다. 앞뒤가 맞지 않는 것은 저자가 잘 모르고 책을 썼거나, 현실에서 적용이 안 되는 애매한 표현을 쓰다 보면 책에 그렇게 적혀 들어간 쓰레기 같은 문장들도 수두룩하다. 그런 문장을 빨리 버리고 중요 문장만 추려서 읽을 수 있으려면 훈련이 필요하다. 그래서 낮은 수준의 동화책부터 주어와 서술어만 밑줄 치면서 의미가 맞는지 읽어 내려가다 보면 분명히 논리적 독서법을 할 수 있게 된다.

송독과 묵독을 구별하는 게 좋다. 송독이라는 것은 소리를 내면서 읽는 독서법을 말한다. 소리를 내며 읽는 송독은 우리가 초등학교에서 국어 시간에 많이 하는 독서법이다. 책을 송독하다 보면 단어의 리듬과 소리로 글을 읽으면 오감이 작동하여 기억하게 되는 장점이 있다. 반대로 묵독은 소리 내지 않고 생각으로 마음으로 읽는 독서법이다. 생각은 소리로 읽는 송독 독서법보다 복잡하고 깊은 생각의 작업을 할 수 있다. 송독은 소리로 하나의 생각에 집중할 수 있는 장점이 있지만, 저자의 생각만 직선으로 드러내게 된다. 반대로 묵독은 책의 내용을 눈으로 읽으며 내 생각과 교류하면서 복잡한 사고 작용을 할 수 있고 깊은 사고의 바다에 빠질 수 있는 장점이 있다.

1. 읽기는 정보처리 과정

독서지도는 "책의 사람을 변화시키는 힘"에 주목한다. 책 자체에 신비한 힘이 있는 것이 아니라 책 속에 사람을 변화시킬 만한 무엇이 있기 때문일 텐데 그것을 넓은 의미에서 '정보(information)'라고 할 수 있고 '독서(reading)'는 '책'을 매체로 한 정보처리 과정으로 볼 수 있다.

책읽기 능력은 정보처리 능력이다. 정한 시간에 얼마나 많은 정보를 처리하는가? 얼마나 정확하게 정보를 처리하는가? 그리고 얼마나 어려운 정보를 처리하는가? 이것이 독자의 정보처리 능력이다. 이런 관점으로 볼 때 인간은 '인간으로서 습득해야 할 정보를 능동적으로 모으고 보

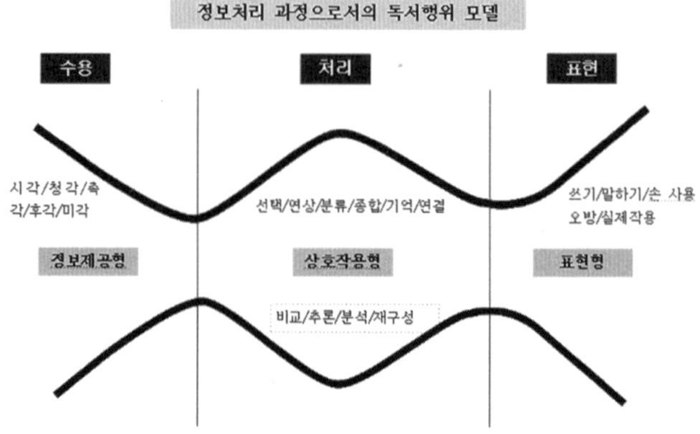

관하고 재창조하여 유통하는 존재'다. 인간은 정보를 적극적으로 유입, 보관, 유출하는 존재로서 인간 이해를 두뇌 생리학적인 관점에서 정립한 사람은 인간 능력개발연구소 소장이며, 뇌 장애아 치료의 획기적 요법을 개발한 선구자인 글렌 도만(Glenn Doman) 박사다.

다국어를 쓰는 가정환경에서 자란 아이는 몇 개 국어든지 아무런 혼동 없이 짧은 기간 내에 완벽하게 습득한다. 이런 신비한 능력은 3세까지 왕성하다가 점점 약화하여 7세까지 지속된다. 그 이후는 성인들과 배우는 방식이 같아지는데, 이러한 현상을 재능 체감의 법칙이라고 불렀다. 우리 두뇌는 시각, 청각, 촉각과 같은 감각기관으로 자극(정보)을 받아들여 언어, 손쓰기, 동작과 같은 운동 경로를 통하여 표현하는 순환 과정을 겪으면서 그 구조가 발달한다. 두뇌의 구조발달에 있어서 결정적으로 중요한 것은 다름 아닌 양질의 자극(정보)이다.

우리 두뇌는 선천적으로 학습하기를 좋아한다. 책을 매체로 하는 독서치료는 그런 점에서 두뇌 친화적이라고 할 수 있으며, 정보의 유입과 보관(사고) 및 표현의 모든 과정에 적절하게 개입하고자 하는 기본적인 전략을 마련하고 있다. 정보 유통은 3단계를 거쳐 나타난다.

첫 번째는 외부에 있는 정보가 개인에게 인식되고 흡수되는 과정이다. 이 경우, 정보는 크게 눈으로 전달되는 글과 그림이며, 귀로 전달하는 강의와 수업, TV 등으로 나뉜다. 그리고 정보의 내용에 따라 사실을 위주로 하는 실용적인 정보와 감정을 위주로 하는 문학적인 정보로 나뉜다.

두 번째는 입수된 정보가 인간의 뇌 속에서 사고 활동을 거쳐 내면화되는 과정이다. 인간의 뇌에 있는 기억장치는 들어 온 정보를 상호 연관성에 따라 분류·조합해서 저장한다. 정보를 입수했다고 해도 이 과정을 제대로 거치지 못하면 그 정보는 크게 가치를 지니지 못한다.

세 번째는 입수되고 심화된 정보가 말이나 글이라는 형태로 표현되는 과정이다. 정보의 표출이란 정보를 받아들이는 소극적인 입장에서 정보를 제공하는 적극적인 입장으로 바뀌는 것을 의미하며 이 과정을 통해 정보는 확대, 재생산된다. 이것이야말로 가장 확실한 정보의 취득인 셈이다.

유통하는 존재로서의 인간 이해

인간은 근본적으로 수집, 저장, 공유하는 유통의 존재다. 정신적 분배가 핵심이다. 우리의 감각 중 일차적인 감각인 시각과 청각은 구별되는 감각으로 간주하고, 촉각, 후각, 미각은 모호한 감각으로 분류된다. 읽기와 듣기를 통해 우리는 감각을 통해 풍부한 정보를 흡수할 수 있다.

뇌는 선택, 분류, 기억, 비교, 분석, 합성 및 재구성을 포함하는 인지 과정인 우리의 감각을 통해 받은 정보를 처리한다. 이 연구 분야는 "인지 심리학"으로 알려져 있다. 정보는 활용될 때 가치를 얻는다. 읽기와 쓰기, 듣기와 말하기는 서로 연결되어 있다. 뇌는 감각을 통해 정보를 흡수하고 말하기, 쓰기, 손동작, 행동 등의 표현을 출력하여 성장과 발달에 이바지한다.

책을 읽고 효과적으로 활용하는 능력을 익히는 것은 정신 건강의 지표이다. 이는 정보를 동화하고 처리하며 이를 의미 있는 활동에 적용하는 능력을 보여준다. 그러나 필수 정보가 부족하거나 흡수한 내용을 처리하지 못하면 지식 전달자의 기능이 저하된다.

정보 입력은 주로 감각을 통해 이루어지며, 그중 시각 및 청각 입력이 지적 정보를 구성한다. 이 과정에서 시간이 소모된다. 말하는 속도는 다양할 수 있지만, 일반적인 방송 진행자의 말하는 속도는 평균 분당 약 300자이다. 읽기 속도는 개인의 능력과 텍스트의 복잡성에 따라 다르다. 복잡한 텍스트는 읽는 데 시간이 더 오래 걸리는 반면, 간단한 텍스트는 듣는 것보다 두 배, 심지어 네 배 빠르게 읽을 수 있다. 방법과 관계없이 시간이 필요하다.

중요한 질문이 생긴다. 지적 정보 입력에 매일 얼마나 많은 시간을 할당할 수 있는가? 개인의 독서 속도와 평균 수명을 고려하면, 한 사람이 평생 몇 권의 책을 읽을 수 있을까? 이러한 숙고는 놀라운 사실로 이어질 수 있다. 독서에 전념하는 사람들에게도 그 양은 여전히 제한되어 있다. 이를 해결하려면 책을 읽기 전에 책의 가치를 생각해 보아야 한다. 책더미에 직면했을 때 우선순위를 정하는 것이 중요하다. 이러한 딜레마 속에서 우선순위를 분별하는 행위는 모든 책 애호가들에게 친숙하다.

결론적으로 책을 잘 읽는 사람은 건강한 정신 체질이다. 뇌는 다양한 소스에서 얻은 정보를 필터링, 분류, 저장하는 과정을 거쳐 처리한다. 독서와 적극적인 적용을 통해 정보에 참여하면 인지 능력이 향상된다. 책의 내용을 효과적으로 활용하고 내면화하는 능력은 역동적인 지성과 정보 활용 능력을 의미한다.

2. 센스그룹 단위로 읽어라

많은 사람이 독해력의 중요성은 이미 잘 알고 있지만, 독해력을 어떻게 향상하게 시켜야 하는지는 막막함을 느낀다. 독해력을 향상하게 시키는 방법은 무엇일까? 국어 문제집을 많이 풀면 되는 것일까? 무조건 독서하고 글을 많이 읽는 연습으로 충분할까? 아니다. 독해력을 향상하는 방법은 따로 있다. 독해력, 즉 글을 잘 읽고 이해하는 능력을 향상하게 시키기 위해서는 글을 읽는 방식을 교정하고 개선하는 것이 가장 중요하다. 이에 가장 기본이 되는 것이 바로 의미 단위 읽기다. 실제로 의미 단위로 독서를 할 때, 필수적인 훈련 방법은 사선 치기다. 모든 문장은 의미 단위로 나누어 읽고, 이해하고 판독하라는 것이다. 읽어 내려가는 문장에 의미 군에 따라 사선을 치면서 읽는 것을 훈련하는 것이다. 즉 의미 단위, 즉 샌즈 그룹, 사고 단위로 끊어가며 읽는 것을 말한다.

1) 센스그룹 읽기란?

글을 읽을 때 낱글자나 단어 단위가 아니라, 단어들의 조합으로 구성된 의미 덩어리를 하나의 단위로 묶어가며 읽는 방법이다. 우리가 글을 읽을 때, 우리의 뇌는 눈을 통해 들어온 글자를 의미 있는 내용으로 변환하기 위해 복잡한 처리 과정을 거친다. 그런데 글을 지각하는 범위가 한 단어씩이라면 긴 글을 읽으면 수십 번의 정보처리가 필요하다. 우리의 머릿속에서 실시간으로 처리할 수 있는 정보처리 단위의 개수는 약 7(±2)개 정도밖에 되지 않기 때문에, 단어 단위로 정보를 처리한다면 수십 개의 단어로 이루어진 긴 글의 정보를 제대로 처리할 수 없게 된다. 긴 글에 담긴 정보를 제대로 처리하기 위해서는 정보처리의 횟수를 줄여야 한다. 그 방법은 바로 정보처리 단위의 용량을 늘리는 것이다.

독서는 / 사회적 차원의 / 가치를 지닌다는 / 점에서도 / 매우 중요한 / 활동입니다 / 먼저 / 인류의 / 지혜를 / 담고 있는 / 책은 / 그 자체로 / 문명과 / 문화를 / 계승 / 창조 / 발전시키는 / 수단이 / 된다고 / 할 수 / 있습니다.

여기에서 정보처리 단위의 용량은 한 단어다. 단어 단위로 이 문장을 읽고 이해하기 위해서는 총 21번의 정보처리가 필요하다.

또한 / 책은 한 사회의 유대감과 / 결속력을 강화하는 수단이기도 합니다. / 사람들은 책을 통해 / 사회에서 통용되는 / 언어, 사상, 가치관, 신념, 태도 등을 / 배울 수 있고, / 나아가 자기 생각을 타인과 공유함으로써 /이를 개선 발전시킬 수도 있습니다. / 이러한 과정을 통해 / 직접 만날 수 없는 공동체의 구성원들과도 / 소통할 수 있게 되는 것입니다.

같은 문장을 의미 단위로 다시 끊어보았다. 정보처리 단위의 용량이 2-5단어로 더 커졌다. 여기에서는 문장을 이해하는데 10번 내외의 정보처리만 요구된다. 이렇게 문장을 이해하기 위한 정보처리 횟수가 줄어들수록, 같은 문장을 더 빠르고 쉽게 이해할 수 있고, 더 많은 양의 정보를 처리할 수 있게 되는 것이다.

2) 센스그룹의 폭

그렇다면 얼마만큼의 범위로 의미 단위를 끊으면서 글을 읽어야 하는 걸까? 너무 짧은 의미 단위로는 정보처리 횟수를 줄이기 어렵고, 그렇다고 무리하게 의미 단위를 넓게 잡으면 각 단위의 용량이 너무 커져서 오히려 내용을 제대로 이해하기 어려워진다. 따라서 의미 단위 읽기는 무작정 단위를 넓혀 읽는다고 되는 것이 아니라, 의미가 형성되는 단위만큼 읽어야 한다. '의미가 형성되는 단위'라는 건 '자신의 머릿속에서 하나의 의미로 통합되는 단위'를 의미한다.

이 단위는 글마다, 독자마다 다르며 단위에 대한 객관적인 지표는 존재하지 않는다. 텍스트의 난이도, 그리고 각자의 독서 경험에 달린 것이다. 텍스트의 내용이 친숙하고 구조가 단순할수록, 독자의 독해 수준이 높을수록 단위의 용량은 커진다. 그러므로 의미 단위 읽기에 익숙하지 않다면 작은 의미 단위로 문장을 끊어 읽는 것을 연습하는 것이 좋으며, 익숙해질수록 점차 의미 단위들을 결합하여 더 큰 의미 단위로 글을 읽으려고 노력하는 자세가 필요하다. 처음에 익숙하지 않을 때는 어디에서 어디까지가 의미 단위인지 파악하기에도 어려움을 겪는 경우가 많아서, 자신에게 가장 익숙하고 자연스러운 의미 단위 크기가 어느 정도인지를 아는 것도 중요하다.

3) 센스그룹 읽기 훈련

사실 글을 읽을 때 단어 단위로 끊어 읽는 사람은 드물 것이다. 우리가 글을 읽을 땐 인식하지 않아도 자동으로 두뇌에서 처리하기 편리한 방식으로 지각하기 때문에, 글을 읽을 때 낱글자나 단어가 아닌 의미 덩어리 단위로 이해한다. 즉 우리는 평상시에 두뇌가 알아서 작은 단위의 의미 단위 읽기를 하고 있다.

그러나 무의식적으로 의미 단위로 글을 읽는 것은 독해력 향상을 위한 '의미 단위 읽기'라고 할 수는 없다. 여기에서 말하는 '의미 단위 읽기'는 그 확장성에 초점이 맞춰져 있기 때문이다. 의미 단위 읽기의 핵심은 자신의 의미 단위를 최대한 확장하는 것이다. 아래의 지문을 읽을 때처럼 여러 단계의 의미 단위 읽기가 있을 수 있다.

1단계

사막이 / 아름다운 건 / 어딘가에 / 우물을 / 숨기고 / 있기 때문이야. / 집이나 별이나 / 사막이나 / 그걸 아름답게 / 하는 것은 / 눈에 보이지 / 않는 것이야! / 내가 여기 보고 / 있는 것은 / 껍질에 지나지 않아./ 가장 중요한 것은 / 눈에 / 보이지 않아.

2단계

사막이 아름다운 건 / 어딘가에 우물을 / 숨기고 있기 때문이야. / 집이나 별이나 사막이나 / 그걸 아름답게 하는 것은 / 눈에 보이지 않는 것이야! / 내가 여기 보고 있는 것은 / 껍질에 지나지 않아./ 가장 중요한 것은 / 눈에 보이지 않아.

3단계

사막이 아름다운 건 / 어딘가에 우물을 숨기고 있기 때문이야. / 집이나 별이나 사막이나 그걸 아름답게 하는 것은 / 눈에 보이지 않는 것이야! / 내가 여기 보고 있는 것은 껍질에 지나지 않아./ 가장 중요한 것은 눈에 보이지 않아.

같은 내용의 지문을 1단계로 읽는 것과 3단계로 읽는 것의 차이는 독해 속도에도, 내용을 이해하고 기억할 수 있는 정도에도 차이가 있다. 글을 잘 읽기 위해서는 이렇게 의미 단위를 확장하게 시켜나가야 한다.

글을 의미 단위로 읽는 것은 자연스러운 현상이지만 이렇게 의미 단위를 확장하기 위해서는 의식적인 훈련이 필요하다. 단순히 글을 많이 읽는다고 해서 의미 단위의 범위가 확장되진 않는다. 즉, 글에 대한 이해력과 기억력을 극대화하기 위해서는 별도의 '의미 단위 읽기 훈련'을 해야 한다.

인식의 범위를 넓히기 위해서 정재원은 『독서의 즐거움』에서 일정하게 세 번 건너뛰면서 줄을 읽어 내려가라고 주장한다. 줄마다 건너뛰는 횟수를 마음속으로 세어보게 한다. “하나–둘–셋 하나–둘–셋” 이런 식으로 훈련하라고 요구한다. 줄이 비교적 짧거나 숙달되면 다면 두 번 건너뛰기를 하고 “하나–둘 하나–둘” 하고 세기만 하면 된다. 특히 한 건너뛰기, 두 번 건너뛰기 방식에 익숙하게 되기까지 건너뛰는 곳에 사선(/)을 치는 것이 크게 도움이 된다. 예를 들면 다음과 같다.

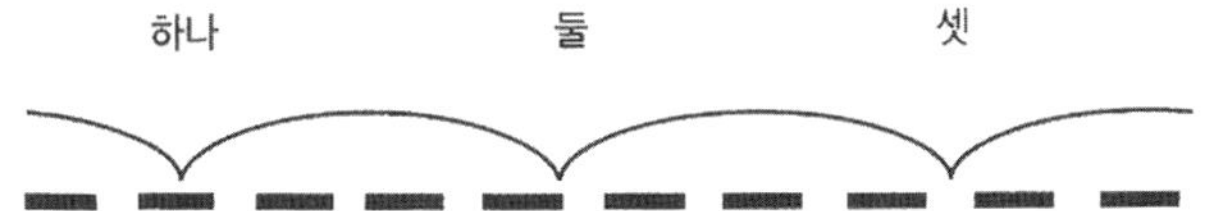

따라서 이런 식으로 사선을 치면서 읽기를 하면 혀로 따라 말할 겨를이 없다. 왜냐하면 혀의 움직임이 생각의 움직임을 따를 수 없기 때문이다. 가능한 한 많이 이해하려고 노력하라. 처음에는 큰 성과가 없거나 불편하더라도 지속된 이 연습은 시각적 통로를 강화할 것이다. 청각적 신호를 제거하기 위해 노력하면, 단계적으로 텍스트를 따라 말하지 않고도 더 잘 이해하게 될 것이다.

4) 기능이 구조를 결정한다

“기능이 구조를 결정한다”라는 이론을 새로 비유하면 다음과 같은 것이다. “새는 날개가 있어서 날 수 있다”라는 명제에서 ‘새의 날개’가 구조(Structure)라면 ‘날 수 있다’라는 것은 기능(Function)이라고 할 수 있다. 날

개라는 구조가 제대로 되어야 잘 날 수 있다고 주장한다면 구조주의적인 관점을 가지고 있다고 할 수 있고, 반대로 잘 날아 보려는 목적을 이루기 위해 날개가 발달해 왔다고 한다면 기능주의적인 관점이라고 할 수 있다. 이런 식으로 날개라는 물질적 차원의 구조를 변화시켜 '난다'라는 기능을 극대화할 수도 있지만, 날려는 정신적 태도가 확고해서 '난다'라는 기능을 높이고 싶다는 열망이 강하면 강할수록 날개를 강화하기 위해 더 큰 노력을 투자하게 될 것이고 그에 따라 날개가 더욱 튼튼해질 것이다.

글렌 도만(Glenn Doman) 박사는 읽기와 두뇌의 발달과 뇌 장애 치료에 매우 밀접한 관련이 있음을 밝혀냈다. 그의 책 『부모야말로 가장 좋은 의사다』(*What To Do About Your Brain-Injured Child*)라는 책은 뇌장애 재활 요법의 실천기록서다. 길게 설명하고 있으나 그의 이론을 단 한 마디로 축약할 수 있는데 그것은 "기능이 구조를 결정한다"라는 것이다. 뇌 장애아의 경우 두뇌가 손상되었기 때문에 읽지 못하는 것이 아니라 책을 읽을 충분한 기회를 얻지 못했기 때문에 읽을 수 있는 두뇌 회로가 형성되지 못하였고 그 결과 읽지 못하게 된다는 것이다. 중증 뇌 장애아들도 영유아기부터 충분한 독서 경험(부모가 껴안고 읽어주기, 플래시 카드놀이, 책과 더불어 노는 유쾌한 경험 등)을 갖게 되면 정상적인 아이들을 능가하는 독해력을 가질 수 있다는 것이 임상적으로 검증되었다.

그는 여기서 멈추지 않고 한가지 질문을 더 한다. 즉 "뇌 장애아들에게 어려서부터 독서를 경험시키면 뇌 장애의 극복에도 큰 도움이 될 뿐 아니라 탁월한 독서 능력을 갖추게 되는데 왜 정상적인 아이들 가운데 독서장애자가 발생하는가?"라는 것이었다. 그의 결론은 "기능이 구조를 결정한다"라는 원리에 들어 있다.

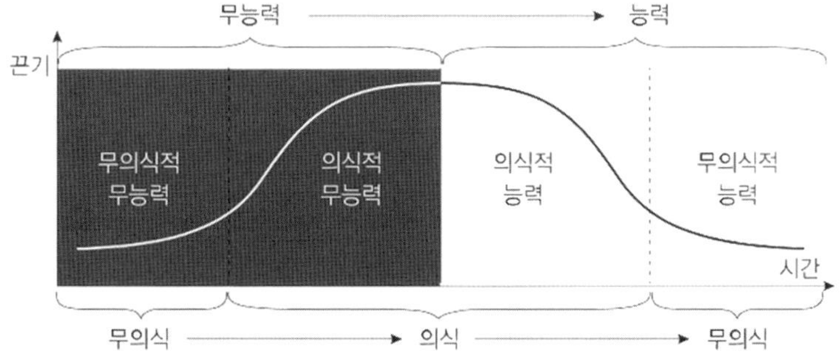

이를 운전하는 것으로 예를 들어 좀더 구체화한다면 어렸을 때는 운전을 할 수 없다. '무의식적 무능력 단계'다. 이 무능력을 아직 의식하지 못하는 단계다. 그러니 운전하지 못하는 것 때문에 마음이 불편하지는 않다. 이것을 우리는 '무의식적 무능력'이라고 부른다. 책을 읽지 못한다는 것 때문에 마음에 아무런 불편함이 없는 단계다.

두 번째 단계로 나이가 들면서 남들은 운전을 할 수 있는데 자신은 그렇지 못하다는 사실을 깨닫는다. '무능력이 의식되는 단계'다. 이 운전을 못 하는 상태가 마음에 불편함을 준다. 그렇게 되면 사람은 상황을 바꾸려고 노력하게 된다. 어쩌면 운전하려고 학원에 다니려 하거나 계획을 세운다. 이것이다. '의식적 무능력의 단계'에 도달한 것이다. 자신이 책을 읽지 못한다는 사실에 대해서 마음이 불편하고 이를 해소하기 위해서 노력한다.

세 번째로 이러한 훈련을 통해 '의식적 능력의 단계'로 옮겨간다. 우리는 이제 운전을 할 수 있다. 하지만 동작은 상당히 의식적으로 진행된다. 기어를 넣을 때는 손과 발의 동작이 일치하도록 꼼꼼히 신경을 써야 한다. 기어를 순서대로 바꾸고, 차량 흐름에 신경을 써가며 차를 멈추고, 꾸불꾸불한 길을 달라는 데에도 온통 신경을 써야 한다. 책을 능숙하게 읽지 못한다는 사실이 신경에 거슬리는 단계다.

하지만 운전하는 시간이 지남에 따라 우리는 단계적으로 '의식적 능력'에서 '무의식적 능력 단계'로 옮겨갈 것이다. 이 때에는 운전하면서 라디오도 듣고, 백미러도 보고, 옆에 있는 사람과 담소도 나눌 수 있는 여유가 충분하다. 운전에 도가 튼 것이다. 이를 '무의식적 능력 단계'라 말할 수 있다.

기능과 구조 이론은 주변을 살피면 운전뿐만 아니라 걸음걸이를 배우거나, 자전거를 배우거나, 타자를 배우거나 책을 읽는 행위에도 이 원리는 동일하게 적용될 수 있다. 우리는 독서 능력의 발전 단계를 '무의식적 무능력 단계'에서 '무의식적 능력의 단계'로 끌어 올려주어야 한다. 이것은 의식된 훈련을 통해서만 가능하다. 그래야만 의식적으로 정신을 집중하지 않고서도 독서의 모든 장점을 누릴 수 있을 것이다. 이러한 단계에 이르면 책 읽는 것이 불편한 것이 아니라 자연스럽고도, 즐길 수 있는 단계라 할 수 있다. 천재들이란 이러한 원리를 일찍 터득한 사람들일 수도 있다.

3. 밑줄 그으며 읽어라

눈으로 읽기의 베스트 프렌드는 밑줄 긋기다. 책을 읽을 때 메모를 하거나 밑을 긋거나 동그라미를 하거나 혹은 약속된 표시를 하면서 읽는 행위는 적극적인 독서 방법의 하나로 매우 유용하다. 사이토 다카시 교수는 이를 여행 지도에 비유한다. 여행 지도를 처음 샀을 때는 무미건조한 단순한 지도에 불과하다. 하지만 현지에 직접 가보고 실제 발을 디딘 곳에 빨간색 동그라미를 쳤다고 하자. 경로를 화살표로 지도에 표시해 놓는 것도 좋다. 인상이 많았던 곳은 동그라미를 세 겹으로 치고 직접 들러본 가게나 만나본 사람의 이름도 적는다.

이렇게 자신의 흔적이 있는 지도는 '자신의 지도'가 된다. 그러면 여행이 끝난 뒤에도 지도를 차마 버릴 수가 없다. 나중에 돌이켜보면 그때의 추억이 자신이 표시한 곳에서부터 되살아난다. 아무것도 표시하지 않고 그냥 내버려 둔 지도는 버려도 아깝지 않다. 또다시 다른 지도를 손에 넣을 수 있기 때문이다. 하지만 정이 든 마을을 표시해 둔 지도는 나중에는 좀처럼 만들어 낼 수 없는 가치를 지니고 있다.

자신의 흔적을 남긴 책은 나중에 다시 읽어 볼 때 막강한 효력을 발휘한다. 처음 읽었을 때들인 시간의 몇 분의 일이나 10분의 1만으로도 내용을 훑어볼 수 있기 때문이다. 흔적을 전혀 남기지 않고 읽은 책은 다시 읽어봐도 기억을 불러일으키는 데 시간이 걸린다. 하지만 군데군데 분명하게 흔적을 남겨 놓으면 그것이 실마리가 되어 처음 읽었을 때의 기억을 되살리기가 쉬워진다. 그리고 흔적을 그은 곳만 읽으면 일단 내용은 파악할 수 있다. 이 작업에는 거의 시간이 걸리지 않는 것을 경험할 수 있다.

능동적인 책 읽기는 준비물이 필요하다. 독서 노트, 필기구로 형광펜, 색연필, 다색 볼펜, 연필 등, 포스트잇 플래그는 플래그에 키워드를 적어두면 필요한 내용을 빠르게 찾을 수 있다.

1) 핵심 문장에 밑줄 긋기

저자가 전하고 싶은 핵심 주장은 무엇인가? 일단 문단의 첫 문장에 이미 전체 문단의 핵심 내용이 있다는 걸 확인할 수 있다. 그런데 첫 문장이 곧 핵심 문장이라고 단정할 수 없는 단서가 숨어 있는 경우도 많다. 글에서 핵심 문장을 찾는 또 하나의 중요한 기술이 바로 '접속사'다. 접속사의 기능은 순접, 대등, 병렬, 역접…. 그런 접속어가 어떻게 사용되는지 살피는 것이 중요하다. 내가 가진 문제를 해결해 줄 수 있는 내용은 무엇인가? 나의 관심사와 관련된 내용이 있는가? 새롭게 얻은 지식이 있는가? 내 생각과 다르거나 나를 불편하게 만드는 내용이 있는가? 내 삶을 변화시키는 데 도움이 되는 내용이 있는가?

2) 밑줄 치기의 3단계

사이토 다카시는 우리가 책을 잘 읽기 위해서 3색 볼펜이 필요하다고 말한다. 시중에서 쉽게 구할 수 있는 빨강, 파랑, 초록색 세 개의 심이 들어가 있는 볼펜으로 줄을 그으면서 책을 읽으면, 핵심에 다가갈 수 있는 책 읽기를 할 수 있다고 말한다. 특히 이 부분은 공부에도 지대한 영향을 미친다고 했다. 그가 주장하는 3색 볼펜의 사용법은 다음과 같다.

파란색 줄은 '대체로 중요한 곳'에 긋는다. 객관적인 요약에 필요하다고 생각되는 곳이다. 빨간색 줄은 '매우 중요한 곳'에 긋는다. 해당 문장을 요약하는 데 빠뜨릴 수 없는 가장 중요한 곳이다. 키워드에는 빨간색으로 동그라미를 쳐도 좋다. 초록색 줄은 '일반적으로 중요하지 않을 수 있지만, 자신이 재미있다고 느낀 곳'에 긋는다.

3) 책에 메모하기

(1) 생각: 감상, 해석, 저자와 다른 견해, 내 삶에 적용할 수 있는 아이디어 등, 책을 읽는 동안 떠오르는 모든 생각을 메모한다.

(2) 질문: 책의 내용에 의문이 생기면 해당 문장 근처 여백에 질문을 적고 답을 찾는다. '저자의 주장이 옳은가?' '주장에 대한 근거는 타당한가?", "책의 내용을 내 삶에 적용하려면 어떻게 해야 할까?" 등과 같은 질문을 메모한다. 질문은 관점 독서에 매우 유익하다.

(3) 키워드: 책 여백에 그 페이지의 핵심 키워드를 적어둔다. 책 앞부분의 빈 페이지에 책의 키워드를 메모하고 해당 페이지 번호를 적는다.

(4) 요약: 한 장을 읽고 나서 다음 장으로 넘어가기 전에 그 장의 핵심 내용을 간략하게 요약해서 여백에 적어둔다. 그러면 기억에 오래 남고, 서평이나 다른 글쓰기를 할 때도 유용하게 사용할 수 있다.

4) 독서 노트에 메모하기

(1) 독서 노트를 쓴 날짜, 책 제목, 저자

(2) 중요 문장(필사)

(3) 필사한 문장에 대한 내 생각

(4) 책을 읽으며 떠오른 질문

(5) 책의 핵심 내용 요약

(6) 책을 읽고 깨달은 것과 얻은 것

(7) 실천 항목

4. 차이를 만드는 밑줄 긋기

책을 읽으면서 어디에 줄을 긋고 메모를 하는가? 대부분 사람은 마음에 와닿는 곳에 줄을 긋고 메모를 한다. 도이 메이지의 『그들은 책 어디에 밑줄을 긋는가』에서는 '맞아 내가 생각한 그대로야'라는 느낌이 드는 부분에 밑줄을 그어서는 안 된다고 한다. 내 생각이나 신념을 뒷받침하는 문장을 읽으면 기분이 좋아지고, 신나게 밑줄을 긋고 싶어지는 것은 인지상정이다. 이런 마음과 밑줄 긋기 행위는 그저 '자아도취'일 뿐이라고 말한다. 그는 읽었을 때 거부감이 들지만 어딘지 신경 쓰이는 문장을 만났을 때, 눈 딱 감고 줄을 그으라고 권한다. 내 생각과 '다른' 부분에 밑줄을 그었을 때 그 깨달음이 성장의 양식이 된다고 한다.

그리고 결과보다 원인에 밑줄을 그으라고 말한다. 어떤 사실과 현상을 '원인'과 '결과'로 나눠서 생각해 보면 밑줄 긋는 방법을 개선할 수 있다는 것이다. '왜' '어떻게'라는 질문을 던지면서 성공을 만들어 낸 '원인'을 찾아가라는 것이다. 결과는 이미 일어난 일이고 사람들 각자마다 다르게 나올 수 있다. 하지만 과정은 동일하게 적용할 수 있다. 책을 읽는 것은 그 과정을 알기 위한 것이다.

가령 누군가가 성공한 스토리나 기업의 성공사례를 읽을 때 성공한 결과에 밑줄을 긋지 말고 왜 성공하게 되었는지 성공할 수밖에 없었던 사연이나 배경, 성공으로 이끈 주요 이유나 원인에 밑줄을 긋고 배워야 진짜 내 삶의 성장과 발전에 도움이 된다는 것이다. 베스트셀러 트랜드를 분석해서 주로 어떤 책이 베스트셀러였는가? 빅데이터를 이용해서 컴퓨터는 순식간에 계산하고 분석할 수는 있다. 하지만 컴퓨터는 베스트셀러가 될 수 있도록 원인을 찾아가서 만들어내지는 못한다. 우리가 밑줄을 그어야 하는 부분은 바로 결과가 아니라 원인이라는 것이다.

독서는 다른 사람과의 '차이'를 만드는 작업이다. 내 전문 분야의 지식에 깊이를 더하는 것만이 아니라 관련성 없는 분야를 공부해 이 둘을 합치는 과정이 필요하다. 이것이 '차이'를 만들고 경쟁력을 만들 수 있다. 행복은 개인의 '절대평가'고 다른 사람과 비교하는 것은 본질적으로 의미가 없을지 모르지만, 성공은 다르다. 성공은 다른 사람이나 과거의 나와 비교했을 때의 정도를 나타내는 것이기에 '상대평가'기 때문이다. 그냥 생각만 해서는 성공을 할 수 없고 성공하기 위해서는 배움과 실천이 필요하다. 그래서 매일 책을 읽고 밑줄을 그어야 한다. 독서는 성공의 첫걸음일 수 있다.

독서의 3대 과제는 내용 파악, 구조 파악, 서술 방식 파악이다. 이 셋은 서로 맞물린다. 내용을 알면 구조가 보이고, 구조를 알면 서술 방식이 보이고, 서술 방식을 알면 내용을 더 정확하게 잡아낼 수 있다. 이 셋 중 내용 파악이 독해의 시작이고, 내용 파악은 "무엇이 어떠하다 했는가?" 하고 스스로 묻고 대답하는 데에서부터 출발한다.

알랭 드 보통(Alain de Botton)은 '모든 독자는 자기가 읽은 책의 저자'라고 말했다. 책은 읽는 목적은 책을 읽고 난 다음 책 속에서 벗어나 내가 소화한 책대로 살아가는 데 있다. 밑줄을 내 삶에 그을 때 밑줄 그은 내 사람이 누군가에게 또 다른 책으로 다가갈 수 있다.

밑줄은 책에서 삶으로 옮겨가야 한다. 텍스트 맥락에서 책을 읽으며 밑줄 그은 모든 문장이 내 마음속으로 들어와 실천을 유발하는 각성제나 결단을 촉구하는 촉진제로 쓰이지는 않는다. 진짜 밑줄은 책에서 밑줄을 친 대로 행동하고 실천하면서 온몸으로 보고 느끼며 깨달은 점에 밑줄을 쳐야 한다. 삶에 친 밑줄이 내 삶의 밑천이 된다. 사람은 책에 밑줄 친대로 살지 않고 삶에 친 밑줄대로 살아간다.

트리비움(TRIVIUM) 지혜를 담은

SQ3R 독서기술

5부

되새김(Recite): 논리로 사고하기

4단계 되새기기: 논리적 단계

되새김(Recite) 단계는 읽은 책을 자기 논리로 소화하는 단계다. 트리비움 독서법을 컴퓨터에 비교해 보면 문법이나 지식은 입력과정이라면 논리학이나 이해력은 정보처리 과정이며, 수사학이나 지혜는 출력의 과정이라 할 수 있다. 이해력 정보처리 단계는 자료의 연관성을 찾기 위하여 우리의 생각과 중심처리 장치를 이용해 상세히 분석하고 비교하고 검토하는 과정이다. 되새기기 단계에서 읽는 동안 읽은 책에 대한 정보를 자신의 용어나 자신의 관점으로 논리를 세워보는 단계를 말한다.

되새기기는 질문하기 전략과 함께 읽기 내용의 의미와 그들의 관계성을 이해하기에 효과적인 전략이다. 트리비움에서 문법의 기초를 바탕으로 독자들은 변증법 또는 논리라고도 알려진 논리적 단계로 나아간다. 이 단계에서 독자들은 비판적으로 생각하고 주장을 분석하는 방법을 배운다. 그들은 추론의 유효하고 유효하지 않은 형태를 이해하고, 오류를 식별하고, 진술과 주장의 논리적 구조를 평가하는 것과 관련된 형식 논리를 연구한다. 변증법 단계에서는 학생들에게 가정에 의문을 제기하고, 모순을 식별하고, 합리적인 담론에 참여하도록 가르친다. 논리적인 주장을 분석하고 구성하는 능력을 갖추게 해준다.

되새기기 단계는 사고력을 확장하는 단계다. 미국 교육심리학자 벤저민 블룸(B. Bloom)은 지식에 대해 이르기를, '이미 학습하여 기억하고 있는 사실이나 정보의 회상(인출) 및 재인식(재구성)'으로 정의한다. 이는, 지식은 이미 알고 있는 어떤 것을 '기억한 그대로' 머릿속에서 끄집어낸 그 '무엇'임을 뜻하는데, 이때 그 무엇을 찾는 정신작용으로서의 단순 사고가 머릿속에서 작동한다. '사고력'이란 이런 지식에 대한 인식의 변화를 꾀하는 정신작용이다. 이는, 지식을 찾는 정신작용으로서의 단순 사고에 더해, '이해·적용·분석·종합·평가'라는 복합사고가 보태짐으로써, 기존 지식의 변화를 가져와 새로운 의미를 창출하는 수준 높은 정신작용을 일컫는다.

되새김(Recite) 단계는 트리비움 학습에 논리(Logic) 단계에 속한다. 논리는 인간의 사고 과정을 체계적으로 다루는 분야로, 추론과 추리를 중심으로 한다. 논리적 사고는 주어진 정보와 전제를 바탕으로 합리적인 결론을 도출하며, 주장이나 주제에 대한 타당성을 평가하는 도구로 사용된다. 이를 통해 복잡한 문제나 상황을 분석하고 해결하는 데 도움을 주며, 다양한 관점을 고려하여 정확한 판단을 내릴 수 있는 역량을 강화한다. 논리적 사고는 논쟁이나 논문 작성, 문제 해결 과정에서 중요한 역할을 하며, 합리적이고 효과적인 결정을 내리는 기초를 제공한다. 이를 독서행위와 관련하여 구체적으로 살펴볼 수 있다.

① 논리적 추론

논리적 추론은 주어진 정보나 전제를 바탕으로 합리적으로 결론을 도출하는 과정을 의미한다. 독서행위를 통해 논리적 추론 능력을 훈련하는 것은 중요한 요소이다. 독서를 하면서 글의 논리적 구조를 파악하고, 주장과 증거의 관계를 이해하며, 상호 연결되는 아이디어의 흐름을 따라가는 과정에서 논리적 사고가 발전한다.

예를 들어, 책이나 논문을 읽을 때, 저자의 주장과 그 주장을 뒷받침하는 증거를 찾고 분석하는 과정은 논리적 추론 일부이다. 또한, 다양한 의견을 비교하고 대조하면서 논쟁의 여러 측면을 파악하며, 어떤 주장이 더 타당한지 판단하는 연습을 할 수 있다. 독서를 통해 논리적 추론 능력을 키우면, 더 정확하고 합리적인 결정을 내리는 데 도움이 되며, 다양한 정보를 평가하고 분석하는 능력을 강화할 수 있다. 이는 학업뿐만 아니라 일상생활에서도 매우 유용한 능력으로 작용한다.

② 분석과 비판적 사고

논리학은 분석과 비판적 사고 능력을 키우는 데 중요한 역할을 한다. 논리학을 통해 주장의 구조와 근거를 체계적으로 분석하고 이해할 수 있으며, 이를 통해 다양한 관점과 정보를 종합하여 합리적인 판단을 내릴 수 있다. 이런 능력은 독서행위를 통해 훈련될 수 있다.

독서를 할 때, 글의 구조와 논리적 흐름을 파악하며 저자의 주장과 그를 뒷받침하는 증거를 분석하는 과정에서 분석력이 향상된다. 또한, 다양한 의견과 정보를 비교하고 대조하면서 다양한 관점을 고려하는 연습을 하면 비판적 사고 능력이 강화된다. 이를 통해 개인의 선입견을 극복하고 더 다양한 시각에서 문제를 바라보며 판단할 수 있는 능력이 발전한다.

③ 논증과 반론

논리적 사고는 논증을 구성하고 반론에 대응하는 데 핵심적이다. 논증은 주장을 뒷받침하는 근거와 논리적 흐름을 구성하는 과정을 의미한다. 논증을 구성함으로써 우리는 특정 주장이 얼마나 타당하고 논리적인지를 판단할 수 있다.

독서행위를 통해 다양한 글을 읽고 분석하면서, 논증을 구성하는 방법을 배우고 연습할 수 있다. 글의 주요 주장과 그를 뒷받침하는 증거, 논리적인 관계를 파악하면서 논증의 구조를 이해하고 판단할 수 있다. 또한, 상대방의 반론을 예측하고 이에 효과적으로 대응하는 능력도 키울 수 있다. 이는 논리적 사고와 비판적 사고 능력을 함께 발전시키는 데 도움을 준다. 논증과 반론을 훈련하는 과정은 학업에서뿐만 아니라 현실 세계에서도 중요하다. 토론, 논쟁, 의사소통 과정에서 논리적으로 주장하고 반론하는 능력은 의견을 효과적으로 전달하고 타인과의 의견 교환에서 자신의 견해를 더욱 강화하는 데 도움이 된다.

④ 결정과 문제 해결

논리적 사고는 결정과 문제 해결에 큰 도움을 준다. 논리적 사고는 다양한 옵션을 분석하고 각각의 장단점을 비교하여 합리적인 결정을 내릴 수 있는 능력을 개발한다. 이는 독서행위를 통해 다양한 시나리오를 고려하고 주어진 정보를 분석하며 훈련할 수 있다.

또한, 논리적 사고는 복잡한 문제를 분해하고 핵심 요소를 파악하여 해결책을 도출하는 과정에서도 중요하다. 문제를 해결하기 위해서는 논리적인 접근과 분석이 필요한데, 독서행위를 통해 다양한 분야의 정보와 해결책을 습득하고 응용할 수 있다. 이를 통해 실생활에서 마주하는 다양한 상황에서 논리적 사고를 통해 효과적인 결정과 문제 해결을 할 수 있다.

⑤ 효과적인 의사소통

논리적 사고는 효과적인 의사소통을 위한 핵심 능력이다. 논리적으로 생각하고 표현하는 능력은 복잡한 주제나 의견을 명확하고 간결하게 전달하는 데 도움을 준다. 독서행위를 통해 다양한 글을 읽고 분석하며, 그 안에 담긴 논리적 흐름과 주장을 이해하고 습득할 수 있다.

특히, 논리적 사고는 다른 사람과 의견을 교환하고 설득하며 협력하는 과정에서 중요한 역할을 한다. 의견을 주장하거나 다른 의견을 듣고 이해하는 과정에서 논리적인 구조와 근거가 필요하다. 독서행위를 통해 다양한 관점과 주장을 접하고 분석하는 능력을 키워 나가면, 토론이나 팀 프로젝트와 같은 상황에서 효과적으로 의사소통할 수 있는 능력을 발전시킬 수 있다.

되새김(Recite) 단계는 책을 읽은 후, 이해를 더욱 깊게 하려고 읽은 책으로 되돌아가 자기 것으로 만드는 내면화 과정이라 할 수 있다. 이 단계는 독서의 전 과정, 즉 적합한 책을 고르고, 집중하여 읽은 후에 읽은 내용을 자기 것으로 만드는 과정에서 가장 중요한 단계이지만, 독서량을 중시하는 분위기로 인해 소홀하기 쉽다. 이 단계를 생략하거나 소홀히 하면, 읽은 내용을 제대로 이해하지 못하게 될 뿐 아니라, 빨리 망각하게 되어 독서 자체가 무의미해지기 쉽다.

반면, 되새기기 단계를 충실하게 거치게 되면 독서 태도나 흥미, 습관에도 선순환을 일으키게 된다. 책 속의 생각들을 분석, 종합할 수 있고 서로 연관 지을 수 있으며 정보를 잘 조직하는 능력도 발달하게 된다. 이는 지식이 내면화로 이어지고, 다음 책으로 이어져 독서에 가속도를 붙이게 한다. 반복적이고 일상적인 독서의 내면화는 책 속의 어휘나 내용은 물론 문체나 글의 패턴, 논리적인 글의 구성 조직 능력까지 자라나게 한다. 이 되새기기 단계를 충실하게 해야 하는 이유는 몇 가지로 정리할 수 있다.

1. 관점을 파악하라

중학교 시절, 미술 선생님께서 정물화를 관찰하면서 원근법의 개념을 가르쳐 주셨다. 보는 각도에 따라 빛이 어떻게 변하는지, 모양, 색상, 톤, 분위기가 어떻게 변하는지 알아차렸다. 나는 이 개념이 예술을 넘어 인간관계와 경험에도 영향을 미친다는 것을 깨달았다. 사람들은 만남을 공유하더라도 각자의 관점과 견해가 달라서 뚜렷한 기억과 해석이 나온다.

사회의 혼란은 종종 서로 다른 세계관에서 비롯되며, 서로의 주장이 옳다고 주장하는 어긋나는 측면도 있다. 기독교인의 대응으로서 우선순위는 성경에 제시된 세계관을 탐구하고 이해하는 것이다.

영향력은 주제나 현상에 대한 명확한 견해와 의견에 달려 있다. 우리가 관찰하는 관점은 우리의 인식을 안내한다. 우리는 이러한 관점을 바탕으로 판단하고 선택하고 결정을 내리며, 글쓰기는 다른 사람에게 영향을 미치는 수단이 된다. 효과적인 글쓰기는 작가에게 잘 정의된 관점을 요구한다.

철학에서 관점이란 생각을 특정한 방식으로 표현하는 것과 개인적인 관점에서 사물을 이해하는 것을 모두 의미한다. 아이작 뉴턴의 만유인력 발견은 관점의 힘을 보여준다. 사과가 수직으로 떨어지는 이유에 관한 그의 탐구는 중력에 대한 이해에 혁명을 가져오는 새로운 관점으로 이어졌다. 이는 관찰과 사고에 뿌리를 둔 다양한 관점에서 혁신적 사고가 나온다는 것을 보여준다.

관점이 중요한 이유는 무엇인가? 그것은 우리가 현실을 인식하는 방식을 형성하기 때문이다. 창의성은 새로운 관점을 탐구할 때 왕성해진다. 서로 다른 관점이 없는 세상은 정체되고 발전이 없을 것이다. 경험, 지식수준, 출신, 언어 및 문화의 다양성은 역동적인 세계를 조성하여 발전과 진화를 가능하게 한다.

성서에는 아마도 다양한 관점을 통해 새로운 통찰력을 얻을 수 있는 사례가 들어 있다. 핵심은 지속적으로 다양한 측면을 검토하고 수용된 규범에 도전하는 데 있다. 이러한 접근 방식은 끝없는 새로운 관점을 생성하여 성장과 발견을 촉진한다.

1) 명분과 실리의 관점

명분과 실리의 관점은 특히 공정성, 정의, 도덕성의 맥락에서 결정과 행동을 평가하는 별개의 렌즈이다. 명분은 개인적인 가치, 윤리적 기준 및 도덕적 원칙을 기반으로 결정을 평가하는 것을 중심으로 이루어진다. 이는 종종 개인의 양심과 신념에 따라 행동 과정의 본질적인 옳음이나 그름을 탐구한다. 명분의 관점을 사용할 때 개인은 결정이 자신의 내부 도덕적 나침반과 일치하는지, 그리고 그것이 윤리적으로 올바른 것으로 옹호될 수 있는지 자신에게 묻는다.

반면에 실리의 결정은 실용적인 결과를 강조한다. 이는 선택의 실제 영향, 타당성 및 유용성을 고려하며 종종 사회적 규범, 법적 틀, 잠재적인 이익 또는 해로움을 고려한다. 실리의 관점은 개인이 결정이 실행 가능하고, 실행 가능하며, 지배적인 상황과 일치하는지 평가하도록 강요한다.

출애굽기에서 가나안에 파견된 열두 정탐꾼의 이야기는 이러한 관점들 사이의 상호작용을 보여준다. 12명의 정탐꾼이 그 땅을 정탐하도록 파견되었을 때 그들 중 10명은 실리적인 관점을 보였다. 막강한 주민과 요새화된 도시를 보고 그들은 실제적인 어려움과 잠재적인 위험에 압도당했다. 그들은 당면한 장애물에 초점을 맞춰 가나안 정복의 현실적 어려움을 강조하였고, 결과적으로 이스라엘 백성들에게 두려움을 심어주는 부정적인 보고를 하게 되었다.

반대로 여호수아와 갈렙은 명분의 관점을 보여주었다. 그들은 하나님의 약속과 언약의 렌즈를 통해 상황을 보았다. 그들의 신앙과 윤리적 헌신은 상황에 대한 평가의 지침이 되었다. 현실적 어려움에도 불구하고 그들은 가나안 정복이 하나님의 신성한 계획과 약속에 부합하기 때문에 정당하다고 믿었다. 그들의 관점은 단지 즉각적인 실천적 고려보다는 윤리적 신념에 뿌리를 두고 있었다.

이 성경의 예는 의사결정의 복잡성을 보여준다. 열 명의 정탐꾼이 도전 과제를 강조하여 실리적인 접근 방식을 취한 것처럼, 여호수아와 갈렙은 도덕적, 영적 확신에 초점을 맞춘 정당화 접근 방식을 취한 것처럼,

오늘날 사람들은 선택할 때 두 가지 관점을 모두 고려하는 경우가 많다. 실리와 명분 사이의 균형을 맞추려면 윤리적 의미와 함께 결정의 결과를 평가해야 하며, 궁극적으로 실용적인 현실과 자신이 깊이 간직하고 있는 가치 모두에 부합하는 길을 모색해야 한다.

2) 보수와 진보의 관점

보수주의는 보편적인 가치와 전통을 중시하는 정치적 입장이다. 이러한 입장에서 보수주의자는 보통 사회적인 안정과 권위를 중요시하며, 질서와 안전을 유지하는 데 초점을 맞춘다. 반면 진보주의는 사회적 혁신과 변화를 중시하는 정치적 입장이다. 진보주의자는 사회적인 혁신이 필요하다고 생각하며, 평등, 개인의 자유, 인권, 다양성 등을 중요하게 생각한다.

제사장 전승과 선지자 전승은 구약성서에서의 중요한 개념으로, 이들은 보수와 진보의 관점을 나타내는 예시 중 하나다. 제사장 전승은 주로 예루살렘 성전에서 역할을 맡은 제사장들의 전통적인 가르침과 규범을 나타낸다. 이들은 전통적인 성경의 해석과 규범에 따라 예배와 제사를 집행하며, 이는 보수적인 견해를 반영한다.

반면 선지자 전승은 예루살렘에서 독립적으로 교리를 전하는 선지자들의 역할을 나타낸다. 이들은 전통적인 성경 해석에 집착하지 않으며, 현재 사회의 문제를 진단하고 해결책을 제시하는 등 혁신적인 역할을 한다. 이들은 과거와 현재, 전통과 혁신을 조화시키는 것이 중요하며, 성경의 가르침을 수용하면서도 새로운 방식과 해결책을 찾아 나가는 것이 필요하다는 것을 보여준다.

3) 이상과 현실의 관점

이상과 현실은 사람들이 삶을 바라보는 두 가지 관점 중 하나다. 이상은 이상적인 상태나 목표를 나타내며, 현실은 현재 삶에서 경험하는 것을 의미한다. 이 둘의 대립은 때로 삶의 변화와 발전을 이끌기도 하지만, 때로는 갈등을 유발하기도 한다.

이상은 보통 이상적인 세상이나 상황, 이상적인 인간관계, 이상적인 가치, 또는 이상적인 자기 상을 포함한다. 이상은 긍정적인 동기를 제공할 수 있으며, 사람들이 성취하고 싶은 목표와 희망을 부여할 수 있다. 반면에 현실은 사람들이 현재 경험하고 있는 것을 의미한다. 현실은 이상과는 대조적으로 많은 한계와 문제점을 가지고 있으며, 사람들이 이상적인 세상을 구현하기 위해 노력해야 하는 실제적인 제약 조건들을 나타낸다.

다윗의 사례는 이상과 현실의 대립을 나타내는 대표적인 예 중 하나이다. 다윗의 이상은 하나님의 마음에 맞는 왕이 되는 것이었다. 그는 권력과 부귀를 추구하는 것이 아니라, 하나님의 뜻대로 올바른 일을 하는 것을 우선시하며, 국민에게 하나님의 사랑과 인자함을 전하는 일을 중요시했다.

그러나 다윗의 현실은 매우 어렵고 복잡했다. 그는 다른 나라와의 전쟁에서 인구 수를 조사하는 행위와 국내에서의 정치적 갈등, 또한 가족 사건과 죄 문제와 같은 여러 가지 문제들을 직면하게 되었다. 그러나 다윗은 이러한 현실적인 문제들을 극복하면서 그의 이상적인 가치와 목표를 추구하기 위해 노력했다. 따라서, 다윗의 사례에서 이상과 현실은 서로 대조되는 두 가지 관점으로 나타나며, 다윗은 이를 잘 조화시키면서 그의 이상적인 가치와 목표를 추구하기 위해 노력한 사람이었다.

4) 거시와 미시의 관점

숲을 보느냐, 나무를 보느냐의 차이이다. "나무보다 숲을 본다"라는 말은 세세한 것에서 길을 잃기보다는 더 큰 그림이나 전체적인 맥락을 볼 수 있다는 생각을 의미한다. 즉, 거시적 관점을 갖는 것이다. 반면에 "나무를 본다"라는 것은 개별적인 세부 사항에 집중하거나 미시적 관점을 갖는 것을 의미한다.

모세와 이스라엘 백성 간의 갈등은 장기와 단기의 충돌이다. 모세는 이스라엘 백성을 약속의 땅으로 인도하고 하나님의 율법에 기초한 사회를 세우는 더 큰 그림, 장기적인 목표에 초점을 맞췄다. 그는 이 목표를 달성하기 위해 단기적으로는 기꺼이 희생했다. 반면에 이스라엘 사람들은 즉각적인 필요와 욕구에 더 많은 관심을 가졌다. 그들은 음식과 물과 같은 일상의 세세한 부분에 집중했고, 보거나 이해할 수 없는 미래를 위해 희생하려는 의지가 적었다.

이러한 관점의 차이는 모세와 이스라엘 백성 사이에 갈등으로 이어졌다. 모세는 정의롭고 정의로운 사회를 세우려는 장기적인 목표인 숲을 보았지만, 이스라엘 백성은 일상생활의 즉각적인 필요와 관심인 나무만을 보았다. 거시적 관점과 미시적 관점 사이의 이러한 충돌은 개인과 사회가 단기적 필요와 장기 목표의 균형을 맞추기 위해 고군분투하는 인류 역사의 공통 주제다.

5) 옹호와 비판의 관점

찬성과 반대의 관점이다. 장점과 강점을 부각하느냐, 단점과 약점을 부각하느냐에 따라 결론이 판이해진다. 관점이 본질적으로 좋거나 나쁘다는 점에 유의하는 것이 중요하다. 옹호는 가치 있고 유익한 것을 장려하고 지원하는 데 도움이 될 수 있지만 중요한 약점이나 결점을 간과하거나 경시하는 결과를 초래할 수도 있다. 비판은 개선이 필요한 영역을 식별하고 피해 또는 부정적인 결과를 방지하는 데 도움이 될 수 있지만 지나치게 부정적이거나 무시할 수도 있다. 어떤 관점을 강조하느냐에 따라 결론이나 권고가 달라질 것이다. 두 관점 모두 나름대로 가치가 있을 수 있으며, 무언가를 평가하거나 결정을 내릴 때 강점과 약점을 모두 고려하는 것이 중요하다.

느헤미야의 성벽 건축 사례는 옹호와 비판의 관점에서 해석할 수 있는 좋은 예시다. 느헤미야는 바벨론에서 귀국하여 예루살렘의 성벽을 건축하는 일을 맡게 되었다. 성벽 건축을 옹호하는 사람들은 느헤미야의 일에 대해 하나님의 뜻을 따르는 것이라고 믿기 때문에 지지한다. 그들은 성벽이 없는 예루살렘은 적들의 공격에 취약하다는 것을 인식하고, 이를 예방하고자 노력하는 것으로 생각한다. 또한, 성벽 건축을 통해 예루살렘을 대표하는 상징적인 건축물을 건설하고자 하는 열망도 있었다.

한편, 반대하는 사람들은 다양한 이유로 느헤미야의 일에 반대했다. 일부는 이미 안전한 위치에 있어서 성벽이 필요하지 않다고 생각하거나, 성벽을 지을 자원이 부족하다고 생각했다. 또한, 일부 사람들은 그들이 돌아온 예루살렘이 성벽이 없던 시절에도 번영했다고 믿었기 때문에, 성벽 건축을 지지하지 않았다. 이렇게 성벽 건축에 대한 옹호와 비판은 그 당시 시대적 상황과 개인의 가치관, 생각 등에 따라 차이가 있었다. 하지만 느헤미야는 그의 일에 대해 강한 열정과 집념이 있었으며, 그의 옹호자와 비판자들로부터 자신의 목표를 이루기 위해 계속해서 노력했다.

6) 기회와 위협의 관점

어떤 현상을 낙관적, 긍정적으로 보느냐, 비관적, 부정적으로 보느냐에 따라 기회 혹은 위협으로 인식하게 된다. 기회는 낙관적이고 긍정적으로 보인다. 개인이나 조직이 목표나 목표를 달성하는 데 도움이 될 수 있는 외부 요인으로 간주한다. 기회에는 추세, 시장 또는 산업의 변화, 새로운 기술 또는 가치를 창출하거나 경쟁 우위를 확보하는 데 활용할 수 있는 기타 외부 요인이 포함될 수 있다.

반면에 위협은 비관적이고 부정적으로 간주한다. 그들은 개인이나 조직이 목표나 목표를 달성하는 능력을 방해하거나 방해할 수 있는 외부 요인으로 간주한다. 위협에는 경쟁, 규정 변경, 경기 침체 또는 위험이나 문제를 일으킬 수 있는 기타 외부 요인이 포함될 수 있다.

다윗이 골리앗을 물리친 사건은 기회와 위협의 관점에서 보면 매우 의미 있는 사례이다. 이 사건은 다윗은 이스라엘 백성들에게 인정받는 기회가 되었다. 기회의 관점에서 보면, 다윗은 군대에 참가하게 되었다. 그는 사족별에서 양을 치면서 조금 더 큰 세상을 꿈꾸며, 언젠가는 왕국에서 지도자가 될 수 있기를 희망했다. 그러던 중에, 그의 형들이 군대에 가서 전쟁을 치른다는 소식을 듣고, 그들의 안전을 지키기 위해 자신도 군대에 참가하기로 했다.

그러나 군대에 참가하게 된 다윗은 골리앗과 같은 거대한 위협에 직면하게 된다. 골리앗은 이스라엘 군대를 상대로 맹렬하게 공격하고, 이스라엘이 골리앗 군대를 이기기는 거의 불가능한 상황이었다. 하지만 다윗에게 이 전쟁은 기회가 되었었다. 그는 골리앗과 싸우기로 하고, 하나님께 의지하여 물맷돌 한 방으로 골리앗을 넘어뜨렸다. 이를 통해 다윗은 자신의 용기와 역량을 증명하고, 그의 명성과 지위를 높이는 기회가 되었다.

7) 보편과 특수의 관점

보편과 특수는 서로 반대되는 개념으로, 보편적인 것은 모든 것이나 모두에게 적용되는 것을 의미하며, 특수한 것은 일부에게만 해당하는 것을 의미한다. 예를 들어, 존재론적인 측면에서는 보편적인 것은 모든 존재가 가지는 공통점이나 법칙이 있고, 특수한 것은 특정한 존재나 상황에만 해당하는 것을 말한다. 이를 객관과 주관, 세계와 나라는 측면에서 세상을 달리 해석할 수 있다.

성경에서도 보편과 특수의 개념이 나타난다. 예를 들어, 성경에서는 하나님의 사랑이 보편적이라고 말한다. 하나님은 세상 모든 사람을 사랑하며, 인종, 성별, 종교, 국적 등의 구분 없이 모두에게 사랑을 베푸는 보편적인 존재다. 반면에, 성경에서는 특수한 사례들도 많이 나타난다.

사울의 다메섹 체험은 특수한 사례 중 하나다. 사울은 그전까지 예수의 가르침과 제자들을 박해하던 사람이었다. 그러나 그는 다메섹으로 가는 길에서 예수 그리스도의 나타나심으로 인해 눈을 뜨게 되었다. 이 체험은 사울에게 큰 영향을 미치게 되어, 그는 나중에 바울로 이름이 바뀌어 예수 그리스도를 전하는 사람이 되었다.

그러나, 사울의 다메섹 체험처럼 모든 사람이 그리스도를 극적으로 만나는 체험을 하는 것은 아니다. 성경에서는 다양하게 예수 그리스도를 만나는 인물들의 경험이 기록되어 있으며, 이들의 경험은 서로 다르다. 이는 각자의 믿음과 경험, 그리고 개인적인 상황에 따라 다양한 결과가 나타날 수 있는 것이다. 이처럼 성경에서는 보편적인 것과 특수한 것이 모두 나타나며, 이들은 서로 연관되어 있으며, 각각의 상황에서 의미 있는 역할을 하고 있다.

8) 안정과 변화의 관점

안정과 변화는 서로 반대되는 개념으로, 안정적인 것은 변화하지 않는 것을 의미하며, 변화하는 것은 과거와 다른 것을 의미한다. 안정적인 상황은 일정한 규칙과 질서를 가지고 있으며, 불확실한 상황에서 안정감과 안전성을 제공한다. 안정적인 상황은 예측 가능하며, 일관성있고 안정적인 환경을 만들어내어 경제적, 정치적, 사회적으로 유익하다.

반면에, 변화는 새로운 것을 수용하고 적응하며, 발전과 성장을 이루는 데 필수적이다. 변화는 기존의 구조나 체계를 깨뜨리는 것으로 안정적이지 않지만, 새로운 아이디어와 창의성을 자극하여 새로운 가능성을 열어준다. 모든 사안은 현상 유지와 현상타파라는 방향에서 볼 수 있다.

성경에서도 안정과 변화의 개념이 나타난다. 예를 들어, 성경에서는 하나님의 존재와 약속이 안정적인 것으로 묘사한다. 하나님은 변하지 않는 존재이며, 그가 내린 약속은 변함이 없다. 이를 바탕으로 믿음을 가진 사람들은 하나님의 지시를 따르며 안정적인 삶을 살아갈 것을 권고한다.

그러나, 성경에서는 변화도 필요한 것으로 나타난다. 로마서 12:1-3절에서는 그리스도인들이 자신의 몸을 하나님께 드리며, 마음을 새롭게 하며 서로 다른 은사를 수행하면서 변화의 과정을 거치게 된다는 것을 강조한다. 이러한 변화의 과정은 그리스도인들의 삶에 있어서 중요한 과정이다.

성경에서는 변화와 안정이 조화롭게 이루어져야 한다는 메시지를 전달한다. 새로운 것이 필요한 때에는 변화를 수용하면서도 하나님의 교리와 지시를 중심으로 안정적인 삶을 유지해야 한다. 이러한 접근 방식은 개인적인 삶뿐 아니라, 사회, 경제, 문화, 정치 등 다양한 분야에서도 중요한 역할을 한다.

9) 감정과 이성의 관점

감정과 이성은 서로 다른 측면을 나타내는데, 감정은 주관적인 요소에 기초하여 경험에 대한 반응이나 감정적인 요소를 나타내는 것이고, 이성은 객관적이고 분석적인 판단과 결정에 기초하여 인식에 대한 고찰을 나타내는 것이다. 즉, 감정은 직관적이며, 이성은 분석적이다. 감성적으로 보는 것과 이성적으로 사고하는 것은 각도가 전혀 다르다.

사울이 전쟁을 준비하고 있을 때, 선지자 사무엘이 올 때까지 기다리라는 하나님의 명령을 받았다. 그러나 사무엘이 예정 시간을 지켜오지 못하자 사울은 불안해지기 시작했다. 그리고 자신의 감정에 기반하여 이성적인 판단을 내리지 않고, 자신이 직접 제사를 집행하게 되었다(삼상 13:8-14).

이 사례는 감정과 이성의 충돌을 보여준다. 사울은 하나님의 명령을 지켜야 하는 이성적인 판단과 사무엘이 늦게 오는 것에 대한 불안감과 불편함 같은 감정적인 요소가 있었다. 그러나 이 감정적인 요소에 사로잡혀 이성적인 판단을 내리지 않고, 자신의 방식으로 문제를 해결하려 했기 때문에 잘못된 결정을 내리게 되었다.

이와 반대로, 다윗은 자신이 왕위에 오르기 전에 사울을 죽이지 않았다. 이는 다윗이 감정적인 부분을 통제하고, 이성적인 판단을 내리며 상황을 잘 파악하였기 때문이다. 다윗은 사울이 여전히 하나님의 기름 부음을 받은 왕이라는 것을 인식하고, 그에게 경의를 표하여 존중하였다.

사울의 경우, 감정적인 요소에 휩싸이면서 이성적인 판단을 제대로 내리지 못했지만, 다윗은 냉정한 이성에 기초하여 행동했다. 따라서, 감정과 이성을 적절히 활용하며 균형을 유지하는 것이 중요하다고 볼 수 있다.

이 밖에도 '결과 중심과 과정 중심의 관점' '자유와 평등의 관점' '양적 관점과 질적 관점' '남자와 여자의 관점' '중심과 주변의 관점' 등이 있을 수 있다. 혹자는 '관점'에 빠지는 것을 경계하라고 한다. 편파적으로 세상을 보는 위험성에 관한 경고다. 영어로 '스탠드 포인트(standpoint)'인 관점은 '서다(stand)'와 '자리(point)'의 합성어로서, 자신이 처한 위치, 즉 '입장'에 따라 달라질 수 있다. 서 있는 자리가 바뀌면 관점도 달라질 수 있는 것이다.

그래서 칸트는 재미있는 말을 했다. "의견은 주관적으로나 객관적으로 불충분하며, 신앙은 주관적으로는 충분하지만, 객관적으로는 불충분하고, 지식은 주관적으로나 객관적으로 충분하다." 관점이 곧 그 사람이다. 지식은 이미 충분하다. 칸트 시대에는 없던 지식과 정보가 온라인에 넘쳐난다. 부족하고 필요한 것은 의견이다. 비록 주관적으로나 객관적으로 불충분할망정 자신만의 입장, 시각, 견해, 관점을 가져야 한다. 편견이 될지언정 자기만의 안경을 쓰고 세상을 봐야 한다. 주변에서 일어나는 일에 대해 호기심과 관심을 두고, 스스로 질문하고 답변하는 습관을 통해 생각의 근육을 단련해야 한다. 관점이 자신의 정체성이고 가치관이며 세계관이다. 관점이 있어야 글을 쓴다. 관점이 확실한 글이 좋은 글이다.

모든 텍스트는 관점을 가지고 있다. 관점을 담지 않는 텍스트는 존재하지 않는다. 독서는 저자의 관점을 읽는 행위이다. 관점은 인간의 사고와 삶의 기초가 되고 그것을 형성해 주는 신념체계를 표현한 것이다(Michael&Craig). 책을 읽을 때는 단지 다른 사람들의 말을 듣기만 해서는 안 되고, 다른 사람들의 생각과 그 안에 담긴 관점을 분별해야 한다.

장정일은 "공부만 하고 자기 입장이 없으면 그것은 그냥 사전 덩어리와 같은 것이다. 또 공부는 하지 않는 상태에서 자기 입장만 가지게 되면 남과 소통할 수 없는 고집불통이나 도그마에 빠지게 될 것이다. 공부해서 자기 입장을 만들고, 또 자기 입장을 깨기 위해 또 공부하고, 이런 것이 공부이고 그게 책 읽는 사람의 도리라고 말한다." 이처럼 독서를 하는 이유는 자신의 관점을 정립하고 그 경계를 계속 허물어 나가면서 넓혀 나가는 것에 있다. 독서를 통해 자신의 견해를 만들고, 또 그것을 깨고 넓혀 나가는 것이 중요하다는 것이다.

2. 이분법적 사고의 마법

흑백 사고라고도 알려진 이분법적 관찰은 사물을 두 개의 상반된 극단으로 분류하는 방법이다. 이 사고방식은 선과 악, 빛과 어둠, 물질과 정신과 같은 복잡하고 다양한 주제를 이해하는 데 도움을 주기 위해 수세기 동안 사용되었다. 그러나 이분법은 논리적 사고에 유용한 도구가 될 수 있지만, 제한적일 수도 있다. 이분법적 사고의 위험 중 하나는 종종 지나친 단순화로 이어진다는 것이다. 모든 것을 상반되는 두 범주로 나누면 주어진 상황의 뉘앙스와 복잡성을 파악하기 어려워진다.

이는 이해 부족과 여러 관점을 고려할 수 없는 능력으로 이어질 수 있다. 이분법적 사고의 또 다른 문제는 그것이 분열과 갈등을 일으킬 수 있다는 것이다. 사람들이 반대 진영으로 나뉘면 의사소통의 단절과 공감부족으로 이어질 수 있다. 이로 인해 공통점을 찾고 솔루션을 위해 함께 작업하는 것이 어려울 수 있다.

이러한 어려움에도 불구하고 이분법은 본질적으로 이성의 적이 아니다. 사실 복잡한 주제를 이해하는 데 유용한 도구가 될 수 있다. 핵심은 이러한 유형의 사고의 한계를 인식하고 비판적 사고 및 문제 해결과 같은 다른 사고 방법과 함께 사용하는 것이다.

인간의 지혜는 사물을 '이것'과 '이것 아닌 것'으로 나누어 보는 데서 시작한다. 옳고 그름을 판단하는 논리의 법칙도 이분법적 사고에 바탕을 두고 있다. 이분법적 사고에서 온 분별지가 옳다면 세상사는 논리의 법칙에 맞게 전개되어야 한다. 전기 스위치는 켜져 있거나(on) 꺼져 있는(off) 것이지 꺼져 있기도 하고 켜져 있기도 하다는 일은 없을 것이다. 사람의 삶과 죽음도 마찬가지다. 논리적으로 생각하면 영원한 삶이 없다면 죽으면 그뿐이다.

옆의 그림은 "젊은 아내와 그의 어머니"라는 유명한 그림이다. 그림만을 놓고 본다면 그림이 바로 일체(一切, everything)로서 우리가 보는 세상을 뜻한다. 그림이 현실이고 사물의 참모습이다. 그림에서 사람들은 젊은 여인을 볼 수도 있고, 늙은 어머니를 볼 수도 있다. 하나의 그림 속에 분명히 '젊음'과 '늙음'의 두 상태가 공존하고 있다. 이것은 바로 상태의 중첩을 뜻한다. '젊음'도 아니고 그렇다고 해서 '늙음'도 아니다. 또 역으로 해석하면 '젊음'이기도 하고 '늙음'이기도 하다.

1) 개별과 보편

보편은 동물이지만 개체는 고양이, 호랑이, 개, 독수리를 말한다. 원죄, 삼위일체도 보편개념이다. 법도 일종의 개체의 조항들이 구성되어 법이라는 보편적인 명칭으로서 존재한다. 정의, 법칙, 의무, 권리 등은 개별적인 상황들, 현상들이 이루어진 보편적인 개념들이다. 즉 개체들이 모여서 이루어진 것이 보편이나 일반 개념이다. 대상적 사물과 상태와 사건, 개체 등에서 '참다운 것, 본질적인 것, 내면적인 것', '일반적인 것'은 사유에 의해서만 파악될 수 있는 것이다.

보편개념은 그야말로 실재(實在)로 감각적으로 존재하는 것이 아니라 우리의 사유와 관념 속에서만 존재한다. 플라톤의 이데아와 같은 것이다. 인류, 세계, 동물이라는 것은 개념이고 눈에 보이지 않는다. 사유 속에서만 존재한다. 그렇다면 보편개념을 신에 적용할 수 있는가? 신 역시 보이지 않고 감각적으로 만져질 수 없고, 경험하기 어려운 우리의 신앙이나 관념 속에서만 존재하는 보편자다.

대형 교회들이 목사 세습 문제로 시끄럽다. 이것은 대형 교회들의 싸움을 한 개별 교회라는 개체를 중시할 것인가, 보편적인 교회라는 보편윤리를 중시할 것인가의 싸움이다. 세습을 정당화하는 교회는 개교회에 방점을 찍고 세습에 저항하는 교단이나 학교 측은 보편윤리를 중시하였다. 이러한 싸움은 이미 중세에서도 특수와 보편, 개별자와 일반자의 싸움이 있었다. 보편논쟁은 개체를 중시하는 사람들과 개체가 모여서 된 보편과 싸움이었다. 개별자를 중시할 것인가, 보편자를 중시할 것인가의 싸움이었다.

보편성을 무시하고 개별성만 강조하는 태도들을 생각해 볼 수 있다. 우리는 주위에서 흔히 "나 살기도 바쁜데 남 걱정하게 생겼니?" "나라 꼴이야 어떻게 되었던 내 몫이나 챙기고 보자" 식의 말들을 많이 듣게 된다. 그리고 실제로 이런 태도로 세상을 살아가는 사람들이 많다. 이것은 '나'라는 개별만 생각하고 자기가 속해 있는 '사회, 국가'라는 보편을 무시하는 태도들이다. '나'의 개별적인 문제는 '사회'라는 보편적인 문제가 결코 무관할 수 없기 때문이다. 개별에 치우쳐도 보편에 치우쳐도 우리는 세계를 올바르게 파악하거나 살아갈 수가 없다.

성경은 개인적이고 보편적인 주제의 풍부한 원천이다. 성경의 개별 주제에는 아브라함, 모세, 다윗, 예수와 같은 특정 인물의 개인적인 여정이 포함된다. 이러한 이야기는 종종 한 사람의 경험과 그 과정에서 배우는 교훈에 초점을 맞춘다. 예를 들어, 다윗과 골리앗의 이야기는 다윗의 용기, 믿음, 하나님에 대한 의지를 강조하는 반면, 예수의 비유는 종종 한 사람의 행동과 동기에 초점을 맞춘다.

반면에 성경의 보편적인 주제는 개인의 경험과 상관없이 모든 사람과 관련된 주제이다. 성경에서 가장 눈에 띄는 보편적인 주제에는 죄와 구속, 하나님의 본성과 인간과의 관계, 삶의 의미와 목적, 사랑, 정의, 연민의 중요성 등이 포함된다. 예를 들어, 창세기의 타락 이야기는 죄와 그 결과의 보편적인 주제를 탐구하는 반면, 예수의 비유는 종종 용서와 연민의 중요성과 같은 보편적인 주제에 초점을 맞춘다.

성경은 개별적인 주제와 보편적인 주제를 모두 포함하고 있으며, 각 주제는 인간의 경험과 하나님과의 관계에 대한 독특한 통찰력을 제공한다. 특정 인물의 개인적인 여정을 탐구하든, 모든 사람과 관련된 보편적인 주제를 탐구하든, 성경은 모든 배경과 믿음을 가진 개인에게 지혜와 지침의 풍부한 원천이 된다.

2) 현상과 본질

현상은 겉으로 드러나 보이는 모습이고, 본질은 내부에 숨어 있는 실체라는 사실이다. 현상은 보고 만지고 듣는 따위의 감각으로 직접 지각할 수 있지만, 현상의 내면에 깊이 숨어 있는 본질은 감각으로 지각하기 어렵고 이성적 사고 파악할 수밖에 없다. 예를 들어서 사과가 나무에서 떨어지고, 물이 높은 곳에서 낮은 곳으로 흐르고, 밀물과 썰물이 생기는 따위의 현상에는 모두 중력이라는 것은 볼 수 없다.

현상과 자연에 대한 개념을 다른 방식으로 다루는 여러 구절이 있다. 로마서에서 찾을 수 있다. 바울은 "하나님의 진노가 불의로 진리를 막는 사람들의 모든 경건하지 않음과 불의에 대하여 하늘로부터 나타나나니"라고 기록했다(롬 1:18). 이 구절에서 바울은 세상에 분명한 인간의 죄와 사악함의 현상을 언급하고 있다. 모든 진리를 억압하는 것이 죄의 근본적인 본질이라고 지적하고 있다.

또 다른 예는 욥기에서 볼 수 있는데, 여기서 욥은 자연의 위엄과 힘에 대해 다음과 같이 물었다. "내가 땅의 기초를 놓을 때에 네가 어디 있었느냐 네가 깨달아 알았거든 말할지니라 누가 그것의 도량법을 정하였는지, 누가 그 줄을 그것의 위에 띄웠는지 네가 아느냐"(욥 38:4-5). 이 구절에서 욥은 창조의 현상에 경이로움을 느끼고 있지만, 또한 우주의 근본적인 본성 또는 본질, 즉 하나님의 지혜와 능력이라는 사실을 인식하고 있다.

전반적으로 성경은 세상에서 볼 수 있고 관찰할 수 있는 현상뿐만 아니라 이러한 현상에 의미와 목적을 부여하는 근본적인 본성 또는 본질을 모두 인정한다. 이러한 이해는 만물이 하나님에 의해 창조되었고 그의 능력과 지혜로 유지된다는 믿음에 뿌리를 두고 있다.

3) 내용과 형식

내용과 형식의 구별은 철학과 미학의 기본 개념이며 예술, 문학 및 기타 문화적 생산물을 분석하고 이해하는 데 자주 사용된다. 작품의 내용은 근본적인 메시지나 의미를 의미하지만 형식은 의미가 표현되거나 전달되는 방식을 의미한다.

이데아의 경우, 플라톤이 설명한 것처럼 이데아는 특정 사물이나 개념의 완벽하고 이상적인 형태를 나타낸다. 관념은 물질세계 너머에 존재하는 절대불변의 실제로 본다. 플라톤은 물질세계는 이상세계의 반영일 뿐이며, 인간의 지식과 지혜의 목적은 관념을 파악하고 이해하는 것이라고 믿었다.

반면에 아리스토텔레스는 예술이나 문학 작품을 형성하는 데 있어 내용의 역할을 더 강조했다. 그는 작품의 형식보다는 내용이 작품에 의미와 가치를 부여한다고 믿었다. 아리스토텔레스는 형식과 내용 사이의 균형을 찾는 것의 중요성을 강조했다. 둘 다 미학적으로 즐겁고 의미 있는 작품을 만드는 데 필요하기 때문이다.

성서에는 사물의 본질이나 본질과 외형이나 표현을 구별한 예가 들어 있다. 예를 들어, 신약에서 예수님은 바리새인들이 믿음의 본질보다 외형에 더 관심이 있다고 자주 비판하셨다. 산상수훈(마 5-7장)에서 예수님은 "사람에게 보이려고 그들 앞에서 너희 의를 행하지 않도록 주의하라 그리하지 아니하면 하늘에 계신 너희 아버지께 상을 받지 못하느니라"(마 5:7)라고 말씀하셨다(마 6:1). 이 말씀은 믿음의 외형보다 본질이 하나님께 중요함을 시사하고 있다.

사도 바울은 골로새 사람들에게 보낸 편지에서 "이런 것들은 자의적 숭배와 겸손과 몸을 괴롭게 하는 데는 지혜 있는 모양이나 오직 육체 따르는 것을 금하는 데는 조금도 유익이 없느니라"(골 2:23). 이 구절은 종교적 관습의 외적 형태와 내적 실체 또는 영향을 대조하여 후자가 진정으로 중요한 것임을 시사한다. 이 두 예에서 성경은 사물의 본질 또는 본질과 외형을 구별하여 전자가 후자보다 더 중요함을 시사한다. 이러한 구별은 사물의 두 가지 측면을 분리하고 각각에 다른 값을 할당하기 때문에 이분법적 논리의 한 형태로 볼 수 있다.

그런데 인간의 제도에 형식이 없으면 질서도 없게 될 뿐만 아니라 도리어 혼란이 생긴다. 인간의 삶에는 일정한 형식이 있다. 그 형식이 있어야 내용을 담을 수 있기 때문이다. 이렇듯 형식은 내용을 담는 그릇이 된다. 그러나 이 형식이 주(主)는 아니다. 그래서 형식주의가 되면 본말이 전도된다. 안식일의 행사에서 주(主)는 '안식의 기쁨을 되새기는 것'이다. 그래서 형식은 최소한에 그치고 주객이 전도되지 않도록 해야 한다.

4) 우연과 필연

우연과 필연은 문학의 오랜 모티브이자 작법의 원천이었다. 전통적으로 소설이 말하고자 하는 것은 우연처럼 보이는 모든 일이 사실은 필연이었으며, 그 바깥에 있는 것으로 여겨졌던 사소한 우연들마저 알고 보면 큰 의미가 있다는 것이었다. 우연을 필연으로 만드는 재주는 소설가에게 필수적인 능력치가 되었다. 그것을 플롯이라 불러도 좋고, 핍진성이라 불러도 좋다. 좋은 소설가들이 견디지 못하는 것은 아무런 이유 없이 우연에 우연이 겹치는 것이다. 우연이 남발되는 일부 주말드라마나 연속극을 우리는 훌륭한 서사라고 말하진 않는다.

소포클레스의 희곡 『오이디푸스 왕』은 우연과 필연이라는 주제를 탐구하는 그리스 비극의 고전적인 예다. 이 연극은 예언에 따라 아버지를 죽이고 어머니와 결혼할 운명에 처한 오이디푸스 왕의 이야기를 담고 있다. 이 운명을 피하려는 그의 노력에도 불구하고 오이디푸스는 궁극적으로 예언을 성취하고 그의 몰락과 궁극적으로 자신의 정체성에 대한 진실을 깨닫게 된다.

우연의 주제는 오이디푸스의 탄생과 연극의 사건을 시작하는 예언의 우연 일치이기 때문에 연극의 중심이다. 이 연극은 개인의 가장 선의의 행동조차도 운명이나 신과 같이 통제할 수 없는 힘으로 취소될 수 있음을 시사한다. 오이디푸스의 탄생과 예언의 일치는 연극의 사건을 움직이게 하고 궁극적으로 오이디푸스의 몰락으로 이끄는 것이기 때문에 연극의 중요한 측면이다.

오이디푸스가 최선의 노력에도 불구하고 자신의 운명에서 벗어날 수 없으므로 필연성이라는 주제도 연극의 중심이다. 그의 탄생에 대한 예언과 그에 따른 사건들은 불가피하며, 오이디푸스는 자신의 운명을 바꿀 힘이 없다. 관객은 극 초반부터 예언을 알고 있지만, 오이디푸스는 극이 끝날 때까지 자신의 정체를 알지 못하는 극적 아이러니와 복선의 사용으로 이러한 필연성이 강조된다.

성경에서 우연과 필연의 이분법을 보여주는 한 예는 창세기의 요셉 이야기에서 찾을 수 있다. 요셉의 이야기는 우연처럼 보이지만 궁극적으로 피할 수 없는 더 큰 계획의 일부인 사건들이 복잡하게 얽혀 있다. 이야기의 시작 부분에서 요셉은 그의 형제들에 의해 노예로 팔렸는데, 이는 요셉이 이집트의 두 번째 총리가 되는 일련의 사건을 시작하는 우연의 일치로 보이는 사건이다. 요셉이 직면한 고난과 시련을 무릅쓰고 그는 하나님께 충실했고 결국 기근이 닥쳤을 때 권력을 얻어 가족을 구했다.

그러나 이 일련의 사건들은 요셉과 그의 가족을 위한 하나님의 계획 일부이기 때문에 불가피하다고 볼 수도 있다. 성경은 하나님께서 요셉이 노예 상태일 때에도 함께 하셨고, 요셉의 삶에서 일어난 사건들이 궁극적으로 그의 가족의 유익과 하나님의 목적 성취로 이끄는 더 큰 계획 일부였다고 암시한다. 이런 의미에서 요셉의 이야기에서 우연과 필연 사이의 이분법은 인간의 행위 주체와 하나님 계획의 힘 사이의 긴장이다. 한편으로 요셉의 노예화와 권력의 상승은 우연의 연속으로 볼 수도 있지만, 다른 한편으로 이러한 사건들은 불가피하고 하나님의 계획 일부로 볼 수도 있다.

5) 가능성과 현실성

이미 일어난 일을 현실이라고 하고 앞으로 일어날 일을 가능이라 한다. 이때, '현실'이란 현재 존재하는 '객관적 실재' '물리적 실재' 자체다. 그런데 가능, 즉 '앞으로 일어날 일'은 무수히 많이 존재한다. 실현은 되지 않았지만 앞으로 실현될 모든 가능성을 '가능성'이라 하고, 현실로 실현된 기능을 '현실성'이라 한다.

가능성이 현실화할 조건을 갖추어 가면 추상적 가능성은 점점 실재적 가능성으로 바뀌어 간다. 실재적 가능성이 실현된 상태에 이른 것을 현실성이라고 한다. 개관 세계의 발전은 추상적인 가능성이 실제적 가능성으로 실재적 가능성이 현실성으로 바뀌어 가는 과정이다.

현대 철학이 전개되면서 '가능성(possibility)'과 '잠재성(virtuality)'을 구분할 필요가 생겨났다. 잠재적인 것과 가능한 것의 차이는 무엇일까? 일상적 용법에서는 그다지 날카롭게 구분하지 않는다. "저 아이는 큰 잠재성이 있어"와 "저 아이는 큰 가능성이 있어"라는 말은 거의 같은 것을 말하고 있다. 그러나 철학적 맥락에서는 두 개념이 분명하게 구분된다.

비행기의 발명 이전에 인간이 하늘을 난다는 것은 가능적, 상상적이었다. 그것은 우주의 법칙에 어긋나는 순전한 공상에 불과했다. 그러나 인간은 그의 주관에 존재하던 비행기를 현실화함으로써 과거에는 가능적, 상상적인 것으로 알고 있었던 것이 사실은 잠재적, 실재적이었다고 말할 수 있게 되었다. 앞으로 '타임머신'이 발명된다면, 과거로 가는 것도 실재적인 것으로 화할 것이며 시간은 가역적인 것이 될 것이다. 이렇게 인간은 가능성과 잠재성의 경계를 허무는 존재다.

가능성과 현실 사이의 이분법은 성경의 공통된 주제이며 종종 성경의 이야기와 가르침을 통해 제시된다. 성경에서 하나님은 종종 모든 가능성의 근원으로 묘사되며, 성경은 하나님에 대한 믿음을 통해 모든 것이 가능하다고 가르친다. 예를 들어, 마태복음 19장 26절에서 예수님은 "사람으로는 할 수 없으나 하나님으로서는 다 하실 수 있느니라"고 말씀하셨다. 이 구절은 인간의 한계와 하나님이 제공하시는 무한한 가능성 사이의 이분법을 강조한다.

동시에 성경은 현실이 우리의 선택과 행동으로 형성된다고 가르친다. 성경은 우리의 선택에 결과가 따르며 우리가 경험하는 현실은 우리가 선택한 결과라고 가르친다. 예를 들어 야고보서 1장 14-15절을 보면 "오직 각 사람이 시험을 받는 것은 자기 욕심에 끌려 미혹됨이라 욕심이 잉태한즉 죄를 낳고 죄는 무릇 그것은 다 자라서 죽음을 낳습니다." 이 구절은 유혹이 제공하는 가능성과 우리의 선택에 따른 결과의 현실 사이의 이분법을 강조한다.

치열하게 살아가는 현실과 성경에서 말하는 하나님 나라는 절대로 동떨어지지 않았다. 하나님 나라를 바라는 것은 기독교인들의 신앙이다. 성경에서는 신(이상)이 인간(현실)에게 찾아온다. 우리는 현실 너머의 것을 체험하기도 하지만 현실에서 이뤄지는 이상을 체험하기도 한다. 신앙은 도착점이 아닌, 가능성과 방향성의 운동점이다. 그런 점에서 기독교는 종말론적인 종교이다. 종말론적 삶이란 끝을 생각하며 사는 삶의 방식이다. "우리가 주목하는 것은 보이는 것이 아니요 보이지 않는 것이니 보이는 것은 잠깐이요 보이지 않는 것은 영원함이라"(고후 4:18). "항상 기뻐하라 쉬지 말고 기도하라 범사에 감사하라 이것이 그리스도 예수 안에서 너희를 향하신 하나님의 뜻이니라"(살전 5:16-18).

6) 원인과 결과

원인은 어떤 결과를 일으키는 것을 뜻하고 결과는 어떤 원인으로 일어나는 것을 뜻한다. 이를테면 '콩 심은 데 콩 난다'라고 했을 때 '콩' 심은 것은 원인이고 '콩 난 것'은 결과라 할 수 있다. 인과 관계는 두 가지의 뚜렷한 특징이 있다. 첫째로 인과 관계는 선-후 관계가 있어야 한다. 둘째로 필연적인 관계가 있어야 한다. 이러한 두 가지 관계를 모두 갖추고 있어야 인과 관계라 할 수 있다.

우리는 성공이라는 목적을 향해서 달려가지만 무엇을 어떻게 해야 하는지는 헷갈리는 경우가 많다. 성공을 위해 살아가고 있는 그 과정이 옳은지에 대한 해답을 찾기는 쉽지 않기 때문이다. 그래서 성공한 사람들의 평전을 찾게 되고, 그걸 읽고서 성공으로 가는 또 하나의 교훈을 얻으려고 한다. 자기 계발서도 자기 계발의 목표를 그림으로 그린 것처럼 목적하는 바를 이룰 수 있도록 도움을 주는 도서다. 자기 계발 도서로 '내 인생 10년 후'와 '1%만 바꿔도 인생이 달라진다'를 소개하려 한다.

결과를 바꾸고 싶다면 반드시 원인을 바꾸어야 한다. 그 원인을 바꾸는 데는 1%의 행동 변화만 있어도 충분하다는 것이다. 모든 일에는 원인과 결과의 법칙이 내재하여 있기 때문이다. 사람이 세상을 살아가는 데도 마찬가지다. 세상이 변하기를 바라지 말고 자신을 변화시켜야 한다는 교훈이다.

원인과 결과의 이분법은 성경의 중심 주제이며 종종 "뿌린 대로 거둔다"라는 개념을 통해 제시된다. 이 표현은 우리 행동의 결과가 우리가 내리는 선택과 직접적으로 연결되어 있음을 말하는 방식이다. 이 생각을 표현하는 가장 유명한 구절 중 하나는 갈라디아서 6장 7절이다. 이 구절은 우리의 행동과 뒤따르는 결과 사이에 직접적인 관계가 있으며 우리가 내리는 선택에 궁극적으로 책임이 있다는 생각을 강조한다.

또 다른 예는 잠언에서 찾을 수 있다. "게으른 자는 마음으로 원하여도 얻지 못하나 부지런한 자의 마음은 풍족함을 얻느니라"(잠언 13:4). 이 구절은 우리 행동의 결과가 그 행동에 들이는 노력과 직접적으로 연결되어 있으며, 우리의 선택과 그 결과 사이의 인과 관계가 성경에서 중요한 원리라는 생각을 강조한다.

성경은 원인과 결과 사이의 명확한 이분법을 제시하며 우리의 선택에는 결과가 있으며 우리 행동의 결과에 대한 궁극적인 책임은 우리에게 있다고 가르친다. 이 이분법은 성경에서 되풀이되는 주제이며 도덕성, 책임, 하나님의 공의의 본질과 관련된 다양한 주제와 생각을 탐구하는 데 사용된다.

7) 부분과 전체

사람들은 흔히 "나무는 보고 숲은 보지 못한다"라는 말을 한다. 이는 부분만을 보아서는 안 되며 전체적인 면을 파악해야 한다는 것을 깨우쳐 주는 말이다. 이 말은 많은 사람들 일상생활의 체험 속에서 우러나온 말이다. 그리하여 눈을 크게 뜨고 보라고 말한다. 이러한 교훈, 즉 부분만이 아니라 전체적인 면을 파악하라는 말은 체험을 통해 나온 것이어서 우리가 살아가는 데 매우 유용한 나침반 노릇을 하는 경우가 많다. 우리가 커다란 눈을 가지고 전체적으로 사물을 보는 경우 부분만을 볼 때는 해결되지 않던 문제가 쉽게 해결되는 경우가 자주 있다. 예를 통해 알아본다.

부분과 전체 사이의 이분법은 성경에서 공통된 주제이며 종종 그리스도의 몸이라는 개념을 통해 제시된다. 신약성경에서 교회는 종종 그리스도의 몸으로 언급되며 개별 신자들은 그 몸의 지체로 묘사한다. 예를 들어 고린도전서 12장 12-27절에서 바울은 이렇게 말한다. "몸이 하나인데 많은 지체가 있고 그 많은 지체가 다 한 몸인 것 같이 그리스도도 그러하니라… 그리스도의 것이요 너희 각 사람은 그 일부니라." 이 구절은 신자 개개인이 독특하고 독특하지만, 더 큰 전체인 그리스도의 몸 일부라는 생각을 강조한다. 부분과 전체 사이의 이러한 이분법은 또한 개인이 더 큰 신자 공동체의 일부가 되도록 부름을 받아 지상에 하나님의 왕국을 가져오기 위해 함께 일하는 하나님의 왕국의 개념에도 반영한다.

성경은 부분과 전체 사이의 명확한 이분법을 제시하여 개인이 더 큰 전체인 그리스도의 몸 일부이며 그들의 행동과 선택이 그 몸의 전반적인 건강과 복지에 이바지한다고 가르친다. 이 이분법은 성경에서 되풀이되는 주제이며 공동체, 연합, 하나님 왕국의 본질과 관련된 다양한 주제와 아이디어를 탐구하는 데 사용된다.

결국 우리 삶과 사회는 부분과 전체의 상대적 관계로 구성된다. 우리 가족은 우리 사회의 부분이지만 우리 가족 구성원의 전체이기도 하다. 따라서 전체와 부분의 관계를 어떻게 설정하고 실천해 나가느냐에 따라 부분과 전체의 가치는 사뭇 달라진다. 숲이 있기에 도토리도 낙엽도 쥐도 할아버지도 존재할 수 있는 것이다. 문제는 숲을 위해 부분 요소들이 어떻게 상호작용을 하느냐이다. 숲은 낙엽과 도토리의 상호작용이 있기에 가능하다. 텍스트에서는 쥐가 부정적으로 나오긴 했지만, 쥐도 도토리와의 상호작용을 통해 숲을 위해 이바지하는 바가 있다. 이를테면 똥으로 거름을 제공한다든가 도토리를 여기저기 이동시켜주는 행위가 그렇다. 결국 개성도 존중하면서 공동체도 이루는 방안이 필요하다.

8) 미시와 거시

미시와 거시 사이의 이분법은 개념이나 현상을 미시적 수준과 거시적 수준이라는 두 가지 관찰 수준으로 나누어 분석하는 방법이다. 미시적 수준은 시스템의 개별 구성 요소 또는 요소와 이러한 구성 요소 간의 관계에 대한 면밀한 조사를 나타낸다. 이 수준의 관찰은 시스템의 세부 사항과 특성에 초점을 맞추고 내부 작동에 대한 자세한 이해를 제공한다.

반면에 거시적 수준은 시스템 전체와 부분 간의 관계를 조사하는 것을 의미한다. 이 수준의 관찰은 더 큰 맥락에서 시스템과 그 위치에 대한 더 넓은 이해를 제공한다. 미시적 수준과 거시적 수준의 이분법적 관찰에서 초점은 이 두 가지 관찰 수준 사이의 구별과 이들이 서로 어떻게 관련되어 있는지에 있다. 예를 들어, 생태계의 이분법적 관찰에서 초점은 미시적 수준에서 생태계의 개별 구성 요소(예: 식물, 동물이나 이들의 상호작용)와 이러한 구성 요소 간의 관계 및 관계에 있다.

미시와 거시가 함께 – 요셉 이야기(창 37–50): 요셉의 이야기는 두 관점의 균형 잡힌 예를 제공한다. 미시적인 관점에서 이야기는 요셉의 삶의 복잡한 세부 사항, 그의 형제인 보디발, 바로와의 상호작용, 그리고 그가 직면한 어려움을 탐구한다. 거시적인 관점에서 볼 때, 이 이야기는 하나님의 섭리와 아브라함의 후손에 대한 그분의 약속의 성취에 대한 더 넓은 서술에 들어맞는다.

9) 목적과 수단

목적과 수단 사이의 이분법은 개념이나 현상을 두 가지 측면, 즉 최종 목표 또는 목적과 해당 목표를 달성하는 데 사용되는 수단으로 분리하여 분석하는 것을 포함한다. 목적은 추구하려는 의도된 결과나 목표를 의미하지만, 수단은 해당 결과에 도달하기 위해 사용되는 방법, 도구 또는 행동을 나타낸다. 이 접근 방식은 두 가지가 어떻게 상호 작용하고 개념의 전반적인 이해에 이바지하는지 검토하는 데 도움이 된다.

목적-구원 / 수단-희생(요 3:16): 성경에서 구원의 개념은 궁극적인 최종 목표, 즉 신자들에게 영생을 제공하는 것을 나타낸다. 이 목적을 달성하는 방법은 예수 그리스도의 십자가 희생을 통해서다. 그분의 죽음과 부활은 신자들이 구원을 얻을 수 있는 수단으로 작용하며, 구원의 최종 목표와 희생적인 속죄 수단 사이의 중요한 관계를 강조한다.

목적-약속의 땅 / 수단-출애굽(출 3-15장): 약속의 땅을 향한 이스라엘 백성의 여정에 대한 구약의 이야기는 목적과 수단 사이의 상호작용에 대한 명확한 예를 제시한다. 최종 목표는 하나님의 축복과 언약 성취를 상징하는 젖과 꿀이 흐르는 땅(약속의 땅)에 도달하는 것이다. 이를 이루기 위한 수단은 재앙과 홍해의 갈라짐, 광야여행을 포함한 기적적인 애굽 탈출이다. 최종 목표를 달성하기 위해서는 사막을 통한 해방과 인도의 수단이 필요했다.

특히 고급 수준에서 문학책을 읽을 때 이분법, 즉 두 개의 상반되거나 보완적인 개념 사이의 구별을 관찰하는 것은 중요한 접근 방식이다. 이분법은 책에서 탐구하는 복잡한 주제와 아이디어를 이해하는 틀을 제공하고 저자의 메시지와 의도를 밝히는 데 도움이 될 수 있기 때문이다.

문학에서 이분법은 종종 선과 악, 빛과 어둠, 사랑과 증오, 삶과 죽음과 같은 주제를 탐구하기 위한 문학적 장치로 사용된다. 또한 보편과 개별, 현상과 본질, 형식과 내용, 우연과 필연, 내용과 형식, 원인과 결과 등과 같은 복잡한 주제를 상반되거나 보완적인 두 가지 개념으로 분해함으로써 저자는 이러한 아이디어에 대한 풍부하고 미묘한 탐구를 만들 수 있다. 이러한 이분법을 관찰함으로써 독자는 저자의 메시지와 책의 주제가 어떻게 조화를 이루고 있는지 더 깊이 이해할 수 있다.

또한 이분법을 관찰하는 것은 독자가 책을 더 깊이 있고 비판적으로 분석하는 데 도움이 될 수 있다. 책의 다양한 요소와 그것들이 서로 어떻게 관련되어 있는지 검토함으로써 독자는 저자의 스타일, 내러티브 기술 및 등장인물 간의 관계를 더 잘 이해할 수 있다. 게다가 이분법은 책의 어조, 분위기, 분위기를 형성하는 데에도 역할을 할 수 있다. 상반되는 개념 사이의 긴장을 탐구함으로써 저자는 독자를 참여시키고 이야기에 끌어들이는 데 도움이 되는 풍부하고 미묘한 분위기를 만들 수 있다.

3. 사고력을 확장하라

'비판적 사고력 향상을 위한 독후 활동'에 대해서는 다양한 방법이 있겠지만, 대체로 책을 읽고 그에 대해 깊게 생각하는 것이 가장 기본적인 방법이다. 이를 위해서는 단순히 내용을 읽고 넘어가는 것이 아니라, 주제와 내용에 대해 깊이 이해하고 비판적으로 생각해야 한다. 공자의 말씀처럼, 배운 것을 생각하지 않으면 그것을 제대로 이해할 수 없다. 반면에 스스로 생각해 보지 않으면, 그것이 어떤 의미를 지니는지 이해할 수 없다. 따라서 책을 읽으면서 배운 것을 깊이 생각해 보고, 스스로 생각해 보면서 책이 전달하고자 하는 메시지를 이해려고 노력해야 한다.

율곡 이이의 말씀처럼, 책을 읽으면서 그 이치를 궁리하고 탐구해야 한다. 책을 읽고 넘어가는 것이 아니라, 읽은 것에 대해 깊이 생각해 보고, 그것이 어떤 의미를 지니는지 탐구해야 한다. 이러한 노력이 없이는 깊은 지식과 깨달음을 얻을 수 없다. 성호 이익의 말씀처럼, 과거를 치르기 위해서만 공부하는 것은 의미가 없다. 책을 읽으면서 그것이 무엇인지를 깊이 이해하고, 그것을 일상생활에 적용할 수 있는 방법을 찾아보는 것이 중요하다. 이러한 노력을 통해 비판적인 사고력을 향상할 수 있다.

1) 개념을 구체화

추상적인 개념을 구체적으로 만든다는 것은 무형이거나 파악하기 어려운 아이디어나 개념을 보다 구체적이거나 이해하기 쉬운 방식으로 표현하거나 설명하는 방법을 찾는 것을 의미한다. 이것은 개인이 이러한 추상적 개념을 더 잘 이해하고 관련시키는 데 도움이 될 수 있다. 우리가 사용하는 주변의 사물들이나 책들, 이론들, 예술작품들 모두가 추상적인 개념을 구체화한 산물들이다.

가령 『성공하는 이들의 7가지 습관』을 저술한 스티븐 코비는 '성공'이라는 추상적인 단어를 구체화한 예다. 그는 성공이란 개념을 구체화하기 위해서 성공한 사람들의 책을 1만 권을 읽었다고 한다. 그렇게 많은 책을 읽은 것은 아마 그 자신도 성공하는 삶을 살고 싶었을 것이다. 그러면 어떻게 하면 성공하는 사람이 될 수 있을까? 그것을 역으로 추적해 들어

갔다. 즉 성공하는 방법을 구체화한 것이다. 그는 성공하는 사람들에게서 나타나는 한 가지 공통점을 발견했다. 그 공통점을 구체화한 결과물이 『성공하는 이들의 7가지 습관』이라는 책이다. 주도적인 삶을 살아 간 사람, 목표가 분명한 사람, 소중한 것을 먼저 한 사람, 상호이익을 추구한 사람, 자신의 말을 하기 전에 먼저 상대의 말을 잘 듣는 사람, 시너지를 활용한 사람, 끊임없이 변화를 시도하는 사람들로 구체화 한 것이다.

2) 정보를 조직

정보를 조직화한다는 뜻은 무엇인가? 쉽게 이야기해서 정보를 나누기 하고 묶는 작업이다. 즉 정보에 대한 범주를 정하여 분류하는 것으로 정보를 유사성에 따라 나누거나 배열하거나 그룹화를 하는 것을 의미한다. 구슬이 서 말이라도 꿰어야 보배라는 말이 있다. 건축이 끝난 현장에 벽돌이 무더기로 쌓여 있으면 쓰레기 처리를 해야 한다. 하지만 그 벽돌이 설계도에 맞춰서 정리되어 있었다면 그 벽돌은 멋진 건축물이 될 것이다. 벽돌 한 장 한 장이 정보이자 지식이라고 생각하면 어떤 규칙에 따라 그 정보와 지식이 재구성되어 맥락을 이룰 때에 건축물은 의미가 발생한다.

창조란 없는 것을 새롭게 만드는 것이 아니라 있던 것을 새롭게 보여주는 것이다. 인간에게 창조란 그런 것이다. 신이 아닌 인간은. 스티브 잡스는 기존에 없던 것을 만들지 않았다. 스티브 잡스가 세상에 선보인 모든 것은 처음 출시한 것도 아니다. 기존에 다른 업체에서 이미 선보였던 제품이었다. 오죽하면 스티브 잡스가 당당하게 너희도 우리처럼 해보라고 했을까. 이게 편집 능력이다. 갈수록 편집 능력이 중요하다. 여기저기서 짜 맞추는 것은 의미 없다.

편집하기 위해서는 알아야 할 것이 많다. 무엇인가 알아야 편집할 수 있다. 자신을 알아야 하는 것도 포함된다. 나만의 관점과 시선이 있어야 편집이 가능하다. 다양하게 펼쳐져 있는 것들을 하나로 묶기 위해서는 나만의 필터링이 필요하다. 이것저것 묶어 편집한다고 작품이 되지 않는다. 오히려 죽도 밥도 아닌 실패가 나온다. 그 중심을 이루는 개념을 갖고 다양하게 흩어져 있는 것들을 모아 편집할 때 새로운 것이 탄생한다. 편집이 쉽지 않으니 짜깁기해도 칭찬과 욕을 받는 사람이 구분되는 것도 여기에서 차이가 나는 것이다.

3) 지식을 의식화

지식을 의식화한다는 것은 우리가 알고 있는 것과 그것을 어떻게 아는지를 인식하고 지식을 명확하게 표현하고 이해하는 것을 포함한다. 이러한 의식적인 인식은 의사결정과 효과적인 의사소통을 향상한다. 예를 들어, 물리학을 배우는 학생은 개념과의 싸움에서 자신 있게 설명하는 단계로 발전하고, 성찰과 설명을 통해 이해가 깊어진다.

비즈니스 맥락에서 소유자는 최첨단 기술을 사용한 분석, 연구 및 전략적 실험의 포괄적인 프로세스에 참여함으로써 판매 전략을 크게 향상할 수 있다. 이러한 적극적인 접근 방식은 영업 지식에 대한 인식을 높여

비즈니스 관행에 효과적인 변화를 가져오는 현명한 결정을 내릴 수 있도록 해준다. 다양한 기술과 그것이 판매 프로세스의 다양한 측면에 미치는 영향을 체계적으로 평가함으로써 비즈니스 소유자는 진화하는 시장 동향 및 고객 선호도에 맞게 전략을 조정할 수 있으며 궁극적으로 벤처의 성장과 성공을 촉진할 수 있다.

기독교 세계관에서 지식을 의식화한다는 것은 자신의 이해를 형성하는 근본적인 신념을 인식하는 것을 의미한다. 여기에는 문화적, 개인적 맥락의 영향을 고려하여 정보를 해석할 때 가정과 편견을 인정하는 것이 포함된다. 예를 들어, 기독교 세계관에는 하나님의 세상 창조, 인간이 그분의 형상대로 창조됨, 구원을 위한 예수 그리스도의 희생과 같은 믿음이 수반된다. 이러한 신념은 사랑, 존중, 인간 가치 및 구원에 대한 기독교 가르침을 알려준다. 성경의 신적 영감에 대한 믿음은 도덕적, 윤리적 문제에 대한 기독교적 해석의 지침이 된다.

4) 사고력 확장

'사고력'이라는 개념은 다양한 관점과 맥락에 따라 형성되는 다양한 해석과 의미를 포괄한다. 철학의 영역에서 사고력에 대한 아리스토텔레스의 관점은 주목할 만하다. 그는 새롭고 타당한 결론을 도출하는 인지 과정의 기본 구성 요소로서 개념, 판단, 추론의 중요성을 강조했다. 사고 능력에 대한 이러한 이해는 논리 법칙과 복잡하게 연결되어 있으며 인지 심리학 및 관련 학문의 발전에 깊은 영향을 미쳤다.

예를 들어, 개인에게 "모든 인간은 죽는다"와 "소크라테스는 인간이다"라는 두 가지 전제가 제시되는 시나리오를 생각해 보라. 아리스토텔레스의 견해와 일치하는 사고 능력을 사용하면 "소크라테스는 죽는다"라는 타당한 판단을 추론할 수 있다. 이러한 추론에는 개념적 이해, 해당 개념에 기초한 판단의 공식화, 일관되고 정당한 결론에 도달하기 위한 논리적 추론이 포함된다.

인지 심리학의 맥락에서 사고 능력은 문제 해결과 같은 인지 과정을 통해 탐구될 수 있다. 복잡한 문제에 직면했을 때 개인은 사고 능력을 발휘하여 문제의 구성 요소를 분석하고 잠재적인 해결책을 고안하며 논리적 추론을 사용하여 실행 가능성을 평가한다. 예를 들어, 수학적 퍼즐을 풀려고 하는 사람을 생각해 보라. 그들은 사고 능력을 활용하여 문제를 분석하고 관련 개념과 관계를 식별하며 논리적 단계를 사용하여 올바른 솔루션에 도달하게 된다.

두 가지 예 모두에서 사고 능력이라는 개념은 개념을 조작하고, 판단을 형성하고, 합리적인 추론에 참여하여 타당한 결론에 도달하거나 문제를 해결하는 능력을 강조한다. 이러한 관점은 인지 과정에서 논리적 사고의 역할에 대한 아리스토텔레스의 강조와 밀접하게 일치하며, 이것이 다양한 분야에 걸쳐 인간인지 및 문제 해결 연구의 기반을 어떻게 마련했는지 강조한다.

종합적으로 문학은 깊이와 복잡성, 독자에게 미치는 영향을 높이기 위해 관점적 사고, 이분법적 사고, 사고 확장 등 다양한 기술을 사용한다. 이러한 기술은 다면적인 내러티브를 만들고, 다양한 관점을 탐구하며, 생각을 자극하는 통찰력을 불러일으키는 데 도움이 된다. 이러한 각 기술이 문학의 풍부함에 어떻게 이바지하는지 살펴보겠다.

관점적 사고

관점적 사고는 다양한 관점에서 이야기나 아이디어를 제시하는 것을 포함하며, 이를 통해 독자는 다양한 인물이나 화자의 마음에 몰입할 수 있게 한다. 이 기술은 내러티브에 복잡성을 추가하여 문학 작품을 풍부하게 만든다. 이는 독자들이 다양한 등장인물의 동기, 감정, 경험을 이해하는 데 도움이 되며 종종 이야기와 더 깊은 연결로 이어진다. 다양한 관점을 제공함으로써 문학은 독자의 가정에 도전하고 공감을 장려하며 제시된 다양한 현실을 비판적으로 평가하도록 유도한다. 이 기술은 서술자가 여러 명이거나 관점이 바뀌는 소설에서 흔히 사용된다.

이분법적 사고

이분법적 사고는 서로 반대되는 두 가지 개념이나 아이디어를 대조하는 것과 관련되며, 종종 그 복잡성에 대한 더 깊은 탐구로 이어진다. 문학에서는 긴장감을 조성하고, 갈등을 강조하고, 인물, 주제, 설정 간의 대조를 강조하기 위해 이 기법을 자주 사용한다. 문학은 반대되는 요소를 병치함으로써 독자의 분석적 사고를 자극하고 각 이분법 내의 미묘한 차이를 고려하도록 권장한다. 이 기술은 캐릭터의 내부 투쟁, 윤리적 딜레마, 도덕적 선택에 대한 탐구에 깊이를 더한다. 이분법적 사고는 독자의 선입견에 도전하고 성찰을 불러일으키며 문학 작품의 주제를 풍부하게 만드는 데 이바지한다.

사고 확장

사고 확장에는 경계를 넓히고 틀에 얽매이지 않는 아이디어를 탐구하는 것이 포함되며, 종종 새로운 통찰력과 관점으로 이어진다. 문학은 이 기술을 사용하여 사회적 규범에 도전하고, 기존 신념에 의문을 제기하고, 상상적인 시나리오를 탐구한다. 저자는 창의적 사고 확장을 통해 추측적 요소, 대안적 역사, 가상적 상황을 소개한다. 이 기법은 독자들이 자신의 시야를 넓히고, 익숙한 것 너머의 가능성을 고려하고, 사색적인 사고에 참여하도록 장려한다. 문학은 색다른 시나리오를 제시함으로써 독자들이 다양한 선택의 의미를 탐구하고 비판적 사고를 키우며 텍스트에 대한 더 깊은 참여를 촉진하도록 유도한다.

이러한 기술을 문학에 통합하면 독자가 비판적으로 생각하고, 다양한 관점에 공감하고, 복잡한 주제에 대해 성찰하도록 장려함으로써 독서 경험이 풍부해진다. 관점, 대조, 사고의 확장을 제시함으로써 문학은 즐거움을 줄 뿐만 아니라 독자가 더 깊은 지적, 감정적 수준에서 콘텐츠에 참여하도록 도전한다.

트리비움(TRIVIUM) 지혜를 담은

SQ3R 독서기술

6부

표현(Review): 수사로 표현하기

5단계 표현(다시 보기): 수사로 표현하기

SQ3R 독서법의 '표현(Review)' 단계와 트리비움의 '수사학(Rhetoric)' 단계는 많은 공통점을 가지고 있다. 둘 다 학습의 완성과 표현을 중심으로 한다. SQ3R독서법에서 '표현' 단계는 읽은 내용을 자신의 것으로 만들고 전체 내용을 정리하는 과정이다. 이는 읽은 내용을 소화하고, 그것을 자신의 말로 다시 표현하는 연습을 통해 깊은 이해를 추구한다. 특히, 이 단계에서는 독자가 자기 생각과 느낌을 논리적으로 정리하고 표현하는 능력을 기른다.

한편, 트리비움의 '수사학' 단계는 설득력 있는 의사소통의 기술을 중심으로 한다. 수사학은 학습한 내용을 다른 사람에게 효과적으로 전달하거나, 자기 생각을 다른 사람에게 설득력 있게 표현하는 능력을 키우는 것이 주목표다. 이 과정에서 학생들은 로고스, 에토스, 파토스와 같은 설득의 기술을 배운다. 로고스는 논리와 근거를 중심으로, 에토스는 화자의 인품을 통한 설득, 파토스는 감정적인 호소를 중심으로 한다.

두 독서법 모두 학습의 결과를 다른 사람에게 전달하는 데 중점을 둔다는 공통점이 있다. SQ3R의 '표현(Review)'은 학습한 내용을 정리하고 표현하는 데 중점을 둔다면, 트리비움의 '수사학(Rhetoric)'은 그 내용을 설득력 있게 다른 사람에게 전달하는 데 중점을 둔다. 결국, SQ3R 독서법의 '표현' 단계와 트리비움의 '수사학' 단계는 모두 학습과 표현의 연장선에 있으며, 학습한 내용을 자신의 것으로 만들고, 그것을 효과적으로 다른 사람에게 전달하는 능력을 기르는 것이 주된 목표다. 이 두 단계를 통해 학습자는 지식의 소유자에서 지식의 전달자로 변화하게 되며, 이는 궁극적으로 진정한 학습의 완성을 의미한다.

수사학적 표현은 학습자가 지식을 단순히 흡수하는 것을 넘어, 이를 효과적으로 전달하고 설득하는 능력을 기르는 데 필수적인 과정이다. 이 과정은 학습을 완성하고, 그 지식을 다른 사람들과 공유하며, 궁극적으로는 지식의 진정한 소유자가 되도록 돕는다. 이 목표를 달성하기 위해 세 가지 중요한 접근법이 존재한다. 즉 출력독서, 수사학적 글쓰기, 그리고 삶이 있는 글쓰기이다.

또한 출력독서는 단순히 텍스트를 읽고 이해하는 것을 넘어서, 그 내용을 자신의 언어로 재구성하여 표현하는 과정이다. 이 과정에서 학습자는 읽은 내용을 자신의 것으로 소화하고, 이를 통해 깊이 있는 이해를 추구하게 된다. 출력독서는 학습자가 지식을 능동적으로 재구성하여 내면화하는 중요한 도구이다.

수사학적 글쓰기는 학습한 내용을 논리적으로 정리하고, 이를 설득력 있게 표현하는 능력을 강조한다. 이 글쓰기는 단순한 정보 전달을 넘어, 독자가 자신의 생각을 명확하게 표현하고, 다른 사람에게 효과적으로 전달할 수 있도록 돕는다. 수사학적 기법을 통해 글은 독자를 설득하고, 감동을 줄 수 있는 강력한 도구가 된다.

마지막으로, 삶이 있는 글쓰기는 자신의 경험과 감정을 진솔하게 표현하는 글쓰기 방식으로, 독자와 깊은 공감대를 형성한다. 이는 글이 단순한 정보 전달의 수단을 넘어, 인간적인 이야기를 나누고, 관계를 형성하는 중요한 도구임을 보여준다. 삶이 있는 글쓰기는 독자에게 감동을 주며, 그 글이 더욱 의미 있고, 기억에 남도록 한다.

1. 수사학적 인간(rhtorikos)

수사학적 인간(rhetorikos)이라는 개념은 수사학(Rhetoric)의 영역에서 비롯된 개념으로, 사람들이 의사소통과 설득의 과정에서 사용하는 말의 힘과 그 효과를 중점으로 둔다. 수사학 자체는 고대 그리스 시대부터 시작된 학문으로, 언어와 말의 힘을 통해 타인을 설득하는 기술에 관한 연구와 교육의 중심이었다. 수사학적 인간의 주요 특징은 다음과 같다.

1) 소통하는 인간

수사학적 인간은 의사소통이 단순한 언어의 교환을 넘어 사람들 간의 관계와 상호작용의 핵심이라는 것을 깊이 알고 있다. 의사소통은 개인과 집단 간의 신뢰와 협력의 기반이 되며, 그것이 없으면 사회적 갈등이나 오해가 쉽게 발생한다. 효과적인 의사소통은 사람들이 함께 일하고 서로를 이해하는 데 있어 중추적인 역할을 한다. 수사학적 인간은 이러한 의사소통의 가치와 중요성을 인식하고 그것을 실생활에서 지속적으로 연습한다. 이를 통해 그는 사회 내에서의 복잡한 인간관계를 더 원활하게 만들어 간다.

2) 설득의 기술

설득 기술의 역사는 깊다. 성서는 인류의 역사와 문화, 그리고 인간의 존재에 대한 근본적인 질문을 탐구하는 귀중한 기록이다. 이 문서는 수세기 동안 수많은 사람에게 신학적 지식과 인간의 삶에 대한 이해를 전달하였다. 이러한 전달은 단순한 문자나 단어의 연속이 아니라, 고대 유대인들의 수사학적 접근 방식을 통해 강화되었다. 성서의 문장들은 청자나 독자를 설득하기 위해 특별히 구성되었으며, 그 내용은 믿음과 신앙의 깊은 통찰을 제공한다.

구텐베르크의 활자기 발명은 성서의 메시지가 널리 퍼질 수 있게 하였다. 이 기술적 발전은 성서의 수사학적 메시지가 세계의 더 많은 사람에게 전달될 수 있게 하였다. 성서는 그 자체로 수사학의 원칙들을 포함하고 있으며, 이 원칙들은 예수 그리스도의 교훈과 메시지를 세계 곳곳에 효과적으로 전달하는 데 중요한 역할을 하였다.

고대 문명의 발전과 함께 인류는 의사소통의 기술, 즉 수사학의 중요성을 점차 깨닫게 되었다. 그리스, 로마, 히브리 세 문명에서는 각각의 문화적, 정치적, 종교적 맥락에서 수사학을 활용하며 그 가치를 인정하였다.

그리스 문화는 논쟁과 철학을 중심으로 발전하였다. 특히, 아테네의 민주주의 시대에는 국민이 직접 정치에 참여하며 다양한 주제에 대해 논의하곤 했다. 아리스토텔레스는 그의 저서 『수사학』에서 설득의 세 가지 방법, ethos(캐릭터), pathos(감정), logos(논리)를 제시하며 수사의 기술을 체계화했다. 반면, 소피스트들은 논리와 말의 기술을 통해 어떠한 주장도 타당하게 만들 수 있다고 주장, 그리스 문화 내에서 수사학의 중요성을 더욱 강조하였다.

로마는 그리스 문화를 받아들이면서, 그리스의 수사학을 자신들의 정치와 법률 체계에 맞게 변형 및 발전시켰다. 로마의 국회와 법정에서는 연설가의 능력이 그의 사회적 지위와 직접 연관되었기에, 로마의 연설가들은 수사학을 통해 국민을 설득하는 기술을 높이기 위해 노력하였다. 유명한 로마의 연설가 코크레토르(Cochretors)은 그들의 수사 기술로 정치적 성공을 거두기도 하였다.

히브리 문화에서의 수사학은 주로 종교적 맥락에서 중요시되었다. 성서는 다양한 수사적 기법을 활용하여 신의 말씀과 인간의 삶, 그리고 역사에 대한 교훈을 전달한다. 예언자들은 앞으로 일어날 사건을 예언함으로써 신의 의지를 사람들에게 전달하였고, 이를 통해 사람들의 마음과 행동을 변화시키려 했다. 히브리인들은 이러한 수사적 기법을 통해 교리와 신앙의 원칙을 강조하며, 그 의미를 깊이 있게 전달하였다.

고대 그리스, 로마, 히브리 문화는 수사학의 중요성을 깊이 이해하며 그 가치를 사회의 여러 분야에 적용하였다. 이러한 고대 문명들의 수사학에 대한 탐구와 활용은 후대에 이르러도 의사소통의 기술과 설득의 중요성을 깨닫게 하는 핵심 원칙으로 여겨졌다. 수사학적 인간은 말의 힘을 통한 설득의 중요성을 깨달아, 그 기술을 계속해서 연마한다. 이러한 설득의 기술은 단순한 정보 전달을 넘어, 대화 상대의 감정과 가치관에 따라 말을 구성하고 전달하는 능력을 포함한다. 상대방의 처지에서 생각하고, 그의 감정과 논리를 고려하여 의견을 제시하는 것은 높은 수준의 설득 능력을 요구한다. 수사학적 인간은 이러한 설득의 깊은 원리를 이해하며, 실제 대화에서 그 기술을 효과적으로 활용한다.

오늘날의 현대 사회는 정보의 홍수와 가짜 뉴스로 가득 차 있어 진실을 분별하는 것이 어려워졌다. 이런 복잡한 환경에서는 확고한 기준이 필요하다. 성서는 우리에게 그런 기준을 제공하며, 그 내부의 수사학적 메시지는 진실을 분별하고 전달하는 방법을 가르쳐 준다. 이러한 지침은 우리가 주변의 혼란 속에서도 올바른 판단을 내릴 수 있도록 도와준다.

3) 수사학적 글쓰기와 리더십

미국의 명문대학들이 글쓰기에 큰 중점을 둔다. 그 이유는 다음같이 제시할 수 있다.

첫째, 글쓰기는 개인의 생각과 아이디어를 체계적으로 전달하는 핵심적인 도구이다. 대학에서의 학습 환경에서는 학문적인 논의와 연구가 빈번히 이루어지며, 그 결과를 구체적으로 논문이나 보고서의 형태로 표현해야 한다. 이러한 문서는 복잡한 아이디어나 연구 결과를 다른 이에게 전달하는 주요 수단이다. 따라서, 글쓰기 능력이 부족하면 중요한 정보나 발견을 제대로 전달하지 못하게 되어 학술적 소통에 큰 장애가 발생한다. 그렇기에 글쓰기 능력은 학문적 활동이나 비즈니스활동에서 결코 무시할 수 없는 중요한 역량이다.

둘째, 트리비움의 교육 철학은 '문법', '논리', 그리고 '수사'의 세 가지 핵심 요소로 구성되어 있다. '문법'은 언어의 기본 구조와 원칙을 익히는 단계, '논리'는 합리적이고 일관된 사고방식을 배우는 단계다. 그리고 '수사'는 얻은 지식과 사고력을 효과적으로 타인에게 전달하는 기술을 의미한다. 이 중 '수사'는 특히 설득력 있는 글쓰기와 말하기 기술과 밀접한 연관이 있다. 따라서, 글쓰기는 트리비움 교육 철학에서 교육의 핵심적인 부분을 차지하는 것으로 볼 수 있다.

셋째, 현대사회에서는 글쓰기 능력이 필수적인 커뮤니케이션 스킬로 여겨진다. 직장에서 보고서를 작성하거나, 프로젝트 제안을 하거나, 논문을 발표할 때 글쓰기 능력은 중요한 자산이다. 따라서, 미국의 명문대학에서는 학생들이 사회에 나갈 때 필요한 이런 스킬을 잘 갖추도록 교육의 중점을 둔다. 하버드대학교는 매주 12시간 정도 글쓰기 수업을 하고 있다. 독서, 에세이, 자습, 리포트 작성 등을 고려하면 1주일에 30시간 정도 글쓰기에 집중해야 하버드대를 졸업할 수 있을 정도이다. 하버드대학교를 우등으로 졸업한 학생들은 대부분 "지금보다 글을 더 잘 쓰고 싶다"라고 했다고 한다. 학업을 하면 할수록 글쓰기 능력이 더욱 절실해진다는 사실을 누구보다 잘 체험하고 있었다는 것이다.

4) 세상을 변화시키는 수사학적 글쓰기

수사학은 단순히 설득의 기술을 넘어, 세상을 변화시키는 강력한 도구로 작용해 왔다. 글쓰기는 사회적, 문화적 변화를 이끌어내는 중요한 역할을 하며, 이를 통해 인간의 사고와 행동을 변혁시킬 수 있다. 역사적으로도 수사학적 글쓰기는 중요한 사회적 변화를 촉발한 사례가 많다.

마르틴 루터의 '95개조 반박문'

종교개혁의 불씨를 지핀 마르틴 루터의 95개조 반박문은 수사학적 글쓰기가 사회와 교회를 어떻게 변화시킬 수 있는지를 보여주는 대표적인 사례다. 1517년, 루터는 당시 교회의 부패와 면죄부 판매에 반대하여 이 문서를 작성하고, 이를 통해 교황청과 로마 가톨릭 교회의 잘못된 행태를 공개적으로 비판했다. 그의 글은 단순한 종교적 선언을 넘어, 유럽 전역에서 개혁의 물결을 일으키며, 기독교 세계에 깊은 변화를 가져왔다.

루터의 글쓰기는 단순한 항의가 아닌, 논리적이고 신학적으로 깊이 있는 수사학적 접근을 통해 대중의 인식을 변화시키고, 종교개혁이라는 거대한 역사의 흐름을 만들어냈다.

토머스 페인의 『상식』

미국 독립혁명을 촉발시킨 또 다른 중요한 수사학적 글쓰기는 토머스 페인의 『상식』이다. 1776년에 출판된 이 팜플렛은 대중에게 영국으로부터의 독립의 필요성을 설득력 있게 설명하며, 독립운동의 불씨를 지폈다. 페인은 당시의 정치적 상황과 제국주의에 대한 비판을 논리적으로 전개하며, 일반 시민들도 쉽게 이해할 수 있도록 글을 작성했다. 『상식』은 미국 대륙 전역에서 폭넓게 읽히며, 독립에 대한 열망을 촉발시키고, 결국 미국 독립선언서의 기초를 다지는 데 큰 역할을 했다. 이처럼 수사학적 글쓰기는 단순히 정보를 전달하는 것을 넘어, 혁명의 불씨를 심고 대중을 움직이는 도구로 기능했다.

프레데리크 더글라스의 '연설과 글'

노예제 폐지 운동의 대표적인 인물인 프레데리크 더글라스는 그의 수사학적 글쓰기를 통해 노예제의 비인간성을 폭로하고, 미국 사회의 변화를 촉구했다. 더글라스는 자신의 자서전 『미국 흑인 노예』를 비롯한 수많은 연설과 글을 통해 노예제의 잔혹함과 비윤리성을 고발하며, 인종차별에 반대하는 운동을 이끌었다. 그의 글과 연설은 강렬한 감정과 논리적인 주장을 결합하여, 노예제 폐지에 대한 대중의 인식을 변화시키고, 정치적 행동을 촉구했다. 더글라스의 수사학적 글쓰기는 인권운동의 중요한 초석이 되었으며, 미국 사회의 도덕적 방향을 재정립하는 데 큰 영향을 미쳤다.

소크라테스의 '변론'

고대 그리스의 철학자 소크라테스는 그의 변론을 통해 수사학적 글쓰기가 어떻게 개인의 철학적 신념을 사회적으로 설득할 수 있는지를 보여주었다. 소크라테스는 아테네 법정에서 자신의 철학적 신념을 변호하며, 진리를 추구하는 삶의 중요성을 강조했다. 그의 변론은 단순한 자기 변호를 넘어서, 정의와 진리를 위해 싸우는 철학자의 자세를 설득력 있게 보여주었고, 후대에 큰 영향을 미쳤다. 소크라테스의 수사학적 글쓰기는 철학적 사유의 깊이를 더하고, 사회적 대화의 수준을 한층 높이는 역할을 했다.

수사학적 글쓰기는 단순한 문학적 기술을 넘어, 사회를 변화시키고, 새로운 시대를 열어가는 중요한 역할을 해왔다. 마틴 루터의 95개조 반박문, 토머스 페인의 『상식』, 프레데리크 더글라스의 연설과 글, 소크라테스의 변론 모두 수사학적 글쓰기가 세상에 미친 강력한 영향을 보여주는 사례들이다. 이러한 역사적 사례들은 글쓰기가 단순한 정보 전달을 넘어서, 인간의 사고와 사회 구조를 변화시키는 도구임을 명확하게 보여준다. 수사학적 글쓰기는 그 자체로 시대를 정의하고, 세상을 바꾸는 힘을 가진다.

2. 출력독서: 이해에서 표현으로

출력독서는 단순히 텍스트를 읽고 이해하는 것에 그치지 않고, 그 내용을 자신의 언어로 재구성하여 표현하는 학습 방법이다. 이 과정에서 학습자는 읽은 내용을 소화하고, 이를 바탕으로 자신의 생각을 형성하며, 이를 다른 사람들에게 설명하거나 글로 쓰는 활동을 통해 학습 내용을 강화한다.

출력독서는 '입력'된 정보를 '출력'하는 과정에서 지식을 더 깊이 이해하고, 내면화하는 데 큰 도움이 된다. 예를 들어, 책을 읽고 난 후 내용을 요약하거나, 자신만의 관점에서 다시 서술하는 것, 또는 그 내용을 다른 사람에게 설명하는 것이 출력독서의 한 형태이다. 이를 통해 단순한 정보 습득을 넘어, 학습자가 지식을 자기 것으로 만들고, 이를 효과적으로 표현할 수 있는 능력을 기르게 된다.

SQ3R의 '표현(Review)' 단계와 트리비움의 '수사학(Rhetoric)' 단계는 모두 학습 내용을 외부로 표현하고 전달하는 과정을 포함하므로, 이 두 단계를 출력독서로 정의할 수 있다. 출력독서는 다음과 같은 특징을 가진다. 첫째 능동적 학습이다. 단순히 정보를 받아들이는 것에서 나아가, 그 정보를 적극적으로 활용하고 응용한다. 둘째, 지식의 내재화다. 읽은 내용을 자신의 지식으로 완전히 소화하여 다른 사람에게 설명할 수 있는 수준으로 끌어올린다. 셋째, 의사소통 능력 향상이다. 읽은 내용을 말이나 글로 표현하는 과정을 통해 의사소통 능력을 키운다. 넷째, 비판적 사고 개발이다. 논리적으로 내용을 조직하고 표현하는 연습을 통해 비판적 사고 능력을 기른다.

결국, SQ3R의 '표현(Review)'과 트리비움의 '수사학(Rhetoric)'은 단순한 독서 행위를 넘어, 학습한 내용을 내면화하고, 이를 효과적으로 전달하는 능력을 기르는 데 중점을 둔 과정이다. 이러한 출력독서의 접근법은 학습자의 지식을 깊이 있게 만들고, 다른 사람과의 의사소통을 원활하게 하여 학습의 진정한 완성을 이룰 수 있게 한다. 출력독서를 효과적으로 수행하기 위해서는 다음의 세 가지 독서 방법이 필요하다: 적극적 독서, 비판적 독서, 집중 독서(신토피칼 독서). 각 방법을 통해 읽은 내용을 자신의 것으로 만들고, 효과적으로 전달하는 능력을 기를 수 있다.

1) 적극적 독서(Active Reading)

출력독서를 하기 위해서는 적극적인 독서가 필수적이라 할 수 있다. 적극적 독서는 단순히 텍스트를 읽는 것을 넘어, 능동적으로 참여하며 이해하고 분석하는 과정이다. 이는 독자가 텍스트와 상호작용하면서 더 깊이 있는 이해를 도출하고, 기억을 강화하며, 비판적 사고를 기르는 데 도움을 준다.

(1) 질문하며 읽기

읽는 동안 끊임없이 질문을 던지고, 답을 찾으려 노력한다. 이는 이해도를 높이고 중요한 정보를 파악하는 데 도움이 된다. 예시를 들면 책을 읽는 동안, "왜 이 주인공은 이런 행동을 했을까?", "이 사건의 결과는 어떻게 될까?" 등의 질문을 던져 본다. 역사 책을 읽을 때 역사 책을 읽는 동안, 제2차 세계대전의 원인을 설명하는 부분에서 "왜 독일은 전쟁을 시작했을까?"라는 질문을 던진다. 텍스트에서 이 질문에 대한 답을 찾으면서 독일의 정치적, 경제적 상황을 이해하고, 이를 통해 전쟁의 원인을 더 명확하게 파악할 수 있다. 이러한 질문을 통해 독자는 텍스트에 더욱 몰입하고, 중요한 정보를 더 잘 기억하게 된다.

(2) 메모하며 읽기

중요한 부분을 하이라이트하거나 메모를 남기면서 읽는다. 이는 나중에 복습할 때 유용하다. 가령, 경제학 책을 읽을 때 중요한 경제 용어나 개념을 하이라이트한다. '인플레이션'이나 'GDP'와 같은 용어에 대해 책의 여백에 메모를 남긴다. 과학 논문을 읽는 동안, 중요한 실험 결과나 핵심 이론을 하이라이트하거나 노트에 메모한다. 예를 들어, '새로운 백신이 95%의 효능을 보였다'는 부분을 하이라이트하고, 옆에 '백신의 효과'라고 메모한다. 이러한 메모를 적어 두면 나중에 복습할 때 도움이 된다.

(3) 요약하기

읽은 내용을 자신의 말로 요약해 본다. 이는 내용을 제대로 이해했는지 확인하는 좋은 방법이다. 예를 들어 경제학 책에서 한 챕터를 읽은 후, 해당 내용을 자신의 말로 요약해 본다. 예를 들어, "이 챕터는 인플레이션의 원인과 결과에 대해 설명하고 있다. 주요 원인으로는 화폐 공급의 증가와 수요의 과잉이 있다"라고 요약한다. 이는 내용을 제대로 이해했는지 확인하는 좋은 방법이며, 요약 과정을 통해 핵심 개념을 명확하게 파악하고 기억할 수 있게 된다.

(4) 토론하기

다른 사람들과 읽은 내용을 토론하며 의견을 나눈다. 이는 다양한 관점을 이해하고 자신의 생각을 정리하는 데 도움이 큰 도움이 된다. 가령, 문학 동아리에서 한 주 동안 읽은 소설에 대해 토론한다. 각자가 소설의 주제, 인물의 동기, 이야기의 메시지 등에 대해 자신의 의견을 공유한다. 예를 들어, "나는 이 소설의 주제가 희망이라고 생각해. 왜냐하면 주인공이 어려움을 극복하고 결국 성공을 이루었기 때문이야"와 같은 의견을 나눈다. 이는 자신의 생각을 명확히 하고, 다른 사람의 관점을 통해 새로운 통찰을 얻는 데 도움이 된다.

적극적 독서는 질문하며 읽기, 메모하기, 요약하기, 토론하기 등의 방법을 통해 독자가 텍스트와 깊이 있게 상호작용할 수 있게 한다. 이는 이해도를 높이고 중요한 정보를 파악하는 데 도움이 되며, 독서 경험을 더욱 의미 있고 효과적으로 만든다. 적극적 독서를 통해 독자는 더 나은 학습자와 비판적 사고자가 될 수 있다.

2) 비판적 독서(Critical Reading)

출력독서를 하기 위해서 비판적 독서가 필요하다. 비판적 독서는 텍스트를 분석하고 평가하는 능력을 포함한다. 이는 단순히 정보를 받아들이는 것에서 벗어나, 텍스트의 신뢰성, 논리성, 타당성을 검토하는 과정이다. 비판적 독서는 다음과 같은 방법으로 이루어진다.

(1) 저자의 목적과 편견 분석

정치 칼럼과 같은 글을 읽을 때, 저자의 목적과 편견을 분석한다. 예를 들어, 특정 정책을 지지하는 글을 읽으며 저자의 정치적 배경을 조사한다. 저자가 어떤 정치적 입장을 가지고 있는지, 그 입장이 글의 내용에 어떻게 반영되는지 살펴본다. 이를 통해 저자가 글을 통해 무엇을 전달하려고 하는지, 어떤 편견이 있을 수 있는지 파악할 수 있다.

(2) 논리적 일관성 평가

과학 기사를 읽을 때, 저자의 주장과 그 근거가 논리적으로 일관성이 있는지 평가한다. 예를 들어, "기후 변화가 가속화되고 있다"는 주장이 있을 때, 저자가 제시하는 데이터와 그 데이터의 해석이 논리적으로 일관성 있는지 확인한다. 만약 저자의 결론이 제시된 근거와 맞지 않는다면, 이는 논리적 일관성이 부족한 것이다.

(3) 근거의 신뢰성 검토

건강 관련 기사를 읽을 때, 저자가 제시한 근거가 신뢰할 만한 것인지 검토한다. 예를 들어, "이 새로운 다이어트 방법은 체중 감량에 효과적이다"라는 주장을 뒷받침하는 연구가 신뢰할 만한 학술지에 발표된 것인지 확인한다. 다른 연구와 비교하여 제시된 근거가 일관된 결과를 나타내는지도 검토한다. 이를 통해 제시된 근거의 신뢰성을 평가할 수 있다.

(4) 다양한 시각 고려

경제 정책에 관한 글을 읽을 때, 동일한 주제에 대해 다양한 시각을 고려한다. 예를 들어, 한 저자가 제시한 세금 정책에 대한 긍정적인 평가를 읽은 후, 다른 저자가 제시한 비판적인 평가도 함께 읽는다. 이를 통해 서로 다른 관점에서 정책의 장단점을 이해하고, 보다 균형 잡힌 시각을 가질 수 있다.

비판적 독서는 저자의 목적과 편견을 분석하고, 논리적 일관성을 평가하며, 근거의 신뢰성을 검토하고, 다양한 시각을 고려하는 과정을 통해 이루어진다. 이러한 방법은 독자가 텍스트를 더 깊이 이해하고, 주어진 정보를 비판적으로 평가하며, 자신만의 견해를 형성하는 데 도움을 준다. 비판적 독서는 정보의 수용에서 한 걸음 더 나아가, 독자가 능동적으로 정보를 분석하고, 그 타당성을 평가하는 중요한 과정이다.

3) 집중 독서(신토픽칼 독서, Syntopical Reading)

집중독서는 출력독서의 전제가 된다. 집중 독서, 또는 신토픽칼 독서는 여러 텍스트를 비교하고 종합하여 더 깊은 이해를 추구하는 독서 방법이다. 이는 특정 주제에 대해 여러 자료를 통해 종합적인 시각을 형성하는 과정이다. 집중 독서는 다음과 같은 방법으로 이루어진다.

(1) 주제 설정

집중 독서를 시작하기 위해서는 먼저 탐구하고자 하는 주제를 명확히 설정해야 한다. 주제 설정은 연구의 방향을 결정짓는 중요한 단계이다. 주제를 명확히 설정하면, 어떤 자료를 수집해야 할지, 어떤 관점에서 자료를 분석할지 명확해진다. 예를 들어, '기후 변화가 농업에 미치는 영향'이라는 주제를 설정할 경우, 기후 변화와 농업이라는 두 가지 핵심 요소에 집중하게 된다. 이 주제 설정 단계에서는 주제가 너무 넓거나 좁지 않도록 주의해야 한다. 주제가 너무 넓으면 자료 수집과 분석이 어려워지고, 너무 좁으면 충분한 자료를 얻기 어려울 수 있다.

(2) 자료 수집

주제를 설정한 후, 해당 주제와 관련된 다양한 자료를 수집한다. 이단계에서는 책, 학술 논문, 기사, 보고서 등 여러 출처에서 정보를 모아야 한다. 예를 들어, '기후 변화가 농업에 미치는 영향'이라는 주제에 대해 자료를 수집할 때는 환경 과학 책에서 기후 변화의 과학적 배경을, 농업 관련 논문에서 구체적인 사례를, 기후 변화 관련 기사에서 최신 동향을 찾을 수 있다. 자료를 수집할 때는 신뢰할 수 있는 출처를 선택하는 것이 중요하다. 학술 논문이나 권위 있는 기관의 보고서는 신뢰할 수 있는 정보의 출처가 될 수 있다.

(3) 비교 및 대조

수집한 자료를 비교하고 대조하는 단계는 집중 독서의 핵심 과정이다. 여러 자료를 비교하면서 공통점과 차이점을 파악하고, 각 자료가 제공하는 정보의 신뢰성을 평가한다. 예를 들어, 한 논문에서는 기후 변화로 인해 작물 수확량이 전반적으로 감소한다고 주장할 수 있고, 다른 자료에서는 특정 지역에서만 그런 현상이 나타난다고 설명할 수 있다. 이러한 비교를 통해 각 자료의 주장을 명확히 파악하고, 자료 간의 관계를 이해하게 된다. 또한, 자료를 비교하는 과정에서 자료의 신뢰성이나 논리적 일관성을 평가할 수 있다.

(4) 종합 및 분석

비교 및 대조를 통해 얻은 정보를 종합하여 하나의 체계적인 이해를 형성한다. 이 단계에서는 여러 자료에서 얻은 정보를 통합하고, 이를 바탕으로 주제에 대한 전체적인 그림을 그린다. 예를 들어, 기후 변화가 농업에 미치는 전반적인 영향을 이해하기 위해, 기후 변화의 과학적 원인, 농업 생산에 미치는 구체적인 영향, 지역적 차이를 종합하여 분석한다.

이를 통해 주제에 대한 더 깊은 통찰을 얻고, 복잡한 주제를 체계적으로 이해할 수 있다.

(5) 결론 도출

마지막으로, 종합된 정보를 바탕으로 결론을 도출하고, 이를 자신의 말로 표현한다. 결론 도출 단계에서는 분석한 정보를 바탕으로 주제에 대한 명확한 결론을 내리고, 이를 독자나 청중에게 명확하게 전달할 수 있도록 정리한다. 예를 들어, "기후 변화는 전 세계적으로 농업에 부정적인 영향을 미치지만, 그 영향의 정도는 지역에 따라 다르다. 따라서 각 지역에 맞는 농업 정책이 필요하다"는 결론을 내린다. 이는 자신의 이해를 바탕으로 명확하게 결론을 도출하는 과정이다.

집중 독서는 주제 설정, 자료 수집, 비교 및 대조, 종합 및 분석, 결론 도출의 과정을 통해 이루어진다. 이러한 방법은 특정 주제에 대해 종합적이고 체계적인 이해를 형성하는 데 도움을 준다. 집중 독서를 통해 독자는 다양한 자료를 종합하여 더 깊은 통찰을 얻고, 주제에 대한 명확하고 체계적인 결론을 도출할 수 있다.

적극적 독서, 비판적 독서, 집중 독서(신토피칼 독서)는 출력독서를 효과적으로 수행하기 위한 필수적인 방법이다. 이 세 가지 방법을 통해 독자는 단순히 정보를 수용하는 것을 넘어서, 정보를 자신의 것으로 내재화하고 이를 효과적으로 표현할 수 있는 능력을 기를 수 있다. 이러한 과정은 학습의 깊이를 더해주며, 나아가 독자가 지식을 명확하고 설득력 있게 전달할 수 있도록 도와준다. 결과적으로, 이 세 가지 독서 방법은 독자의 사고력을 확장시키고, 지식의 활용도를 극대화하는 데 중요한 역할을 한다.

3. 출력독서의 다양한 장르

출력독서는 단순히 텍스트를 읽고 이해하는 것을 넘어서, 학습 내용을 자신의 것으로 소화하고 이를 효과적으로 표현하는 능력을 길러주는 중요한 방법이다. 이는 학습자가 습득한 지식을 자신의 언어로 재구성하고, 다양한 매체를 통해 전달할 수 있도록 돕는다. 출력독서는 학습자의 비판적 사고와 창의적 표현을 촉진하며, 글쓰기 능력을 향상시키는 데 필수적이다. 다양한 장르의 독서는 이러한 출력독서의 과정을 더욱 풍부하게 만들어준다. 소설, 논픽션, 시, 에세이 등 각기 다른 문학 장르는 고유의 방법으로 독자의 사고를 자극하고, 표현의 폭을 넓혀준다. 각각의 장르는 독자가 특정 기술과 통찰을 발전시킬 수 있도록 독특한 접근 방식을 제공한다. 이 서론에서는 출력독서의 중요성을 강조하고, 각 장르가 어떻게 출력독서를 통해 학습자의 능력을 향상시키는지 탐구할 것이다.

1) 소설 읽기

출력을 위한 소설 읽기는 단순히 줄거리를 이해하는 것을 넘어, 문장 구조, 어휘 선택, 문체 등을 깊이 있게 분석하고 내면화하는 과정을 의미한다. 이를 통해 글쓰기 능력을 향상시키고, 자신의 글에 활용할 수 있는 다양한 표현 기법을 익히는 것이 목표로 한다.

(1) 서사 구조와 캐릭터 이해하기

• 서사 구조 분석: 소설의 플롯을 분석하고, 이야기의 전개 방식, 클라이맥스, 결말 등을 이해합니다. 이를 통해 어떻게 이야기를 효과적으로 구성할 수 있는지 배울 수 있다. 가령 제인 오스틴의 『오만과 편견』을 읽을 때, 이야기의 전개 방식을 분석한다. 예를 들어, 소설의 클라이맥스는 엘리자베스와 다아시의 오해가 풀리는 순간이다. 이를 통해 플롯의 전개 방식과 이야기의 구성 요소를 파악할 수 있다. 이 과정은 어떻게 이야기를 효과적으로 구성할 수 있는지를 배우는 데 도움이 된다.

• 캐릭터 분석: 등장인물의 성격, 동기, 변화 과정을 분석한다. 이를 통해 생동감 있고 입체적인 캐릭터를 창조하는 방법을 익힌다. 가령, 엘리자베스 베넷의 성격과 동기를 분석한다. 그녀의 독립적이고 똑똑한 성격이 이야기를 어떻게 이끄는지, 그녀의 변화 과정을 통해 어떻게 입체적인 캐릭터가 형성되는지 이해할 수 있다. 이를 통해 생동감 있고 입체적인 캐릭터를 창조하는 방법을 익힐 수 있다.

(2) 문체와 어휘 확장

• 문체 분석: 작가가 사용하는 문체를 분석합니다. 문체는 문장의 길이, 리듬, 어조 등을 포함하며, 이를 통해 다양한 문체의 특징과 효과를 이해할 수 있다. 가령, 어니스트 헤밍웨이의 『노인과 바다』를 읽으며, 그의 간결한 문체와 짧은 문장을 분석한다. 헤밍웨이의 문체가 이야기에 어떤 영향을 미치는지, 독자에게 어떤 감정을 전달하는지 이해할 수 있다. 이를 통해 다양한 문체의 특징과 효과를 이해할 수 있다.

• 어휘 선택: 작가가 선택한 어휘를 분석합니다. 이는 단어의 의미뿐만 아니라, 뉘앙스, 감정, 이미지 등을 포함합니다. 다양한 어휘를 접함으로써 자신의 어휘력을 확장할 수 있다. 가령, 피츠제럴드의 『위대한 개츠비』에서 사용된 어휘를 분석한다. 예를 들어, '빛나는'과 같은 단어가 개츠비의 화려한 생활을 묘사하는 데 어떻게 사용되는지, 그 뉘앙스와 감정을 파악할 수 있다. 다양한 어휘를 접함으로써 자신의 어휘력을 확장할 수 있다.

(3) 문장 구조 분석

• 문장 패턴 이해하기: 작가가 사용하는 문장 구조를 분석한다. 이는 단순 문장, 복합 문장, 복문 등을 포함합니다. 각 구조가 어떻게 이야기에 영향을 미치는지 이해한다. 가령, 조지 오웰의 『1984』를 읽으며, 다양한 문장 구조를 분석한다. 단순 문장과 복합 문장을 통해 이야기가 어

떻게 전개되는지, 각 문장 구조가 독자의 이해에 어떻게 기여하는지 이해할 수 있다. 이는 단순 문장, 복합 문장, 복문 등을 포함하며, 각 구조가 어떻게 이야기에 영향을 미치는지를 이해할 수 있다.

• 구문 해석: 복잡한 구문을 해석하고, 문장의 논리적 흐름을 파악합니다. 이를 통해 글의 가독성과 설득력을 높이는 방법을 배울 수 있다. 가령, 톨스토이의 『전쟁과 평화』에서 복잡한 구문을 해석한다. 긴 문장을 통해 문장의 논리적 흐름과 작가가 전달하려는 메시지를 파악할 수 있다. 이를 통해 글의 가독성과 설득력을 높이는 방법을 배울 수 있다.

(4) 어휘 분석

• 어휘의 사용 맥락: 단어가 사용된 맥락을 분석합니다. 단어가 주는 뉘앙스와 감정, 그리고 그것이 문장 전체에 미치는 영향을 이해한다. 가령, 하퍼 리의 『앵무새 죽이기』에서 특정 단어가 사용된 맥락을 분석한다. 예를 들어, '공정'이라는 단어가 법정 장면에서 어떻게 사용되는지, 그 단어가 문장 전체에 어떤 영향을 미치는지 이해할 수 있다. 단어가 주는 뉘앙스와 감정, 그리고 그것이 문장 전체에 미치는 영향을 이해할 수 있다.

• 동의어와 반의어 비교: 특정 단어의 동의어와 반의어를 비교하고, 각각의 미묘한 차이를 이해합니다. 이는 보다 정교하고 정확한 표현을

가능하게 한다. 가령 셰익스피어의 『햄릿』에서 '고통'이라는 단어의 동의어와 반의어를 비교한다. 이를 통해 셰익스피어가 감정의 미묘한 차이를 어떻게 표현하는지 파악할 수 있다. 이는 보다 정교하고 정확한 표현을 가능하게 한다.

(5) 문체와 리듬

• 문체의 일관성: 작가의 문체가 어떻게 일관성을 유지하는지 분석한다. 문체가 이야기의 분위기와 톤에 어떻게 기여하는지 이해한다. 가령 마거릿 애트우드의 『시녀 이야기』에서 일관된 문체를 분석한다. 애트우드의 문체가 디스토피아적 분위기와 긴장감을 어떻게 유지하는지 이해할 수 있다. 문체가 이야기의 분위기와 톤에 어떻게 기여하는지 이해할 수 있다.

• 문장의 리듬: 문장의 길이와 구조가 어떻게 리듬을 형성하는지 분석합니다. 이는 읽기의 흐름과 독자의 감정에 영향을 미친다. 가령 제임스 조이스의 『율리시스』에서 문장의 길이와 구조가 리듬을 어떻게 형성하는지 분석한다. 이는 독자의 읽기 흐름과 감정에 어떻게 영향을 미치는지 이해할 수 있다. 이는 읽기의 흐름과 독자의 감정에 영향을 미친다.

(6) 표현 기법

• 비유와 은유: 작가가 사용하는 비유와 은유를 분석합니다. 이러한

기법이 독자의 상상력과 감정에 어떻게 영향을 미치는지 이해한다. 가령, 가브리엘 가르시아 마르케스의 『백년의 고독』에서 사용된 비유와 은유를 분석한다. 이러한 기법이 독자의 상상력과 감정에 어떻게 영향을 미치는지 파악할 수 있고, 독자의 상상력과 감정에 어떻게 영향을 미치는지 이해할 수 있다.

- 대화와 독백: 대화와 독백이 캐릭터 개발과 줄거리 전개에 어떻게 기여하는지 분석한다. 가령 도스토옙스키의 『죄와 벌』에서 주인공 라스콜니코프의 독백이 캐릭터 개발과 줄거리 전개에 어떻게 기여하는지 분석한다. 이는 캐릭터 개발과 줄거리 전개에 어떻게 기여하는지 이해할 수 있다.

출력을 위한 소설 읽기는 단순한 줄거리 이해를 넘어서, 문장과 어휘의 깊이 있는 분석을 포함한다. 이는 글쓰기 능력을 향상시키고, 자신의 글에 적용할 수 있는 다양한 표현 기법을 익히는 데 중요하다. 이러한 독서 방법을 통해 독자는 더 나은 작가가 될 수 있으며, 자신의 생각과 감정을 보다 효과적으로 표현할 수 있다.

2) 논픽션 읽기

출력을 위한 논픽션 읽기는 정보를 수집하고 분석하는 능력을 키우며, 사실과 의견을 구분하는 과정이다. 이는 단순히 정보를 받아들이는 것을 넘어, 비판적으로 사고하고, 얻은 지식을 효과적으로 활용하는 것을 목표로 한다. 이를 통해 독자는 더 깊이 있는 이해를 할 수 있으며, 자신의 글이나 논의에 신뢰성과 논리성을 더할 수 있게 된다.

(1) 정보 수집과 분석 능력 키우기

정보 수집과 분석 능력을 키우는 것은 출력독서를 효과적으로 수행하기 위해 필수적이다. 이를 통해 독자는 다양한 관점을 종합하고, 깊이 있는 이해를 형성할 수 있다.

① 정보 수집

• 광범위한 자료 수집: 다양한 출처에서 정보를 수집한다. 책, 논문, 기사, 보고서 등 여러 자료를 참고하여 다양한 관점을 확보한다. 가령 '기후 변화의 영향'을 연구한다고 가정해보자. 이 주제에 대해 책, 학술 논문, 신문 기사, 정부 보고서 등 다양한 출처에서 정보를 수집한다. 예를 들어, 한 권의 책에서는 기후 변화의 과학적 원리를 설명하고, 학술 논문에서는 기후 변화가 특정 생태계에 미치는 영향을 분석하며, 신문 기사는 최근 기후 변화와 관련된 뉴스와 사례를 제공한다. 이렇게 다양한 자료를 참고함으로써 주제에 대한 폭넓은 관점을 확보할 수 있다.

• 출처 확인: 정보의 출처가 신뢰할 만한지 확인한다. 저자의 배경, 출판사, 발행 연도 등을 검토하여 정보의 신뢰성을 평가한다. 가령 인터

넷에서 기후 변화에 관한 정보를 찾았을 때, 그 출처가 신뢰할 만한지 확인한다. 저자의 배경을 조사하여 그가 해당 분야의 전문가인지, 출판사가 권위 있는 기관인지, 발행 연도가 최신인지 등을 검토한다. 예를 들어, IPCC(기후 변화에 관한 정부 간 패널) 보고서는 신뢰할 만한 자료로 평가할 수 있다. 이렇게 출처를 확인함으로써 수집한 정보의 신뢰성을 평가할 수 있다.

② 정보 분석

• 핵심 정보 파악: 읽는 동안 중요한 정보와 핵심 아이디어를 식별하고 메모한다. 이는 나중에 요약하거나 참고할 때 유용하다. 가령, 기후 변화에 관한 보고서를 읽으면서 중요한 정보와 핵심 아이디어를 메모한다. 예를 들어, "지구 평균 온도가 지난 100년 동안 1.2도 상승했다"는 중요한 정보를 메모해둔다. 이는 나중에 요약하거나 논문을 쓸 때 유용하다.

• 정보 비교: 여러 출처의 정보를 비교하고, 공통점과 차이점을 분석한다. 이를 통해 주제에 대한 종합적인 이해를 형성한다. 가령, 여러 출처에서 기후 변화의 원인에 대해 다양한 주장을 접한다. 한 학술 논문은 이산화탄소 배출이 주요 원인이라고 주장하고, 다른 기사에서는 메탄가스의 영향을 강조한다. 이러한 정보를 비교하여 공통점과 차이점을 분석한다. 이를 통해 주제에 대한 종합적인 이해를 형성할 수 있다. 예를 들

어, 두 자료 모두 인간 활동이 기후 변화에 중요한 영향을 미친다는 점에서 공통점을 가진다.

• 맥락 이해: 정보가 제공된 맥락을 이해하고, 그것이 전체 논의에 어떻게 기여하는지 파악한다. 가령, 기후 변화에 관한 기사를 읽을 때, 그 정보가 제공된 맥락을 이해한다. 예를 들어, 한 지역 신문에서는 기후 변화가 해당 지역의 농업에 미치는 영향을 다룰 수 있다. 이 기사가 전체 논의에서 어떻게 기여하는지 파악한다. 이를 통해 기후 변화가 글로벌 문제인 동시에 지역적 영향을 미친다는 것을 이해할 수 있다.

정보 수집과 분석 능력을 키우는 것은 출력독서를 효과적으로 수행하기 위해 필수적이다. 광범위한 자료 수집, 출처 확인, 핵심 정보 파악, 정보 비교, 맥락 이해를 통해 독자는 주제에 대한 깊이 있는 이해를 형성할 수 있다. 이를 통해 독자는 정보를 자신의 것으로 내재화하고, 이를 효과적으로 표현할 수 있다.

(2) 사실과 의견 구분하기

사실과 의견을 구분하는 능력은 비판적 사고의 핵심이다. 이를 통해 독자는 정보를 더 정확하게 평가하고, 올바른 결론을 도출할 수 있다.

① 사실 식별

• 객관적 정보 확인: 사실은 객관적이고 검증 가능한 정보를 포함합니다. 통계 데이터, 역사적 사건, 과학적 증거 등이 이에 해당한다. 가령, "2020년에 전 세계 평균 온도가 1.2도 상승했다"는 문장을 읽을 때, 이는 객관적이고 검증 가능한 사실이다. 이 문장은 통계 데이터에 기반한 사실로, 과학적 증거를 통해 확인할 수 있다. 예를 들어, 기후 변화 연구소의 데이터나 NASA의 보고서를 참고하면 이 정보를 검증할 수 있다.

• 검증 가능성: 사실은 다른 신뢰할 수 있는 출처에서 검증될 수 있는지 확인한다. 여러 출처에서 동일한 정보를 제공하는지 확인한다. 가령, "세계보건기구(WHO)에 따르면, 2019년에 전 세계적으로 약 140만 명이 결핵으로 사망했다"는 정보를 접했을 때, 이 정보를 다른 신뢰할 수 있는 출처에서 검증한다. 여러 출처에서 동일한 정보를 제공하는지 확인한다. 예를 들어, WHO의 공식 보고서뿐만 아니라 각국의 보건 통계 자료에서도 이 수치를 확인할 수 있다. 이렇게 여러 출처에서 일관된 정보를 제공하면, 이는 검증된 사실로 판단할 수 있다.

② 의견 식별

• 주관적 견해 확인: 의견은 개인의 생각, 감정, 해석을 포함한다. 이는 저자의 주관적인 견해로, 사실과 다를 수 있다. 가령, "나는 기후 변화가 인류 최대의 위기라고 생각한다"는 문장은 개인의 의견이다. 이는 객

관적 사실이 아니라 저자의 주관적인 견해로, 다른 사람들은 다르게 생각할 수 있다. 개인의 생각, 감정, 해석이 포함된 의견은 독자가 비판적으로 평가해야 한다.

• 언어적 단서: 의견을 나타내는 언어적 단서를 식별한다. "나는 생각한다," "내 견해로는", "주장한다"와 같은 표현은 의견을 나타낸다. 가령, "나는 기후 변화가 경제에 심각한 영향을 미칠 것이라고 믿는다"는 문장에서 "나는 믿는다"라는 표현은 주관적인 의견을 나타낸다. 또한, "내 견해로는", "주장한다"와 같은 표현도 저자의 의견임을 나타내는 언어적 단서이다. 이러한 표현을 통해 독자는 문장에서 의견을 쉽게 식별할 수 있다.

③ 비판적 평가

• 근거 평가: 저자의 의견이 제시된 근거를 평가한다. 의견이 논리적이고 타당한지, 근거가 충분한지 확인한다. 가령, "기후 변화는 경제적 손실을 초래한다"는 의견이 있을 때, 저자가 제시한 근거를 평가한다. 예를 들어, 저자가 "최근 연구에 따르면 기후 변화로 인해 연간 수십억 달러의 손실이 발생하고 있다"는 근거를 제시했다면, 이 연구가 신뢰할 만한 출처에서 나온 것인지, 그 연구의 방법론이 타당한지를 평가한다. 논리적이고 타당한 근거를 통해서만 저자의 의견이 설득력을 가질 수 있다.

• 편견과 가정 확인: 저자의 의견에 내재된 편견이나 가정을 확인한다. 이는 정보를 비판적으로 평가하는 데 중요하다. 가령, "기후 변화에 대한 모든 우려는 과장되었다"는 의견이 있을 때, 이 의견에 내재된 편견이나 가정을 확인한다. 예를 들어, 저자가 기후 변화에 대한 과학적 증거를 무시하거나, 특정 이익 집단의 입장을 대변할 가능성이 있는지 평가한다. 이러한 편견과 가정을 인식하면, 독자는 저자의 의견을 비판적으로 평가할 수 있다.

출력을 위한 논픽션 읽기는 정보 수집과 분석 능력을 키우고, 사실과 의견을 구분하는 과정을 통해 이루어진다. 이러한 독서 방법은 독자의 비판적 사고와 의사소통 능력을 향상시켜, 보다 깊이 있는 이해와 신뢰성 있는 표현을 가능하게 한다. 이를 통해 독자는 자신의 글이나 논의에서 정보를 효과적으로 활용하고, 명확하고 논리적인 주장을 펼칠 수 있다.

3) 시 읽기

출력을 위한 시 읽기는 감정과 이미지 표현 방법을 배우고, 언어의 음악성을 경험하여 시의 아름다움을 내면화하고 이를 자신의 글이나 표현에 활용하는 과정이다. 이는 단순히 시를 이해하는 것을 넘어, 시의 표현 기법과 언어적 리듬을 익혀 자신의 창작에 적용하는 것을 목표로 한다.

(1) 감정과 이미지 표현 방법 배우기

시 읽기를 통해 감정과 이미지를 효과적으로 표현하는 방법을 배우는 것은 다음과 같은 과정을 포함한다.

① 감정의 깊이 이해하기

• 감정 분석: 시에서 표현되는 다양한 감정을 분석한다. 시인이 사용하는 단어, 비유, 상징 등을 통해 감정을 어떻게 전달하는지 파악한다. 가령, 윌리엄 워즈워스의 시 "수선화"를 읽으며 감정을 분석한다. 이 시에서 워즈워스는 자연 속에서 느끼는 기쁨과 평온함을 표현한다. 그는 '고독한 구름처럼'이라는 비유를 사용하여 자연과의 조화를 나타내고, 수선화의 아름다움을 묘사하며 행복감을 전달한다. 이를 통해 독자는 시인이 사용하는 단어와 비유를 통해 감정을 어떻게 전달하는지 파악할 수 있다.

• 감정의 전이: 시를 읽으며 느껴지는 감정을 자신에게 내재화한다. 이를 통해 감정을 더 깊이 이해하고 표현할 수 있다. 가령, 에밀리 디킨슨의 시 "Hope is the thing with feathers"를 읽으며 느껴지는 감정을 자신에게 내재화한다. 디킨슨은 희망을 깃털 달린 새에 비유하여 설명한다. 시를 읽으며 독자는 희망의 따뜻함과 위안을 느낄 수 있다. 이러한 감정을 내면화함으로써, 독자는 감정을 더 깊이 이해하고 자신의 글에서 효과적으로 표현할 수 있다.

② 이미지의 생생함 경험하기

• 비유와 상징 분석: 시에서 사용되는 비유, 은유, 상징을 분석한다. 이러한 기법이 어떻게 독자의 상상력을 자극하고 이미지를 생생하게 만드는지 이해한다. 가령, 로버트 프로스트의 시 "눈 내리는 저녁 숲가에 서서"를 읽으며 비유와 상징을 분석한다. 프로스트는 '눈 내리는 저녁 숲'을 인생의 여정과 선택의 상징으로 사용한다. 독자는 이 비유를 통해 숲의 이미지와 인생의 복잡성을 생생하게 상상할 수 있다. 이를 통해 비유와 상징이 독자의 상상력을 어떻게 자극하는지 이해할 수 있다.

• 구체적 묘사: 시에서의 구체적 묘사를 통해 이미지를 떠올려 본다. 이는 글쓰기에서 구체적이고 생생한 묘사를 가능하게 한다. 월트 휘트먼의 시 "나 자신의 노래"를 읽으며 구체적 묘사를 경험한다. 휘트먼은 '나는 내 발밑의 잔디를 좋아한다'와 같은 구체적 묘사를 통해 자연의 생생함을 표현한다. 독자는 잔디의 촉감과 자연의 아름다움을 시각적으로 떠올릴 수 있다. 이는 글쓰기에서 구체적이고 생생한 묘사를 가능하게 한다.

시 읽기를 통해 감정과 이미지를 효과적으로 표현하는 방법을 배우는 것은 감정의 깊이 이해하기와 이미지의 생생함 경험하기를 포함한다. 감정 분석과 감정의 전이를 통해 시에서 표현되는 감정을 깊이 이해하고, 비유와 상징 분석과 구체적 묘사를 통해 생생한 이미지를 상상하고 표현할 수 있다. 이러한 과정은 독자의 글쓰기 능력을 향상시키고, 더 풍부하고 깊이 있는 글을 작성하는 데 도움을 준다.

(2) 언어의 음악성 경험하기

언어의 음악성을 경험하는 것은 시 읽기의 중요한 요소이다. 이는 시의 리듬, 운율, 음향 등을 통해 이루어진다.

① 리듬과 운율 이해하기

• 운율 분석: 시의 운율을 분석한다. 각운, 음보, 행 간의 리듬 등을 파악하여 시의 음악적 요소를 이해한다. 가령, 셰익스피어의 소네트 "18번"을 읽을 때, 운율을 분석한다. 이 시는 'abab cdcd efef gg'와 같은 각운을 사용한다. 또한, 음보(강세와 약세의 패턴)를 파악하여 시의 음악적 요소를 이해한다. 이를 통해 각운과 음보가 시의 리듬을 어떻게 형성하는지 배우게 된다.

• 리듬 감각: 시의 리듬을 느끼며 읽는다. 이를 통해 언어의 흐름과 리듬을 경험하고, 자신의 글에 적용할 수 있는 방법을 배운다. 가령, 로버트 프로스트의 시 "눈 내리는 저녁 숲가에 서서"를 읽으며 리듬을 느낀다. '어두워지고 어두워진다' 같은 구절을 소리 내어 읽으며 시의 리듬을 경험한다. 이를 통해 시의 언어적 흐름과 리듬을 느끼고, 자신의 글쓰기에도 적용할 수 있는 방법을 배운다.

② 음향의 효과

• 음성적 기법: 시에서 사용되는 음성적 기법(예: 운율, 자음과 모음의 반복, 어휘의 음향적 선택)을 분석한다. 이러한 기법이 시의 분위기와 감정에 어떻게 영향을 미치는지 이해한다. 가령, 에드거 앨런 포의 시 "종"을 읽으며 음성적 기법을 분석한다. 이 시는 자음과 모음의 반복을 통해 음향적 효과를 극대화한다. 예를 들어, 에드거 앨런 포의 시 The Bells에서 포는 반복적인 음성적 기법을 사용하여 종소리의 다양한 분위기를 표현한다. 시의 일부 구절을 보면:

How they tinkle, tinkle, tinkle,
In the icy air of night!
While the stars that oversprinkle
All the heavens, seem to twinkle
With a crystalline delight;

여기에서 자음 't'의 반복은 종이 딸랑딸랑(tinkle) 울리는 소리를 직접적으로 묘사한다. 't' 소리의 경쾌한 울림은 종소리의 맑고 가벼운 느낌을 강조하며, 'tinkle', 'twinkle', 'sprinkle'과 같은 단어들은 시에 생동감을 더해 준다. 이러한 음향적 요소는 시의 밝고 경쾌한 분위기를 만들어 주고, 독자에게 긍정적이고 가벼운 감정을 전달한다.

• 낭독과 청각적 경험: 시를 소리 내어 읽으며 청각적으로 경험한다. 이를 통해 시의 음향적 아름다움을 느끼고, 자신의 글쓰기에서 음향을 효과적으로 활용하는 방법을 배운다. 가령, 월트 휘트먼의 시 "나 자신의 노래"를 소리 내어 읽으며 청각적으로 경험한다. 낭독을 통해 시의 리듬과 음향적 아름다움을 느끼고, 언어의 흐름을 체험한다. 이를 통해 자신의 글쓰기에서도 음향적 요소를 효과적으로 활용하는 방법을 배운다. 예를 들어, 특정 구절을 소리 내어 읽으며 리듬과 운율이 어떻게 형성되는지 체감할 수 있다.

리듬과 운율을 이해하는 것은 시의 음악적 요소를 경험하고, 이를 글쓰기에도 적용할 수 있게 한다. 운율 분석을 통해 각운과 음보를 파악하고, 리듬 감각을 통해 언어의 흐름을 느끼며 경험한다. 또한, 음성적 기법을 분석하고, 시를 낭독하여 청각적으로 경험함으로써 시의 음향적 아름다움을 이해하고, 자신의 글쓰기에서 이를 효과적으로 활용하는 방법을 배운다.

출력을 위한 시 읽기는 시의 감정과 이미지 표현 방법을 배우고, 언어의 음악성을 경험하여 이를 자신의 창작에 적용하는 것을 목표로 한다. 이러한 과정을 통해 독자는 시의 아름다움을 깊이 이해하고, 자신의 글에 보다 풍부한 표현과 리듬을 부여할 수 있다. 이는 글쓰기 능력을 향상시키고, 독자에게 더 큰 감동과 공감을 불러일으킬 수 있는 능력을 기르는 데 중요하다.

4) 에세이 읽기

출력을 위한 에세이 읽기는 개인적 경험과 사상을 효과적으로 표현하고, 논리적 전개와 설득력을 강화하는 방법을 배우는 것을 목표로 한다. 에세이를 읽으며 이러한 기술을 습득함으로써 자신의 글쓰기에 적용할 수 있다. 이는 단순히 에세이를 이해하는 것을 넘어, 읽은 내용을 비판적으로 분석하고, 자신의 글에 활용하는 과정을 포함한다.

(1) 개인적 경험과 사상 표현하기

에세이를 통해 개인적 경험과 사상을 효과적으로 표현하는 방법을 배우는 것은 다음과 같다.

① 개인적 경험의 서술

• 구체적인 에피소드 선택: 에세이에서 저자가 사용하는 구체적이고 생생한 에피소드를 분석한다. 이는 독자에게 감정을 전달하고 공감을 불러일으키는 데 중요한 역할을 한다. 가령, 에세이에서 저자가 어린 시절 여름 방학에 가족과 함께 캠핑을 갔던 경험을 이야기한다. 그는 특정 장면, 예를 들어 캠프파이어 주변에서 가족이 함께 노래를 부르던 순간을 생생하게 묘사한다. 이를 통해 독자는 저자의 경험을 더 잘 이해하고 공감할 수 있다. 구체적인 에피소드는 독자에게 감정을 전달하고, 생생한

이미지를 떠올리게 한다.

• 감정 표현: 저자가 자신의 감정을 어떻게 표현하는지 살펴본다. 이를 통해 자신의 경험을 감정적으로 풍부하게 표현하는 방법을 배울 수 있다. 가령, 저자가 캠핑 당시 느꼈던 따뜻함과 행복감을 표현한다. 그는 '그 순간, 나는 세상에서 가장 행복한 사람이었다'고 서술하며, 그 감정을 전달하기 위해 구체적인 단어와 비유를 사용한다. 예를 들어, '캠프파이어의 따뜻함이 내 마음을 녹이는 듯했다'고 표현한다. 이를 통해 독자는 저자의 감정을 더 깊이 이해하고, 자신의 경험에서도 비슷한 감정을 떠올릴 수 있다.

② 사상의 전달

• 명확한 주제 설정: 에세이의 주제를 명확하게 설정하고, 이를 중심으로 사상을 전개하는 방식을 분석한다. 이는 글의 일관성을 유지하는데 도움이 된다. 가령, 에세이의 주제를 '자연에서의 삶의 소중함'으로 설정한다. 저자는 캠핑 경험을 통해 자연 속에서 느낀 평화와 소중함을 중심으로 이야기를 전개한다. 예를 들어, '자연 속에서 우리는 진정한 행복을 찾을 수 있다'라는 명확한 주제를 설정하고, 이를 통해 자신의 사상을 전개한다. 주제를 명확하게 설정하면 글의 일관성을 유지하고, 독자가 저자의 메시지를 쉽게 이해할 수 있다.

• 개인적 통찰: 저자가 자신의 사상과 통찰을 어떻게 전달하는지 살펴본다. 이를 통해 자신의 사상을 명확하고 설득력 있게 표현하는 방법을 배울 수 있다. 가령, 저자는 캠핑 경험을 통해 얻은 통찰을 독자에게 전달한다. 예를 들어, "자연에서의 경험은 나에게 삶의 진정한 의미를 깨닫게 해주었다"라고 서술한다. 그는 자연과의 연결이 왜 중요한지, 그리고 그 경험이 자신의 삶에 어떤 영향을 미쳤는지를 설명한다. 이를 통해 독자는 저자의 사상을 명확하고 설득력 있게 이해할 수 있다. 저자의 개인적 통찰은 독자에게 깊은 인상을 남기고, 글의 설득력을 높인다.

개인적 경험과 사상을 효과적으로 표현하는 방법을 배우는 것은 에세이에서 중요한 부분이다. 구체적인 에피소드 선택과 감정 표현을 통해 독자는 저자의 경험에 공감하고, 명확한 주제 설정과 개인적 통찰을 통해 저자의 사상을 명확하게 이해할 수 있다. 이러한 과정을 통해 독자는 자신의 글쓰기에 더 깊이 있는 표현과 설득력을 더할 수 있다.

(2) 논리적 전개와 설득력 강화

논리적 전개와 설득력을 강화하는 방법은 에세이 읽기를 통해 배울 수 있다. 이는 다음과 같다.

① 논리적 구조 분석

• 서론, 본론, 결론 구조: 에세이의 구조를 분석하여, 서론에서 주제

를 제시하고, 본론에서 논리를 전개하며, 결론에서 요약하고 마무리하는 방식을 이해한다. 한 에세이가 '기후 변화의 영향'을 주제로 한다고 가정해보자.

서론: 에세이의 시작 부분에서 저자는 기후 변화가 왜 중요한 주제인지 설명하고, 독자의 관심을 끌기 위해 몇 가지 충격적인 통계를 제시한다. 예를 들어, "지난 50년 동안 지구의 평균 온도가 1.2도 상승했다"고 말하며, 기후 변화의 심각성을 강조한다. 서론에서는 주제를 명확하게 제시하고, 독자가 에세이를 읽는 목적을 알게 한다.

본론: 에세이의 본론에서는 저자가 주제에 대해 깊이 있게 논의한다. 예를 들어, 첫 번째 문단에서는 기후 변화의 원인(산업화, 이산화탄소 배출 등)에 대해 설명하고, 두 번째 문단에서는 기후 변화가 환경에 미치는 영향을 논의한다. 세 번째 문단에서는 기후 변화가 인간 사회에 미치는 영향을 다루며, 각 문단에서 논리를 체계적으로 전개한다. 각 문단은 명확한 주제를 가지고 있으며, 논리적으로 연결되어 있다.

결론: 에세이의 결론에서는 본론에서 논의한 내용을 요약하고, 주제에 대한 최종적인 견해를 제시한다. 예를 들어, "기후 변화는 우리 세대가 직면한 가장 큰 도전 중 하나이며, 이를 해결하기 위해 즉각적인 조치가 필요하다"라고 결론짓는다. 결론에서는 독자에게 강한 인상을 남기

고, 에세이의 주제를 다시 한 번 강조한다.

• 논리적 연결: 각 문단과 문장 사이의 논리적 연결을 분석한다. 이는 논리적 흐름을 유지하는 데 중요하다. 에세이의 본론에서 기후 변화의 원인과 영향을 논의할 때, 각 문단 사이에 논리적 연결을 유지한다.

문단 연결: 첫 번째 문단에서 기후 변화의 원인을 설명한 후, 두 번째 문단을 시작할 때 "이러한 원인들은 환경에 심각한 영향을 미치고 있다"라고 연결한다. 이렇게 하면 독자는 각 문단이 어떻게 연결되는지 쉽게 이해할 수 있다.

문장 연결: 각 문단 내에서도 문장 간의 논리적 연결을 유지한다. 예를 들어, "산업화는 이산화탄소 배출을 증가시켰다. 이산화탄소 배출은 지구 온난화의 주요 원인이다"와 같이 논리를 일관되게 전개한다.

논리적 전개와 설득력을 강화하는 방법은 에세이 읽기를 통해 배울 수 있다. 서론, 본론, 결론 구조를 분석하여 각 부분이 어떻게 주제를 제시하고 논리를 전개하며 마무리하는지 이해한다. 또한, 각 문단과 문장 사이의 논리적 연결을 분석하여 논리적 흐름을 유지하는 방법을 배운다. 이를 통해 독자는 자신의 글을 더 논리적으로 구성하고, 독자에게 더 설득력 있게 전달할 수 있다.

논리적 전개와 설득력을 강화하는 방법은 에세이 읽기를 통해 배울 수 있다. 서론, 본론, 결론 구조를 분석하여 각 부분이 어떻게 주제를 제시하고 논리를 전개하며 마무리하는지 이해한다. 또한, 각 문단과 문장 사이의 논리적 연결을 분석하여 논리적 흐름을 유지하는 방법을 배운다. 이를 통해 독자는 자신의 글을 더 논리적으로 구성하고, 독자에게 더 설득력 있게 전달할 수 있다.

(3) 근거와 예시 활용

근거와 예시를 활용하는 것은 에세이에서 주장을 뒷받침하고 설득력을 높이는 중요한 방법이다. 이를 통해 독자는 자신의 주장을 더 명확하고 효과적으로 전달할 수 있다.

• 타당한 근거 제시: 저자가 자신의 주장을 뒷받침하기 위해 사용하는 근거를 분석한다. 이는 논리적 설득력을 높이는 데 중요한 역할을 한다. 가령, 한 에세이가 "재생 에너지가 미래의 에너지 해결책이다"라는 주장을 한다고 가정해보자.

타당한 근거: 저자는 자신의 주장을 뒷받침하기 위해 여러 타당한 근거를 제시한다. 예를 들어, "재생 에너지는 환경 오염을 줄일 수 있다"라는 주장을 뒷받침하기 위해, 여러 연구 결과를 인용한다.

근거 1: "2019년 하버드 대학 연구에 따르면, 태양광 발전은 화석 연료에 비해 탄소 배출을 90% 이상 줄일 수 있다."

근거 2: "세계보건기구(WHO)는 재생 에너지의 사용이 대기 오염을 줄여 공중 보건을 향상시킬 수 있다고 보고했다."

이러한 타당한 근거는 저자의 주장을 논리적으로 설득력 있게 만들고, 독자가 주장을 더 신뢰할 수 있게 한다.

- 구체적 예시 사용: 저자가 자신의 주장을 설명하기 위해 사용하는 구체적 예시를 살펴보자. 이는 주장을 더 명확하고 설득력 있게 만든다. 가령, 같은 에세이에서 저자는 재생 에너지가 실제로 효과를 보고 있는 사례를 제시한다.

구체적 예시: 저자는 독자가 더 쉽게 이해할 수 있도록 구체적인 예시를 사용한다. 예를 들어, "덴마크는 전력의 50% 이상을 풍력으로 생산하고 있으며, 이를 통해 연간 1억 톤 이상의 이산화탄소 배출을 감소시켰다." 이처럼 구체적이고 실제적인 예시는 저자의 주장을 더욱 명확하고 설득력 있게 만든다.

예시 1: "덴마크의 풍력 발전 사례는 재생 에너지가 어떻게 대규모로 적용될 수 있는지를 보여준다. 덴마크는 2020년에 전력의 52%를 풍력으로 공급했으며, 이는 화석 연료 사용을 크게 줄였다."

예시 2: "캘리포니아 주는 태양광 발전을 통해 매년 3억 달러의 전력 비용을 절감하고 있다. 이는 재생 에너지가 경제적으로도 효과적일 수 있음을 증명한다."

이러한 구체적 예시는 독자가 주제와 관련된 실질적인 사례를 이해하고, 저자의 주장을 더 명확하게 인식하게 도와준다.

(4) 반론 제시와 대응

에세이에서 저자가 예상되는 반론을 제시하고 대응하는 방법을 분석하는 것은 글의 설득력을 높이는 데 도움이 된다. 또한, 객관적 시각을 유지하는 방법을 배우는 것은 독자의 신뢰를 얻는 데 중요하다. 가령, 한 에세이가 "재생 에너지가 미래의 에너지 해결책이다"라는 주장을 한다고 가정해보자.

반론 예상: 저자는 "재생 에너지는 비싸고, 불안정하다"는 반론을 예상할 수 있다. 이러한 반론을 미리 제시하고, 이에 대해 대응하는 방법을 분석한다.

반론 제시: "일부 사람들은 재생 에너지가 초기 비용이 높고, 날씨에 따라 변동이 심해 신뢰할 수 없다고 주장한다."

대응: 저자는 이러한 반론에 대해 다음과 같이 대응할 수 있다. "재생 에너지는 초기 설치 비용이 높을 수 있지만, 장기적으로는 화석 연료에 비해 유지 비용이 낮아 경제적으로 더 유리하다. 예를 들어, 덴마크는 재생 에너지에 투자한 이후 전력 비용을 크게 절감했다. 또한, 기술의 발전으로 재생 에너지의 효율성과 안정성이 크게 향상되었다. 예를 들어, 최신 태양광 패널과 풍력 터빈은 이전보다 훨씬 더 신뢰할 수 있는 전력을 제공한다."

이렇게 반론을 예상하고 대응하는 것은 독자에게 저자의 주장이 더 타당하다는 확신을 줄 수 있다.

- 객관적 시각 유지: 저자가 자신의 주장에 대해 객관적이고 공정한 시각을 유지하는 방법을 배운다. 즉, 저자는 자신의 주장을 지지하는 근거뿐만 아니라, 반대 의견도 공정하게 다룬다. 이는 독자의 신뢰를 얻는 데 중요하다. 가령, 저자가 "기후 변화는 인류의 생존에 중대한 위협이다"라는 주장을 하는 에세이를 작성한다고 가정해보자.

반대 의견 제시: "일부 연구자들은 기후 변화의 영향이 과장되었다고 주장한다."

객관적 대응: 저자는 이 반대 의견을 무시하지 않고, 이를 공정하게 다룬다. "이러한 주장도 있지만, 다수의 과학자들은 기후 변화의 심각성을 지지하는 강력한 증거를 제시한다. 예를 들어, IPCC 보고서는 전 세계적으로 기후 변화가 생태계와 인간 사회에 미치는 부정적인 영향을 상세히 설명하고 있다."

이렇게 객관적 시각을 유지하는 것은 독자가 저자의 주장을 더 신뢰하게 만든다. 반론 제시와 대응, 그리고 객관적 시각 유지는 에세이에서 주장을 설득력 있게 만드는 중요한 요소다. 저자가 예상되는 반론을 미리 제시하고 이에 대해 논리적으로 대응하는 것은 글의 타당성을 높인다. 또한, 객관적 시각을 유지하여 반대 의견을 공정하게 다루는 것은 독자의 신뢰를 얻는 데 중요하다. 이러한 방법을 통해 독자는 자신의 글을 더 설득력 있고 신뢰할 수 있게 만들 수 있다.

출력을 위한 에세이 읽기는 개인적 경험과 사상을 효과적으로 표현하고, 논리적 전개와 설득력을 강화하는 방법을 배우는 것을 목표로 한다. 이러한 독서 방법을 통해 독자는 에세이의 다양한 표현 기법과 논리적 구조를 익혀 자신의 글에 적용할 수 있다. 이는 글쓰기 능력을 향상시키고, 독자에게 명확하고 설득력 있는 메시지를 전달하는 데 중요한 역할을 한다.

4. 출력독서법의 목적과 방법

출력독서법은 단순히 텍스트를 읽고 이해하는 것을 넘어서, 학습 내용을 자신의 것으로 소화하고 이를 효과적으로 표현하는 방법을 의미한다.

1) 학습 내용을 소화하고 자신의 말로 표현하기

① 목적: 학습한 내용을 자신의 말로 재구성하여 이해를 깊게 하고, 기억을 강화한다.

② 방법: 학습한 내용을 자신의 언어로 요약하고 설명하는 것은 이해도를 높이는 데 매우 효과적이다.

③ 사례: 한 학생이 '기후 변화의 원인과 결과'에 대한 책을 읽는다고 가정하자.

• 과정: 학생은 책의 내용을 읽고 이해한 후, 이를 자신의 말로 요약한다. 예를 들어, "기후 변화는 주로 인간의 활동, 특히 화석 연료 사용과 관련이 있다. 이로 인해 대기 중의 이산화탄소 농도가 증가하고, 이는 지구 온난화를 초래한다."

• 결과: 학생은 학습 내용을 자신의 언어로 표현함으로써 이해를 깊게 하고, 더 오래 기억할 수 있게 된다. 또한, 자신의 말로 설명하는 과정

에서 이해가 부족한 부분을 발견하고, 이를 보완할 수 있는 기회를 갖게 된다.

2) 자신의 관점과 느낌 정리하기

① 목적: 학습한 내용에 대한 자신의 관점과 느낌을 명확히 하여, 비판적 사고를 발전시킨다.

② 방법: 학습한 내용을 바탕으로 자신의 생각과 느낌을 정리하는 것은 비판적 사고를 기르는 데 필수적이다.

③ 사례: 같은 학생이 기후 변화의 책을 읽은 후, 자신의 관점을 정리한다.

• 과정: 학생은 읽은 내용을 바탕으로 기후 변화에 대한 자신의 생각을 기록한다. "나는 기후 변화가 인류의 지속 가능성을 위협한다고 생각한다. 특히, 기후 변화로 인한 극단적인 날씨 패턴이 농업과 식량 공급에 미치는 영향이 우려된다."

• 결과: 학생은 자신의 관점을 명확히 하고, 이를 통해 비판적 사고를 발전시킨다. 자신의 생각을 글로 표현함으로써 논리적으로 사고하는 능력을 기를 수 있으며, 다양한 관점을 고려하고 평가하는 능력을 키울 수 있다.

3) 논리적 구조로 재구성하기

① 목적: 학습한 내용을 체계적으로 정리하여, 논리적인 사고와 글쓰기 능력을 향상시킨다.

② 방법: 학습한 내용을 논리적인 구조로 재구성하여 체계적으로 정리하는 것은 논리적 사고를 기르는 데 중요하다.

③ 사례: 학생이 기후 변화에 대한 에세이를 작성한다고 가정하자.

• 과정: 학생은 읽은 내용을 논리적인 구조로 재구성한다. 서론에서 기후 변화의 중요성을 제시하고, 본론에서 원인과 결과를 논리적으로 설명하며, 결론에서 해결책을 제안한다. "서론: 기후 변화의 중요성. 본론: 원인 – 화석 연료 사용, 결과 – 지구 온난화. 결론: 재생 에너지로의 전환 필요성."

• 결과: 학생은 논리적이고 체계적인 글을 작성함으로써, 글쓰기 능력을 향상시킨다. 논리적인 구조를 사용함으로써 독자가 글의 전개를 쉽게 따라갈 수 있게 하며, 자신의 주장을 명확하고 일관되게 전달할 수 있다.

4) 다양한 표현 기법 활용하기

① 목적: 학습한 내용을 효과적으로 전달하기 위해 다양한 표현 기법

을 익힌다.

② 방법: 다양한 표현 기법을 활용하여 학습한 내용을 더욱 생생하고 명확하게 전달할 수 있다.

③ 사례: 학생이 기후 변화에 대한 발표를 준비한다고 가정하자.

- 과정: 학생은 비유와 은유를 사용하여 기후 변화를 설명한다. "지구는 마치 뜨거운 담요에 덮여 있는 것과 같다. 이 담요는 이산화탄소로 만들어졌으며, 지구를 점점 더 뜨겁게 만든다." 또한, 시각적 자료를 사용하여 데이터와 통계를 시각적으로 보여준다.

- 결과: 학생은 다양한 표현 기법을 활용하여 내용을 더 효과적으로 전달할 수 있다. 비유와 은유를 사용하여 복잡한 개념을 쉽게 이해할 수 있게 하고, 시각적 자료를 통해 정보를 더 명확하게 전달할 수 있다.

출력독서법의 목적은 학습한 내용을 소화하고 자신의 말로 표현하며, 자신의 관점과 느낌을 정리하고, 논리적 구조로 재구성하고, 다양한 표현 기법을 활용하는 것이다. 이러한 방법을 통해 독자는 학습 내용을 더 깊이 이해하고, 이를 효과적으로 표현하는 능력을 향상시킬 수 있다. 이를 통해 독자는 더 나은 글쓰기를 할 수 있고, 자신의 생각을 명확하고 설득력 있게 전달할 수 있다.

5. 수사학적 글쓰기: 서평, 신문기사 쓰기

수사학과 논리학은 인간의 사고와 의사소통 방식을 다루는 두 학문이며, 서로 깊은 연관성을 지니고 있다. 각 학문의 기본적인 특징과 논리학과 수사학은 어떤 상호관계가 있는가? 논리학은 논증의 구조와 유효성에 관심을 둔다. 이는 어떤 주장이 참인지 거짓인지 판단하기 위한 방법론과 규칙들에 관한 학문이다. 논리학은 사고의 일관성과 정확성을 평가하며, 논증이 어떻게 구성되어야 하는지, 어떤 논증이 타당하고 어떤 논증이 그렇지 않은지에 대해 연구하는 학문이다.

수사학은 언어와 의사소통을 통해 남을 설득하는 기술과 방법에 관한 학문이다. 이는 특히 공개적인 환경에서, 예를 들어 정치적 연설이나 변론 등에서의 설득력 있는 발표와 관련 있다. 수사학은 논증뿐만 아니라 감정, 가치, 신념 등 다양한 인간의 의사소통 측면을 다룬다. 논리적인 논증은 설득의 중요한 구성 요소이다. 수사학에서는 논리학의 원칙을 사용하여 타당하고 설득력 있는 메시지를 구성하는 방법을 배울 수 있다.

반면, 단순히 논리적인 논증만으로는 대중을 설득하는 데 한계가 있을 수 있다. 수사학은 이러한 한계를 극복하기 위해 감정적, 윤리적, 문화적 요소를 어떻게 효과적으로 활용할지에 대한 방법을 제공한다. 논리학에서 배운 타당한 논증의 구조와 규칙을 바탕으로 수사학적 기술을 활용하면, 더 넓은 관점에서 사람들을 설득하고 영향을 미칠 수 있다.

1) 수사학으로 서평 쓰기

독후감과 서평은 책에 대한 반응을 기록하는 글쓰기의 형태이지만 그 목적과 특성에 차이가 있다. 독후감은 주로 책을 읽고 느낀 개인적인 감상과 생각을 표현하는 반면, 서평은 책의 내용에 대한 객관적인 평가와 분석을 중점적으로 다룬다. '서평'이라는 단어의 어원은 '쓸 경찰 서' 자와 '꿆을 평' 자로 구성되어 있어, 책의 내용을 평가하는 의미를 담고 있다. 사전적 정의에 따르면 서평은 책의 내용, 그것의 장단점, 구조 등을 평가하는 글이라 할 수 있다.

읽기 능력은 글을 해독하는 초보적인 단계를 넘어서 그 내용의 깊은 층에 있는 의미나 주제를 정확하게 포착하고 이해하는 능력을 의미한다. 그럴 뿐만 아니라, 그러한 내용을 기반으로 비판적 사고를 통해 본질적인 메시지나 작가의 의도를 분석하고 해석하는 능력도 포함된다. 이러한 읽기 능력은 훈련과 경험을 통해 점차 향상될 수 있다. 놀랍게도, 같은 책을 읽더라도 개인의 읽기 능력에 따라 얻게 되는 깨달음이나 통찰은 천차만별로 다를 수 있다.

서평은 단순히 책의 내용을 전달하는 것을 넘어, 작가와 독자 그리고 평론가 사이의 다양한 관점과 해석이 교차하는 소통의 공간이다. 작가가 쓴 원본의 메시지를 평론가가 자신의 시각으로 해석하고, 그 해석을 다시 독자에게 전달하는 과정에서 새로운 의미나 관점이 탄생하기도 한다. 서평의 중요한 역할 중 하나는 저자의 메시지를 깊이 파악하고, 그것을 대중에게 효과적으로 소개하고 전달하는 것이다. 임정섭이 지적한 것처럼, 독후감과 서평은 각각의 방식으로 저자와 독자 사이의 대화를 끌어내는 도구로 작동한다.

(1) 배경(information): 서지 정보(저자, 출판사, 연도)

배경(information)은 작품의 풍부한 이해를 위한 필수적인 출발점이다. 작품의 서지 정보는 물론, 그 작품이 어떤 시대적·사회적 맥락 속에서 탄생했는지, 저자의 생애나 그의 다른 작품들과 어떤 관련이 있는지를 살펴볼 수 있다. 이러한 정보는 작품의 깊은 의미와 메시지를 파악하는 데 큰 도움을 제공하며, 독자가 작품에 더욱 몰입할 수 있게 한다.

조지 오웰의 1949년 작품 『1984』는 공상과학 장르의 명작으로 꼽히며, 오웰의 주요 작품 중에서도 두드러진 위치를 차지한다. 오웰은 당시 세계의 빠르게 변화하는 정치 풍향과 기술 발전의 부작용을 예측하며, 이를 통해 독자에게 경고의 메시지를 전하려 했다. 그의 예언처럼 그려진 미래의 세계는 개인의 자유가 완전히 제약되고, 모든 것이 권력에 의해 감시받는 현실을 그린다. 이 작품은 그 출판된 이후로 세계 여러 나라에서 큰 주목을 받았으며, 현재까지도 그 영향력을 유지하며 많은 독자의 마음을 사로잡고 있다.

(2) 내용(outline): 책의 줄거리 혹은 핵심 내용

『1984』는 조지 오웰이 상상한 미래의 독재 사회를 그린 소설이다. 이 작품 속의 세계에서는 '빅 브러더'라는 전지전능한 지도자가 모든 것을 통제하며, 시민들의 사생활과 자유는 사라졌다. 주인공 윈스턴 스미스는 이 체제에 의문을 품고 반란을 꿈꾸지만, 끝내는 체제의 감시와 세뇌에 굴복하게 된다. 오웰은 이를 통해 권위주의와 감시 문화의 위험성, 그리고 개인의 자유와 가치에 대한 중요성을 강조한다.

(3) 소감(thought): 책을 읽고 난 뒤의 느낌, 생각, 의견, 평가

가능한 한 간결하게, 그러나 작품의 전체적인 느낌이나 분위기를 잃지 않게 요약한다. 『1984』는 조지 오웰의 예리한 관찰력으로 그려진 미래의 독재 사회를 중심으로 한다. '빅 브러더'의 철저한 감시 아래, 주인공 윈스턴은 자신의 자유와 가치를 찾아 투쟁하나 실패에 이른다. 오웰은 이를 통해 개인의 권리와 가치의 중요성 그리고 권위주의의 위험성에 대해 강조한다.

결국, 서평이나 독후감은 저자와 독자, 서로 간의 대화와 이해를 나누는 인간적인 활동이다. 그렇다면 어떻게 저자와 의미 있는 대화를 나눌 수 있을까? 좋은 대화를 위해서는 독서를 통해 내용의 핵심을 잘 파악하는 능력이 필요하다. 대화의 본질은 상대방의 말의 핵심을 이해하고, 그것을 바탕으로 제 생각을 나누는 것이다. 대화에서 상대방의 말은 핵심 주제와 그 주변의 부수적인 내용으로 구성되어 있다. 대화의 기술은 상대방의 말의 핵심을 정확히 이해하고 그것을 기반으로 제 생각을 연결하는 것이다. 이러한 핵심을 빠르게 파악하고 요약하는 능력은 독서를 통해 지속적으로 연습함으로써 향상될 수 있다.

a. 서평은 재창조다

서평은 단순한 책의 내용 전달 이상의 가치를 지녔다. 그것은 단순히 작가의 생각을 요약하는 것이 아니라, 그 작품을 통해 느낀 서평자 자신의 감정과 생각, 그리고 그에 따른 판단까지 모두 포함된다. 이러한 서평은 독자에게 책에 대한 다양한 시각을 제공하며, 작품의 깊은 이해를 도와준다.

서평을 쓰는 과정에서는 작품의 내용뿐만 아니라, 그 내용에 대한 자신의 관점과 생각을 명확히 표현해야 한다. 이것은 서평이 단순한 요약이 아닌, 작품에 대한 개인적인 해석과 평가를 담고 있기 때문이다. 그러한 서평은 독자에게 또 다른 관점에서의 작품 해석을 제공하게 된다.

단순히 '좋다', '나쁘다'와 같은 주관적인 판단만을 내린다면, 그 서평은 신뢰성을 잃게 된다. 서평자는 자신의 주장이나 평가에 대한 충분한 근거나 논리를 제시해야 한다. 이렇게 함으로써 독자는 서평자의 의견에 동의하거나, 반대 의견을 갖게 될 수 있다.

서평자의 주장이나 평가를 제시할 때, 그 뒷받침이 되는 논리나 근거는 필수적이다. 그렇게 함으로써 서평은 훨씬 더 설득력 있게 되고, 독자도 그 주장의 타당성을 판단할 수 있게 된다. 건강한 비평 문화는 이러한 근거 있는 주장과 토론을 통해 더욱 성숙해진다.

b. 네 가지를 파악하라

서평자에게는 몇 가지 갖추어야 요소들이 있다. 첫째, 책에 대한 비판적 태도이다. 좋은 서평은 단순히 찬양이나 비판에 치우치지 않는다. 균형 잡힌 시각에서 책의 메시지와 표현 방식을 분석해야 한다. 이를 통해 독자는 책의 가치를 더 명확하게 이해할 수 있다. 서평자는 자신의 견해를 뚜렷이 제시하되, 그 근거를 명확히 알려주어야 한다.

둘째, 그 분야에 지식과 경험이 있어야 한다. 서평자는 그 자체로도 지식의 소유자여야 한다. 다양한 책을 읽고 다양한 경험을 통해 안목을 넓혀야 한다. 이러한 배경지식이 있어야만 책의 내용을 깊이 있게 이해하고, 그것을 독자에게 전달하는 데 필요한 통찰력을 가질 수 있다.

셋째, 재료의 중요성이다. 좋은 서평을 위해서는 우선 좋은 책이 필요하다. 서평자는 책 선택에서도 큰 책임감을 느껴야 한다. 책의 품질과 내용, 그리고 그것이 독자에게 어떤 가치를 전달해 줄 수 있는지를 고려하여 선택해야 한다.

넷째, 핵심 파악이다. 서평자는 책의 핵심을 빠르고 정확하게 파악해야 한다. 이것은 서평의 품질을 결정짓는 중요한 요소이다. 저자의 의도와 주요 내용, 그리고 그것을 통해 전달하려는 메시지를 명확히 이해하고 그것을 독자에게 잘 전달하는 것이 중요하다.

다섯째, 서평의 기본 요소를 알고 서평해야 한다. 좋은 서평은 여러 가지 요소로 구성된다. 책의 내용 요약, 저자의 의도 파악, 그리고 서평자의 개인적인 생각과 평가가 조화롭게 들어가야 한다. 이러한 요소들이 잘 조합되어야만 서평이 독자에게 진정한 가치를 전달할 수 있다.

① 논지 파악: 이 작품이 말하려는 것이 한마디로 무엇인가?

논지 파악은 작품의 핵심 주제나 중심 생각을 이해하고 정리하는 과정으로, 풍부한 해석을 가능하게 한다. 무엇보다 작품과 작가의 의도를 깊게 이해하려면 논지를 파악하는 것이 필수적이다. 이를 통해 독자는 작품에 대한 더 깊은 통찰력을 얻게 된다. 작품의 논지는 그 작품의 심장과도 같은 존재로, 이를 파악하면 작품 전체의 구성과 의미가 명확해진다.

작품을 종합적으로 이해하기

작품을 완전히 읽는 것은 논지 파악의 첫 걸음이다. 한 부분만을 집중적으로 읽거나 중간중간 건너뛰면 핵심 주제를 놓칠 위험이 있다. 특히, 작품의 시작과 끝, 주요 사건들은 그 논지를 이해하는 데 큰 힌트가 될 수 있다. 작품을 여러 번 읽으면서 변화하는 감정과 생각에 주목하면, 논지에 접근하기 더 쉬워질 것이다.

작품 내의 반복되는 테마와 모티브

작품 내에서 자주 등장하거나 강조되는 주제, 상징, 모티브는 그 작품의 논지와 깊은 연관이 있다. 예를 들어, 『1984』에서 '빅 브러더'의 감시는 권력과 통제의 상징으로서 주요 논지에 연결되는 모티브이다. 이러한 반복되는 요소들을 주의 깊게 살펴보면, 작품의 깊은 의미와 메시지를 발견할 수 있다.

저자의 배경과 작품의 시대적 맥락

작품은 그것이 탄생한 시대와 배경, 그리고 작가의 개인적 경험과 생각에 따라 크게 영향을 받는다. 『1984』의 경우, 조지 오웰은 당시의 사회적, 정치적 환경 속에서 토탈리테리언주의에 대한 우려를 표현하였다. 작품의 시대적 맥락과 작가의 배경을 이해함으로써, 논지의 깊은 층을 탐색할 수 있다.

다양한 관점의 중요성

한 작품은 여러 가지 해석과 관점을 허용한다. 따라서 한 가지 논지나 해석에만 얽매이지 않고, 다양한 관점에서 작품을 바라보는 것이 중요하다. 또한, 다른 독자나 비평가의 의견을 참고하면서 자신의 해석을 확장하거나 깊게 해나가는 것도 논지 파악에 큰 도움이 된다.

② 논증 파악: 그것을 어떻게 증명했는가?

논증은 작품에서 주장하고자 하는 주제나 논점을 논리적으로 전개하여 증명하는 것을 말한다. 논증 파악은 작품의 깊은 이해와 분석을 통해 이루어진다. 작품에서 어떠한 주장을 하고, 그 주장을 지지하기 위해 어떠한 근거나 증거를 제시하는지를 명확히 이해해야 한다. 이러한 과정을 통해 작품의 논리적 구조와 주장의 타당성을 검토할 수 있다. 논증을 파악하는 것은 작품의 논리적 구조와 주장의 깊이를 이해하는 데 중요한 역할을 한다.

주제와 논점의 구분

작품에서 다루는 주제는 넓은 의미의 주제나 테마를 말하며, 논점은 그 주제에 대한 작가의 구체적인 주장이나 생각을 의미한다. 『1984』에서 주제는 '토탈리테리언(Totalitarian) 사회'에 관한 것이다. 이것은 작품 전반에 걸쳐 다루어지는 큰 테마나 백그라운드이다. 그러나 논점은, '토탈리테리언 사회는 어떻게 개인의 자유와 인간성을 억압하는가?'이다. 오웰은 이 논점을 주인공 윈스턴의 경험과 그 주변의 사건들을 통해 구체적으로 전개한다.

증거와 근거의 파악

작품 내에서 제시된 증거나 근거는 그 논점을 지지하는 데 중요한 역할을 한다. 윈스턴 스미스의 삶이나 뉴스페이퍼의 조작, 부당한 법률 등은 『1984』에서 토탈리테리언 사회의 위험성을 증명하는 근거가 된다. 이러한 근거나 증거를 찾아내는 것은 논증 파악의 핵심 과정이다. 『1984』에서 토탈리테리언 사회의 억압적 특징을 증명하는 주요 근거는 여러 가지다. 윈스턴의 직장인 진리성에서의 일, '빅 브러더'의 감시, '생각범'에 대한 처벌, 과거의 기록 조작 등은 모두 그 논점을 지지하는 증거로 작용한다.

작품의 논리적 구조 파악

논증을 파악하기 위해서는 작품의 논리적 구조를 이해해야 한다. 작품 내에서 어떤 주장이 먼저 제시되고, 그다음에 어떤 근거나 증거가 나오는지, 그리고 그 결과로 어떤 결론이 도출되는지를 분석하는 것이 중요하다. 이를 통해 작품의 논리적 흐름과 연결성을 파악할 수 있다. 『1984』의 논리적 구조는 윈스턴의 개인적 경험에서 출발한다. 처음에는 그의 일상을 통해 토탈리테리언 사회의 억압적인 모습을 소개하며, 그 후 윈스턴이 줄리아와 함께 반란을 꿈꾸게 되는 과정을 통해 더 깊은 억압의 형태를 보여준다. 마지막으로 그의 실패와 변절은 그러한 사회에서의 개인의 무력함을 강조한다.

다양한 관점에서의 분석

하나의 작품은 다양한 방법으로 해석될 수 있다. 따라서 논증을 파악할 때도 여러 관점에서 분석하는 것이 중요하다. 다른 독자나 비평가의 의견을 참고하거나, 다양한 관점에서의 분석을 통해 더 깊은 논증의 이해를 얻을 수 있다. 『1984』는 여러 다양한 관점에서 분석될 수 있다. 정치적 관점에서는 권력의 남용과 억압에 대한 비판으로 볼 수 있다. 사회학적 관점에서는 집단의 통제와 개인의 의식 형성 방식에 관해 탐구할 수 있다. 심리학적 관점에서는 윈스턴 내면의 갈등과 변절의 과정을 통해 개인의 정체성과 사회 압박 간의 관계를 다룰 수 있다. 이렇게 여러 관점에서의 분석은 『1984』에 대한 깊은 이해를 도울 수 있다.

③ 전개 파악: 그 과정이 올바른가?

올바른 전개 과정은 논증과 관련된 부분으로, 전개 과정이 타당한지, 논리적으로 일관성이 있는지 등을 확인하는 것이 중요하다. 전개를 파악하는 것은 작품이나 논문, 연구의 논리적 흐름과 일관성을 확인하는 과정이다. 아래는 전개를 올바르게 파악하는 방법을 5단계로 요약한 것이다.

논지 확인

먼저 작품이나 논문에서 주장하는 핵심 논지나 주제를 파악한다. 이는 전체적인 흐름을 이해하는 데 기본적인 출발점이다. 『1984』는 토탈리테리언 정부하에서의 개인의 삶과 사상의 억압을 중심으로 전개된다. 작품의 핵심 논지는 권력의 극한적인 남용과 그로 인한 개인의 자유 및 사상의 손실을 경고하는 것이다.

증거 및 근거 확인

논지를 뒷받침하는 주요 증거나 근거를 찾아본다. 이는 데이터, 사례, 인용문, 연구 결과 등 다양한 형태로 나타날 수 있다. 오웰은 주인공 윈스턴 스미스의 일상을 통해 사회의 억압적인 모습을 독자에게 보여준다. 윈스턴은 이러한 사회에서 반항적인 사상을 갖게 되고, 이를 통해 오웰은 억압적인 정부와 그에 맞서는 개인의 싸움을 묘사한다. 윈스턴 내면의 갈등과 그의 행동은 권력의 억압과 개인의 자유 사이의 논리적인 연결을 제공한다.

논리적 연결성 확인

제시된 증거나 근거가 논지와 어떻게 연결되는지 확인한다. 여기서 중요한 것은 각 증거나 근거가 논지를 지지하는 방식이 논리적으로 일관되어야 한다. 작품의 중간 부분에서, 윈스턴은 줄리아와의 관계를 통해 일시적인 자유를 느끼게 된다. 그러나 그들의 반란은 끝내 실패하고, 이를 통해 오웰은 개인의 저항이 토탈리테리언 체제 앞에서는 얼마나 힘든지를 보여준다.

중간 결론 및 연결점 파악

논문이나 작품은 여러 부분으로 구성되어 있을 수 있다. 각 부분에서 도출되는 중간 결론과 그것들이 어떻게 최종 결론으로 연결되는지를 파악한다. 작품 내에서 윈스턴은 '빅 브러더'에 반대하는 사상을 가진 사람들과 만나게 된다. 이를 통해 오웰은 토탈리테리언 사회에서도 반항하는 개인들이 존재한다는 것을 보여준다. 그러나 최종적으로 이들의 반란은 실패하며, 그 결과로 작품은 개인의 손실과 권력의 승리로 끝나게 된다.

반론 및 대응

올바른 전개 과정에서는 종종 가능한 반론이나 대응하는 의견도 제시될 수 있다. 이러한 부분들을 파악하고, 그에 대한 대응이 어떻게 제시되는지도 확인한다. 『1984』는 토탈리테리언 사회와 그 사회 내에서의 개인의 역할에 대한 깊은 통찰력을 제공하는데, 이 과정에서 반론 및 대응의 예시를 확인할 수 있다. 파티는 사회의 안정성과 평화를 위한 최고의 방법이다. 이는『1984』의 파티 주도자와 그들의 지지자들에 의해 제시되는 주장이다. 이들은 파티의 통치 방식이 오더와 안정을 가져다주며, 그것이 국민의 행복을 위한 최고의 방법이라고 믿는다. 오웰은 주인공 윈스턴을 통해 이러한 주장에 반대한다. 윈스턴은 개인의 자유와 존엄성을 희생하는 토탈리테리언 사회의 악행을 경험하며, 이러한 악행이 사회의 안정성이나 개인의 행복을 위한 것이 아님을 인지한다.

'뉴스피크'와 같은 언어의 변형은 사상의 통제와 개인의 표현을 제한하기 위한 것이다. 파티는 이를 통해 사회의 통제를 강화하려고 한다. 오웰은 이러한 언어의 변형이 사상의 통제와 개인의 자유를 제한하는 수단임을 비판적으로 보여준다. 윈스턴은 '뉴스피크'의 제한된 어휘와 문법을 통해 자기 생각과 감정을 제대로 표현하는 데 어려움을 겪는다.

과거의 기록을 조작하는 것은 사회의 안정성과 질서를 유지하기 위해 필요한 조치다. 윈스턴은 진리성에서 일하며 과거의 기록을 조작하는 작업을 직접 수행한다. 이를 통해 오웰은 과거의 기록을 조작하는 것이 진실을 왜곡하고, 사람들의 인식을 통제하는 파티의 수단임을 지적한다.

이렇게 전개 과정을 단계별로 파악하면, 작품이나 논문의 논리적 흐름과 일관성을 더욱 명확하게 이해할 수 있다. 『1984』는 반론과 대응을 통해 토탈리테리언 사회의 실체와 그 위험성을 깊게 탐구하고 있다.

소설 『1984』에서는 권위주의 국가가 개인의 자유와 권리를 억압하는 것을 그렸다. 주인공 윈스턴이 믿는 이중 사실성의 개념과 더불어, 국가의 조작된 역사를 고발하고 국민을 독려하는 프레임 업이 전개된다. 이러한 내용은 작품 내에서 효과적으로 전개되었는데, 저자 조지 오웰은 당시의 독재적인 정치 상황과 인간 본성에 대한 분석을 통해 이러한 결과가 나타날 수 있다는 것을 전개하면서 소설을 효과적으로 전개했다. 또한, 작품 내에서 국가가 개인의 자유와 권리를 억압하는 과정을 통해 이에 대한 비판과 경고를 전달하는 데에도 효과적으로 사용되었다.

④ 공헌 파악: 그 결과로 이 분야에 무엇을 어떻게 얼마나 공헌하였는가?

공헌 파악은 특정 작품이나 연구가 그 분야에 어떤 이바지했는지, 그 기여가 어떠한 영향을 미쳤는지를 분석하는 것이다.

문헌조사

『1984』의 공헌을 파악하기 위해 먼저 다른 저자들이나 비평가들의 평가를 조사한다. 어떻게 『1984』를 평가하며 어떤 새로운 시각을 제시하는지를 살펴본다. 또한, 이 작품이 발표된 시기와 문화적 맥락을 이해하기 위해 역사적 배경도 파악한다.

주요 개념 및 용어 파악

『1984』에서 제시된 중요한 개념과 용어들을 자세히 분석하여, 이들이 작품 내에서 어떻게 기능하며 어떤 의미를 지니는지를 파악한다. 이 개념들이 현대 사회에서 어떻게 연결되거나 변형되어 사용되는지를 조사하여 작품의 영향력을 확인한다.

사회 및 문화적 영향 분석

『1984』가 발표된 이후의 사회 및 문화적 변화를 조사하면서, 작품의 영향이 어떻게 현실에 반영되었는지를 확인한다. 예를 들어, 인터넷과 디지털 기술의 발전으로 인한 개인정보 보호 문제와의 연결점을 찾아보며 작품이 미래 사회의 경고의 역할을 어떻게 해왔는지를 분석한다.

재평가 및 재해석

현재의 문화적 맥락에서 『1984』를 다시 읽어보고, 그 당시와는 다른 새로운 해석이나 관점이 제시되고 있는지를 파악한다. 또한, 기술과 사회의 변화에 따라 『1984』의 개념들이 어떻게 적용되고 변형되는지를 분석하여 작품의 지속적인 영향력을 확인한다.

시간의 흐름에 따른 영향 분석

『1984』가 출판된 직후의 사회적 반응과 현재의 반응을 비교하여 작품의 인식이나 해석이 시간이 지남에 따라 어떻게 변화했는지를 분석한다. 작품의 영향력이 지속적으로 확대되고 있는지, 혹은 어떤 변화와 함께 사라져 가는지를 확인한다. 이를 통해 작품의 오랜 시간 동안의 공헌을 평가한다.

저자의 발걸음에 대해서 최후의 판단을 내리는 것은, 실은 독자다. 저자는 말할 만큼 말해 버렸으므로 이번에는 독자의 차례다. 책과 대화하는 독자는 상대편이 끝나기를 기다려 발언하는 셈이므로, 겉으로 받아서는 대화가 정연하게 진행되고 있다고 생각할 수 있다. 그러나 독자가 미숙하거나 무례하다면 대화는 결코 제대로 진행되지 않는다. 유감스럽게도 저자는 자기의 처지를 변호할 수 없다. '반론은 최후까지 이야기를 듣고 나서 하기 바란다'라고 허용되지 않는다. 독자가 오해를 하든 빗나간 방법으로 읽든 저자는 항의할 수도 없다.

눈앞의 상대편과 논의할 때도 서로가 예의를 차려야만 잘 되어 간다. 이른바 세속적인 예의만을 두고 말하는 것이 아니다. 정말로 중요한 것은 대화에도 지켜야 할 지적 에티켓이 있다는 것이다. 그것이 없다면 대화는 예사로 말을 주고받는 일에 지나지 않게 되며 유익한 커뮤니케이션은 기대할 수 없다. 좋은 책은 적극적 독서를 할 만하다. 그러나 내용을 이해한 것만으로는 적극적 독서로서 충분하다고 할 수 없다. 비평의 의무를 다함으로써, 즉 판단을 내림으로써 비로소 적극적 독서는 완료된다.

2) 수사학으로 신문기사와 사설 쓰기

신문기사와 사설 쓰기는 둘 다 수사학적 기법을 활용하여 정보 전달과 의견 표현을 목적으로 하는 매체다. 신문 기사는 5W1H를 통해 핵심 정보를 요약적으로 전달하며, 객관적이고 중립적인 언어를 사용하여 사실성을 강조한다. 사설 쓰기는 분명한 주장을 제시하고 논리적 전개를 통해 주장을 뒷받침하며, 다양한 증거와 예시를 활용하여 설득력을 높인다. 이를 통해 두 형식 모두 수사학적 기법을 통해 정보의 정확성과 의견의 강도를 유지하며 독자를 설득하고 영향력을 가질 수 있다.

(1) 신문기사

① 요약적 시작: 신문기사는 핵심 정보를 빠르게 전달해야 한다. '제목', '머리말'에서 핵심 사실을 요약하여 독자의 시선을 끌어야 한다. 신문기사에서는 요약적인 시작이 중요하다. 제목과 머리말에서 핵심 정보를 간결하게 전달하여 독자의 관심을 끌어야 한다. 예를 들어, '환경보호 단체, 새로운 기후 변화 보고서 발표'라는 제목과 함께 기사의 머리말에서 "최근에 발표된 기후 변화 보고서에 따르면, 지구 온난화의 영향이 심각하게 나타나고 있음을 확인했습니다"와 같이 핵심 사실을 요약해 제시할 수 있다. 이로써 독자의 호기심을 자극하고 전체 내용에 관한 관심을 유발할 수 있다.

② 누가, 언제, 어디서, 무엇을: 이를 5W1H(Who, What, When, Where,

Why, How) 기법으로 표현하여 핵심 정보를 명확히 제시한다. 신문기사와 사설 쓰기에서는 5W1H 기법을 활용하여 핵심 정보를 명확히 제시하는 것이 중요하다. 예를 들어, 5W1H 기법을 활용하여 다음과 같이 핵심 정보를 명확하게 전달할 수 있다.

> "지난주, 정부는 새로운 교육 개혁안을 발표했다(When). 이 개혁안은 초중고교 교육 내용의 혁신과 교사들의 교육 수준 향상을 목표로 하고 있습니다(What). 교육부 장관은 기자들에게 이번 개혁안의 필요성을 강조하며 발표했습니다(Who). 이 개혁안은 내년부터 본격적으로 시행될 예정이며, 첫해에는 초등학교 부문부터 시작될 예정입니다(When, Where). 이러한 개혁안은 국가 교육 수준의 향상을 위한 중요한 시도로 평가되고 있습니다(Why). 교육부는 학부모, 교사, 학생들의 의견을 수렴하여 실제 운영 계획을 세울 예정이며, 이에 대한 자세한 내용은 추후 공개될 예정입니다(How)."

③ 객관적인 언어 사용: 신문기사는 객관적이고 중립적인 언어를 사용하여 사실을 전달해야 한다. 주관적인 의견이나 감정은 최소화해야 한다. 신문기사와 사설 쓰기에서는 객관적이고 중립적인 언어 사용이 중요하다. 예를 들어, 다음과 같이 주관적인 표현을 최소화하고 사실을 중심으로 객관적으로 전달하는 것이 중요하다.

"이번 주 정부는 교육 분야의 개혁안을 발표했습니다. 이 개혁안은 교육 내용의 혁신과 교사들의 전문성 강화를 목표로 합니다. 교육부 장관은 기자들에게 이번 개혁안의 중요성을 강조했습니다. 개혁안은 내년부터 단계적으로 시행될 예정이며, 이에 대한 구체적인 세부 내용은 추후 발표될 예정입니다. 이 개혁안에 대한 반응은 다양한 의견을 나타내고 있으며, 학부모, 교사, 학생들의 의견을 고려하여 계획이 조정될 예정입니다."

다른 예를 제시하고자 하면 다음처럼 주관적인 의견을 최소화하고 사실을 객관적으로 제시하여 독자에게 정확한 정보를 전달하는 임무를 수행한다.

"이번 주 정부는 새로운 경제 정책을 발표했습니다. 이 정책은 경제 성장 촉진을 목표로 하고 있으며, 기업들의 투자 확대와 고용 창출을 기대하고 있습니다. 경제학자들은 이 정책의 영향을 분석하면서 긍정적인 측면과 부정적인 측면을 모두 평가하고 있습니다. 이에 대한 논의는 계속될 예정입니다. 정부는 이번 정책이 경제 안정화에 기여할 것으로 기대하고 있습니다."

④ 다양한 정보 제공: 통계, 전문가 의견, 인용구 등 다양한 정보를 활용하여 사실성을 높이고 다각적인 시각을 제공한다. 신문기사와 사설 쓰

기에서는 다양한 정보를 활용하여 사실성을 강조하고 다각적인 시각을 제공한다. 예를 들어, "최근 연구에 따르면, 지난 10년간 국내 소비자들의 구매 패턴이 변화하고 있는 것으로 나타났습니다. 전자상거래의 성장과 함께 오프라인 매장의 매출이 감소하고 있으며, 특히 젊은 세대들이 온라인 쇼핑에 더 많은 관심을 보이고 있습니다. 소매 업계 전문가들은 이러한 변화가 소매업체들에서 경쟁력 확보와 디지털 전환의 필요성을 촉발하고 있다고 분석하고 있습니다. 이에 대한 다양한 의견은 계속해서 나오고 있으며, 이 문제에 대한 논의는 이어질 것으로 예상됩니다." 이처럼 연구 결과, 전문가 의견, 인용구 등 다양한 정보를 활용하여 정보를 더욱 신뢰할 수 있게 제공하며 독자들에게 다양한 시각을 제시한다.

(2) 사설 쓰기

사설 쓰기의 주요 목적은 저자의 의견이나 주장을 표현하고 독자들에게 그것을 전달하는 것이다. 이를 통해 저자는 특정 주제나 문제에 대한 자신의 관점을 제시하고, 독자들에게 해당 주제에 대한 이해나 고민을 유발하려는 목적이 있다. 또한, 사설 쓰기는 독자들에게 새로운 관점이나 시각을 제공하며, 논쟁이나 토론을 유발하여 생각의 다양성과 깊이를 증진하는 역할을 한다.

사설 쓰기는 정치, 사회, 경제 등 다양한 분야의 이슈에 대한 저자의 분석과 해석을 제공하여 독자들이 더 나은 결정을 내릴 수 있도록 돕는 역할도 한다. 또한, 사설 쓰기는 공개적으로 의견을 표현하고 논리적으로 논증을 전개함으로써 사회적 논의를 이끌거나 변화를 주도할 수 있는 영향력을 가지고 있다. 따라서 사설 쓰기의 목적은 저자의 의견 표현과 독자들의 의식을 확장하고 논쟁을 촉진하여 사회적인 영향력을 행사하는 것이다.

① 사설의 기능

사설 쓰기는 저자의 의견과 관점을 강조하면서 특정 주제나 문제를 다루는 형식이다. 이를 통해 독자들은 다양한 관점과 정보를 받아들이며 논리적인 사고를 발전시킬 수 있다. 또한, 사설 쓰기는 독자들을 관점을 바꾸거나 다른 시각을 고려하도록 유도할 수 있는 임무를 수행한다.

저자가 명확한 주장과 논리적인 근거를 제시하면서 대립 의견도 다루면, 독자들은 다양한 관점을 비교하며 자신의 의견을 검토하게 된다. 이를 통해 독자들은 더욱 깊이 있는 이해와 폭넓은 시각을 갖게 되어 더욱 확고한 의견을 형성할 수 있다.

예를 들어, '지구 온난화 문제와 대처방안'이라는 주제로 사설을 쓴다고 가정해보겠다. 저자는 첫째로 지구 온난화의 심각성과 그로 인한 영향을 설명하면서 자신의 주장을 제시할 수 있다. 이후에는 과학적인 근거와 통계 자료를 활용하여 온난화의 원인과 추세를 분석하고 대처방안을 제시할 수 있다. 동시에 반대 의견으로는 온난화의 영향을 과장하거나 인간의 영향을 부정하는 주장을 다루면서 이를 반박할 수 있다. 이러한 사례들을 통해 저자는 독자들에게 다양한 정보와 논리적인 근거를 제공하며, 독자들은 이를 비교하고 평가하여 더 나은 결론을 도출할 수 있게 된다.

② 관점 바꾸기 사설

이를 기독교 세계관으로 관점을 바꾸어 쓸 수 있다.

> "지구 온난화 문제와 대처방안'을 기독교 세계관에서 바라보면, 환경을 보호하고 지구를 돌보는 것은 하나님의 창조물에 대한 책임을 다하는 중요한 일입니다. 기독교는 하나님이 인간에게 지구를 다스리라 명령하였고, 이는 온난화 문제에 관한 관심과 대처의 필요성을 강조합니다. 이로써, 지구 온난화 문제를 해결하기 위해서는 하나님의 선한 의도와 함께 창조물을 보호하고 지구의 생태계를 지키는 것이 중요하다는 관점을 가질 수 있습니다. 기독교 세계관에서는 지구 온난화의 원인이 인간의 활동과 소비로 인한 것으로 여겨질 수 있습니다. 이에 대한 대처방안으로는 소비와 생활 방식의 변화, 재활용 및 에너지 절약 등의 노력이 필요하다고 볼 수 있습니다. 또한, 사랑과 배려의 가치를 바탕으로 타인과 공동체에 봉사하며 환경을 보호하는 노력을 통해 지구를 지키는 의무를 실천해야 한다는 생각도 가능합니다."

이처럼 기독교 세계관을 통해 지구 온난화 문제를 다루면, 환경 문제에 관한 관심과 책임을 강조하는 한편, 인간과 창조물 간의 깊은 연결과 선한 관계를 유지하는 중요성을 강조할 수 있다.

- 명확한 주장: 사설 쓰기에서는 분명한 주장이 필요하다. 이 주장을 '서론'에서 명확히 명확히 제시하여 독자에게 내용을 간략하게 소개한다. 사설 쓰기에서는 분명하고 명확한 주장이 중요하다. 예를 들어,

> "현재 지구 온난화 문제는 급속한 기후 변화와 생태계 파괴로 인해 긴급한 대응을 요구하고 있습니다. 불균형한 온난화는 자연재해의 증가와 심각한 환경 문제를 초래하고 있으며, 인류의 삶과 안전에 직접적인 영향을 미치고 있습니다. 따라서, 우리는 기후 변화에 대한 조기 대응과 국제적 협력의 필요성을 인식하고, 지속 가능한 환경을 위해 노력해야 합니다."

이처럼 '서론'에서 분명한 주장을 제시하여 독자에게 내용을 간략하게 소개하고 주제에 관한 주장을 명확하게 전달한다.

다른 예를 들자면,

> "현재 전 세계적으로 기후 변화의 영향이 확연하게 나타나고 있습니다. 급격한 기온 상승, 자연재해의 증가, 그리고 해수면 상승 등은

우리의 행동과 생활양식이 환경에 미치는 영향을 명백히 보여주고 있습니다. 이에 대한 인식의 중요성은 더욱 커지고 있으며, 우리가 적극적으로 대처하지 않으면 지속 가능한 미래를 위협할 수 있습니다."

이처럼 '서론'에서 분명한 주장을 제시하여 독자에게 내용을 간략히 소개하고 주제에 관한 관심을 유발한다.

• 논리적인 전개: 사설 쓰기에서는 논리적인 흐름과 논증이 중요하다. 각 문단을 논리적으로 연결하고, '본론'에서 주장을 논리적으로 뒷받침한다. 사설 쓰기에서 논리적인 흐름과 논증은 중요한 요소이다. 예를 들어, '본론'에서는 기후 변화의 원인과 영향을 논리적으로 연결하여 주장을 뒷받침한다. 첫 번째 문단에서는 산업 활동과 온실가스 배출의 증가가 기후 변화의 주요 원인임을 언급한다. 다음으로는 이러한 온실가스 배출이 지구 온난화와 극단적인 기후 현상과 어떻게 관련되는지를 설명한다. 이런 식으로 각 문단을 논리적으로 연결하여 주장을 탄력 있게 전개할 수 있다.

예를 들어, '본론'에서는 첫 번째 단락에서 환경 문제의 심각성을 논리적으로 분석한 후, 다음 단락에서는 인간의 활동이 환경 문제에 미치는 영향을 과학적 데이터와 함께 제시한다. 그다음으로는 환경보호의 중요성을 강조하고, 기업의 역할과 정부의 조치가 필요하다는 주장을 논리적으로 전개한다. 이처럼 각 문단을 논리적으로 연결하여 주장을 뒷받침하고 독자의 이해를 돕는다.

• 증거와 예시 활용: 사설 쓰기에서는 통계, 연구 결과, 사례 등의 증거와 예시를 활용하여 주장을 강화한다. 예를 들어, 사회적 문제에 대한 사설 쓰기에서는 첫 번째 단락에서 사회적 불평등의 심각성을 제시하고, 이에 대한 통계 자료를 제공한다. 두 번째 단락에서는 이러한 불평등이 현실적인 영향을 미치는 실제 사례를 소개하여 독자의 공감을 얻는다. 이러한 증거와 예시는 주장을 뒷받침하며 글의 신뢰성과 설득력을 높이는 역할을 한다.

예를 들어, 환경보호에 관한 주장을 논리적으로 뒷받침하기 위해 과학 연구에서 나온 데이터를 인용하거나, 실제 환경 파괴 사례를 제시할 수 있다. 이를 통해 독자는 주장이 현실적이며 신뢰할만하다고 느낄 것이다. 증거와 예시를 효과적으로 활용함으로써 주장의 설득력을 높이고 독자의 공감을 얻을 수 있다.

• 대립 의견 다루기: 사설 쓰기는 종종 대립 의견에 대한 반박이나 대화도 포함한다. 이를 '반론' 부분에서 다루어 주장을 더 강화할 수 있다. 반론 부분에서 대립 의견을 다루는 것은 사설 쓰기의 중요한 요소이다. 예를 들어, 어떤 주제에서 반대 의견이 '경제적 이점'에 초점을 맞출

수 있다면, 이에 대한 반박을 통해 '사회적 영향'이나 '장기적 비용'과 같은 측면을 강조할 수 있다. 이렇게 반대 의견을 다루면 독자에게 다양한 시각을 제공하면서도 자신의 주장을 더 강화할 수 있다.

이를 종합하여 '지구 온난화 문제와 대처방안'으로 사설을 모형화하면 다음과 같다.

명확한 주장:
현재 세계는 지구 온난화라는 심각한 문제에 직면해 있습니다. 이에 대한 대처방안은 우리의 생태계와 미래를 보호하기 위한 필수적인 과제입니다.

논리적인 전개:
지구 온난화의 주요 원인은 온실가스 배출과 생태계 파괴입니다. 이를 해결하기 위해서는 첫째로, 기업과 정부의 협력으로 온실가스 배출을 줄이는 정책이 필요합니다. 둘째로, 재생에너지와 친환경 기술을 적극적으로 개발하고 활용하여 환경친화적인 미래를 모색해야 합니다.

증거와 예시 활용:
연구 결과에 따르면 지구 온난화는 해수면 상승과 극단적 기후 현상을 야기하고 있습니다. 2019년의 아마존 숲 화재와 같은 사례는 생태계 파괴의 결과로 고려해야 합니다.

대립 의견 다루기:
반면, 일부는 지구 온난화의 영향을 과대평가하며, 경제 발전을 위한 화석 연료 사용을 주장합니다. 그러나 이러한 주장은 단기적인 이익만을 강조하는 것이며, 장기적으로 생태계의 붕괴와 인류의 위험을 초래할 수 있습니다.

결론:
이러한 배경 아래에서, 우리는 지구 온난화 문제를 진지하게 대처해야 합니다. 정부의 정책 결정과 기업의 노력을 통해 온실가스 감축과 친환경 에너지 개발에 주력해야 하며, 이를 통해 더 빛나는 미래를 모색할 수 있을 것입니다.

수사학의 기법은 신문기사와 사설 쓰기 모두에서 정보 전달과 의견 표현의 효과를 극대화하는 데 활용된다. 신문기사에서는 객관적이고 명확한 정보 제공을 중시하며, 사설 쓰기에서는 주장을 논리적으로 전개하고 증거를 활용하여 의견을 뒷받침한다. 이 두 가지 형식을 통해 수사학적 원리를 잘 활용하면 독자들에게 정확하고 설득력 있는 정보를 전달할 수 있다.

6. 삶이 있는 글쓰기

글쓰기는 단순한 표현의 도구를 넘어, 세상을 변화시키고 자신을 변화시키는 강력한 수단이 된다. 글쓰기를 통해 우리는 사회적 변화를 일으키고, 동시에 개인적인 성찰과 성장을 이끌어낼 수 있다. 이러한 측면에서 수사학적 글쓰기와 삶이 있는 글쓰기는 특별한 의미를 가진다. 이 두 가지 글쓰기 방식은 세상과 자신을 변화시키는 과정에서 서로 다른 역할을 하지만, 궁극적으로는 깊은 영향을 미친다.

세상을 변화시키는 글쓰기

수사학적 글쓰기는 독자를 설득하고, 사회적 변화를 이끌어내는 데 중점을 둔다. 이 글쓰기 방식은 논리적이고 설득력 있는 표현을 통해 독자의 생각과 행동을 변화시키려는 목적을 가진다. 역사적으로 수많은 위대한 연설, 문학 작품, 정치 선언문들이 수사학적 글쓰기를 통해 세상을 변화시켰다. 예를 들어, 마틴 루터 킹 주니어의 "I Have a Dream" 연설은 수사학적 글쓰기의 힘을 잘 보여준다. 그의 연설은 인종 차별에 맞서 싸우는 강력한 도구로 작용했으며, 미국 사회에 큰 변화를 일으켰다.

수사학적 글쓰기는 독자의 이성과 감정에 호소하여, 그들이 새로운 시각을 받아들이도록 이끈다. 이 글쓰기 방식은 로고스(논리), 에토스(인격), 파토스(감정)라는 세 가지 주요 요소를 사용하여 독자의 마음을 움직인다. 이를 통해 사회적 문제에 대한 관심을 불러일으키고, 해결책을 제시하며, 궁극적으로는 행동을 촉구한다. 세상을 변화시키는 글쓰기는 단순히 정보를 전달하는 것이 아니라, 독자를 새로운 방향으로 이끄는 힘을 가진다.

자신을 변화시키는 글쓰기

반면, 삶이 있는 글쓰기는 자신의 경험과 감정을 진솔하게 표현하는 데 중점을 둔다. 이 글쓰기 방식은 개인의 내면을 탐구하고, 자신의 삶을 깊이 이해하는 과정을 포함한다. 삶이 있는 글쓰기는 자아 성찰과 치유의 도구로 작용하며, 자신을 변화시키는 강력한 수단이 된다.

예를 들어, 일기를 쓰는 행위는 삶이 있는 글쓰기의 대표적인 사례다. 일기 쓰기는 하루 동안의 경험을 돌아보며, 그 경험에서 얻은 교훈과 감정을 기록하는 과정이다. 이를 통해 우리는 자신의 생각과 감정을 정리하고, 내면의 평화를 찾을 수 있다. 또한, 삶이 있는 글쓰기는 우리가 겪었던 어려움과 고통을 표현하고, 이를 통해 마음의 짐을 덜어내는 치유의 과정이 될 수 있다.

삶이 있는 글쓰기는 자신을 변화시키는 데 큰 역할을 한다. 이 글쓰기 방식은 우리가 자신의 감정과 생각을 솔직하게 마주하게 하며, 이를 통해 자신을 더 깊이 이해하게 한다. 또한, 삶의 경험을 글로 표현하는 과정에서 우리는 성장하고, 더 나은 사람이 되기 위한 방향을 찾을 수 있다.

세상과 자신을 변화시키는 글쓰기의 결합

수사학적 글쓰기와 삶이 있는 글쓰기는 서로 다르지만, 이 두 가지 글쓰기 방식이 결합될 때, 더욱 강력한 힘을 발휘할 수 있다. 세상을 변화시키는 글쓰기는 사회적 변화를 이끄는 데 초점을 맞추고, 삶이 있는 글쓰기는 개인의 내면 변화를 이끌어낸다. 하지만 이 둘이 결합되면, 글쓰기는 개인과 사회 모두를 변화시키는 강력한 도구가 된다.

예를 들어, 개인적인 경험을 바탕으로 사회적 문제에 대해 글을 쓰는 경우, 그 글은 독자에게 깊은 공감을 불러일으키고, 동시에 사회적 변화를 촉구하는 강력한 메시지를 전달할 수 있다. 이는 글쓴이 자신에게도 치유와 성찰의 과정이 되며, 독자에게는 새로운 시각을 제공하고 행동을 촉구하는 계기가 된다.

결론적으로, 수사학적 글쓰기와 삶이 있는 글쓰기는 각각 세상과 자신을 변화시키는 중요한 역할을 한다. 이 두 가지 글쓰기 방식을 결합하면, 글쓰기는 더 큰 변화를 이끌어내는 강력한 도구가 된다. 글쓰기를 통해 우리는 세상을 바꾸고, 자신을 변화시키며, 궁극적으로 더 나은 사회와 더 나은 자신을 만들어 갈 수 있다.

1) 삶이 있는 글쓰기 교육의 자리

글쓰기는 단순히 문장을 만드는 것이 아니다. 학생들이 자신의 생각과 감정을 표현하는 과정이며, 이를 통해 삶을 탐구하고 자신을 이해하는 중요한 도구다. 삶이 있는 글쓰기 교육은 학생들이 이 도구를 효과적으로 사용하도록 돕는다. 이 글에서는 모든 교과목에서의 글쓰기 통합, 생활을 글로 표현하는 글쓰기, 깨달음을 표현하는 글쓰기, 그리고 정서적 발달을 돕는 글쓰기라는 네 가지 측면에서 삶이 있는 글쓰기 교육의 중요성을 살펴보겠다.

(1) 모든 교과목에서의 글쓰기 통합

글쓰기는 국어 시간에만 적용되는 것이 아니다. 예를 들어, 역사 수업에서는 학생들이 역사적 사건을 글로 정리하고, 그 사건의 의미를 자신의 관점에서 표현하게 할 수 있다. 이 과정에서 학생들은 역사적 사실을 외우는 것에 그치지 않고, 자신의 시각으로 재구성하며 깊이 있는 이해를 추구하게 된다. 과학 수업에서도 실험 결과를 기록하는 것뿐만 아니라, 실험 과정에서 느꼈던 생각과 감정을 함께 글로 쓰게 하여 학습 내용을 자신의 것으로 만드는 데 도움을 줄 수 있다. 이렇게 모든 교과목에서 글쓰기를 통합하면, 학생들은 각 분야의 지식을 자신의 말로 표현하는 능력을 키울 수 있다.

(2) 생활을 글로 표현하는 글쓰기

일상 생활 속에서의 경험을 글로 표현하는 것은 학생들에게 매우 중요한 글쓰기 연습이 된다. 예를 들어, 한 학생이 주말에 가족과 함께한 소풍을 글로 적게 하면서, 단순히 무엇을 했는지 기록하게 하는 것뿐만 아니라, 그때 느꼈던 기쁨, 자연의 아름다움, 가족과의 소중한 시간을 글로 표현하게 한다. 생활을 글로 표현하는 글쓰기를 통해 학생들은 자신의 경험을 돌아보고, 그 경험에서 얻은 감정과 생각을 정리하며 성장할 수 있다. 이를 통해 학생들은 일상의 작은 순간들에서 큰 의미를 발견하고, 그것을 글로 풀어내는 능력을 기르게 된다.

(3) 깨달음을 표현하는 글쓰기

글쓰기는 학생들이 자신의 깨달음을 표현하는 데 중요한 도구가 된다. 예를 들어, 한 학생이 독서 후 느낀 감동이나 중요한 교훈을 글로 쓰게 하면서, 그 깨달음을 더 깊이 이해하고 내면화할 수 있다. 깨달음을 표현하는 글쓰기를 통해 학생들은 단순히 지식을 전달받는 것이 아니라, 자신이 배운 것을 자기 것으로 만들고, 이를 통해 더 깊이 있는 학습을 이루게 된다. 이러한 글쓰기를 통해 학생들은 자신의 생각을 명확히 하고, 그 생각을 다른 사람들에게 전달하는 능력을 키우게 된다.

(4) 정서적 발달을 돕는 글쓰기

글쓰기는 학생들의 정서적 발달을 돕는 데도 중요한 역할을 한다. 예를 들어, 한 학생이 자신의 불안감이나 고민을 글로 표현하게 하면서, 그 감정을 더 잘 이해하고 다스릴 수 있다. 글쓰기를 통해 학생들은 자신의 감정을 솔직하게 표현하고, 그 과정에서 내면의 갈등을 풀어가는 방법을 배우게 된다. 정서적 발달을 돕는 글쓰기를 통해 학생들은 자신의 내면을 탐구하고, 그 속에서 자신을 이해하며 성장하는 기회를 가질 수 있다. 이를 통해 학생들은 더 건강한 정서적 발달을 이루고, 자신의 감정을 더 잘 관리할 수 있는 능력을 기르게 된다.

삶이 있는 글쓰기 교육은 학생들에게 자신의 생각과 감정을 표현하는 법을 가르치는 중요한 과정이다. 모든 교과목에서의 글쓰기 통합, 생활을 글로 표현하는 글쓰기, 깨달음을 표현하는 글쓰기, 그리고 정서적 발달을 돕는 글쓰기를 통해 학생들은 단순히 글을 쓰는 기술을 배우는 것이 아니라, 자신의 삶을 풍부하게 하고, 세상과 소통하는 방법을 배운다. 이러한 글쓰기 교육은 학생들이 자신을 더 깊이 이해하고, 그 이해를 바탕으로 세상과 연결되는 데 중요한 역할을 할 것이다.

삶이 있는 글쓰기 교육은 단순한 문장 작성 능력을 넘어, 학생들이 자신의 생각과 감정을 이해하고 표현하는 능력을 기르는 데 중요한 역할을 한다. 모든 교과목에서의 글쓰기 통합, 일상 생활과의 연계, 그리고 정서적 발달을 돕는 글쓰기 과정을 통해 학생들은 더 나은 학습자이자, 건강한 사회 구성원으로 성장할 수 있다. 삶의 다양한 측면을 아우르는 이러한 글쓰기 교육은 학생들에게 보다 깊이 있는 자기 이해와 세상과의 소통 능력을 선사하며, 이를 통해 그들의 삶을 더욱 풍부하게 만들어 줄 것이다.

2) 삶이 있는 글쓰기 교육의 목적

글쓰기는 단순히 글을 잘 쓰는 기술을 배우는 것 이상의 깊은 의미를 지닌다. 글쓰기 교육의 목적은 학생들이 자신의 삶을 더 깊이 이해하고, 그 삶을 바탕으로 세상과 소통하는 능력을 기르도록 돕는 데 있다. 이러한 글쓰기 교육은 학생들이 자기 자신을 표현하고, 삶과 자연을 연결하며, 진실을 찾고, 민주적 사고방식을 내면화하는 중요한 도구로 작용한다. 이 글에서는 삶이 있는 글쓰기 교육의 목적을 사례를 통해 구체적으로 살펴보겠다.

(1) 자기 표현과 내면의 이해

"한 초등학생이 자신이 가장 좋아하는 장소인 할머니 댁을 주제로 글을 쓴 적이 있다. 그 글에서 그는 할머니와의 추억, 할머니의 따뜻한 손길, 그리고 할머니 집에서 느낀 평화로움을 자세히 표현했다. 이 과정을 통해 그 학생은 자신의 감정을 글로 표현하는 법을 배우며, 할머니와의 관계를 더 깊이 이해하게 되었다."

글쓰기는 자신의 내면을 탐구하고 그것을 표현하는 중요한 방법이다. 학생들은 글쓰기를 통해 자신의 감정과 생각을 글로 옮기며, 자신이 누구인지를 더 잘 이해하게 된다. 이는 자아를 형성하는 데 중요한 역할을 하며, 학생들이 자신의 목소리를 찾고, 그 목소리를 세상에 전달할 수 있게 한다.

(2) 일과 삶의 연결

"중학교 과학 수업에서 한 학생이 실험 보고서를 작성하며, 실험 과정에서 겪은 어려움과 그 극복 과정을 글로 썼다. 이 글을 통해 학생은 실험이라는 일이 단순한 학습 활동을 넘어, 실제로 자신의 삶과 연결되어 있다는 것을 깨달았다. 그는 과학이 자신의 삶에 어떻게 영향을 미치는지를 글로 표현하며, 학습의 의미를 더 깊이 이해했다."

글쓰기는 학생들이 일상에서 겪는 일과 삶을 연결짓는 중요한 도구다. 학생들은 글을 쓰며 자신의 경험을 돌아보고, 그 경험에서 얻은 교훈을 삶에 적용할 수 있게 된다. 이를 통해 글쓰기는 단순한 기록이 아니라, 삶을 반영하고 그것을 더 나은 방향으로 발전시키는 중요한 수단이 된다.

(3) 흙과 자연의 사상 가꾸기

"한 초등학교에서 학생들이 교실 텃밭에서 식물을 기르며 그 경험을 글로 표현하는 프로젝트를 진행했다. 한 학생은 자신이 키운 토마토가 성장하는 과정을 일기 형식으로 기록하며, 자연의 경이로움과 흙에서 느낀 생명의 힘을 글로 표현했다. 이 글을 통해 학생은 자연과의 깊은 연결을 느끼며, 환경에 대한 소중함을 깨달았다."

글쓰기는 자연과의 연결을 돕는 중요한 역할을 한다. 학생들은 글을 쓰면서 자신이 경험한 자연의 아름다움과 그 속에서 느낀 감동을 표현하게 된다. 이러한 글쓰기를 통해 학생들은 자연을 사랑하는 마음을 키우고, 환경을 소중히 여기는 태도를 배울 수 있다.

(4) 진리를 추구하는 글쓰기

“한 학생이 철학 수업에서 ‘진정한 행복이란 무엇인가?’라는 주제로 에세이를 썼다. 그는 여러 철학자의 견해를 바탕으로 자신의 생각을 정리하고, 진정한 행복이란 물질적 만족을 넘어선 내면의 평화와 타인과의 조화에서 온다는 결론에 이르렀다. 이 글쓰기를 통해 그는 진리를 탐구하는 과정을 경험하고, 깊은 성찰을 할 수 있었다.”

진리를 추구하는 글쓰기는 학생들이 삶의 본질적인 질문들에 대해 깊이 생각하고, 자신의 견해를 정립하는 데 도움을 준다. 학생들은 글쓰기를 통해 진리를 탐구하고, 그 과정에서 자신만의 철학과 가치관을 형성하게 된다. 이러한 글쓰기는 단순한 정보 전달을 넘어, 학생들이 자신을 둘러싼 세계를 더 깊이 이해하고, 그 이해를 바탕으로 진리를 찾는 여정을 돕는다.

(5) 민주적 사고방식의 내면화

“한 학급에서는 학생들이 학교 규칙에 대한 자신의 의견을 글로 표현하고, 그것을 토론하는 시간을 가졌다. 이 과정에서 학생들은 자신의 생각을 정리하고, 다른 학생들의 의견을 존중하며, 규칙 변화에 대한 합리적인 대안을 제시했다. 이를 통해 학생들은 민주주의의 기본 원칙을 이해하고, 이를 실천하는 법을 배울 수 있었다."

쓰기는 민주적 사고방식을 내면화하는 데 중요한 역할을 한다. 학생들은 글을 통해 자신의 의견을 정리하고, 그것을 타인과 공유하며, 공동체 속에서 상호 존중과 협력을 배우게 된다. 이를 통해 글쓰기는 민주주의적 사고방식을 발전시키는 중요한 도구로 작용한다.

(6) 생명의 존엄함 깨닫기

"한 초등학생이 자신의 반려동물이 세상을 떠난 경험을 글로 쓴 적이 있다. 그 글에서 그는 반려동물과 함께한 시간을 떠올리며, 생명의 소중함과 죽음의 의미를 진지하게 성찰했다. 이 글을 통해 그는 생명의 존엄함을 깊이 깨닫고, 그 감정을 글로 표현하는 방법을 배웠다."

글쓰기는 생명의 존엄함을 깨닫고 그것을 표현하는 데 중요한 역할을 한다. 학생들은 글을 쓰면서 생명에 대한 경외심과 사랑을 표현하게 되며, 이를 통해 인간과 자연의 관계를 더 깊이 이해하게 된다. 글쓰기를 통해 생명의 존엄함을 깨닫는 과정은 학생들의 인성 교육에 큰 기여를 한다.

(7) 진위를 분별하는 능력 키우기

"한 고등학생이 인터넷에서 접한 뉴스 기사의 사실 여부를 확인하는 글을 작성했다. 이 과정에서 그는 여러 출처를 참고하며, 해당 정보가 신뢰할 수 있는지, 왜곡되지는 않았는지를 분석했다. 그 결과, 그는 기사의 내용 중 일부가 과장되었음을 밝혀내고, 이를 바탕으로 비판적인 글을 작성할 수 있었다."

글쓰기는 학생들이 정보의 진위를 분별하는 능력을 키우는 데 중요한 역할을 한다. 학생들은 글을 쓰면서 정보의 출처를 확인하고, 사실과 의견을 구별하며, 논리적인 근거를 바탕으로 자신의 주장을 펼치는 법을 배운다. 이러한 과정은 비판적 사고를 발전시키고, 학생들이 더 깊이 있는 이해와 판단을 내릴 수 있도록 돕는다.

삶이 있는 글쓰기 교육은 단순히 글을 잘 쓰는 기술을 배우는 것을 넘어, 학생들이 자신의 삶을 깊이 이해하고, 그 이해를 바탕으로 세상과 소통하는 능력을 기르는 데 목적이 있다. 자기 표현과 내면의 이해, 일과 삶의 연결, 흙과 자연의 사상 가꾸기, 진실을 찾는 능력 기르기, 민주적 사고방식의 내면화, 생명의 존엄함 깨닫기 등의 다양한 목표를 통해 학생들은 자신의 삶을 풍부하게 하고, 세상과의 관계를 더욱 깊이 이해하게 된다. 이러한 글쓰기 교육은 학생들이 성장하면서 자신을 발견하고, 세상 속에서 자신의 역할을 찾아가는 데 큰 도움이 될 것이다.

3) 실제로 행동한 것을 쓰게 한다

글쓰기는 아이들이 자신의 생각과 감정을 표현하는 중요한 도구이다. 그러나 그보다 더 중요한 것은 실제로 행동한 것을 기반으로 한 글쓰기이다. 생각보다는 행동이 우선이며, 이를 통해 아이들은 자신의 경험을 구체적이고 생동감 있게 표현할 수 있다. 다음은 이러한 글쓰기의 중요성을 설명하는 세 가지 소제목과 함께 구체적인 사례를 제시한 글이다.

(1) 서사문 쓰기

서사문 쓰기는 아이들이 실제로 경험한 사건을 바탕으로 글을 작성하는 방법이다. 예를 들어, 한 학생이 여름방학 동안 가족과 함께 바닷가에서 캠핑을 한 경험을 서사문으로 작성한다면, 그 학생은 '언제', '어디서', '누구와', '무엇을', '어떻게'라는 요소들을 자연스럽게 포함하게 된다. 이 학생은 바닷가에서 텐트를 치고, 물놀이를 즐기고, 밤에는 가족과 함께 모닥불을 피우며 이야기 나눈 경험을 자세히 기록할 것이다. 이처럼 서사문 쓰기를 통해 학생은 자신의 행동을 돌이켜보며, 그 경험을 구체적이고 생동감 있게 표현할 수 있다. 서사문은 글쓰기의 기본이자, 아이들이 자신의 경험을 논리적으로 정리하고 기록하는 데 필수적인 역할을 한다.

(2) 감상문 쓰기

감상문 쓰기는 단순히 자신의 생각이나 감정을 표현하는 것이 아니라, 실제 경험을 바탕으로 그 경험에서 느낀 점을 더욱 깊이 있게 표현하는 방법이다. 예를 들어, 한 학생이 학교에서 연극 공연을 관람한 후 감상문을 쓴다고 가정해 보자. 이 학생은 먼저 그 연극을 본 경험을 서사문으로 기록한다. "연극이 시작되었을 때, 무대는 어두웠고, 배우들이 등장하며 이야기가 시작되었다. 나는 주인공의 갈등과 감정에 몰입하게 되었다"라는 식으로, 실제 관람 경험을 구체적으로 서술한다. 그런 다음, 이 경험에서 느낀 감정을 추가하여 감상문으로 발전시킨다. "주인공의 선택에 깊이 공감할 수 있었고, 그 장면은 나에게 큰 감동을 주었다"는 식으로 감정을 표현할 수 있다. 이처럼 서사문을 바탕으로 한 감상문 쓰기는 글쓰기에 깊이와 의미를 더해주며, 아이들이 단순한 생각을 넘어 자신의 경험과 감정을 구체적으로 표현할 수 있도록 돕는다.

(3) 삶을 글로 쓰기

글쓰기는 단순히 문장을 구성하는 기술이 아니라, 자신의 삶을 기록하고 반영하는 중요한 도구이다. 예를 들어, 한 학생이 자신의 생일에 친구들과 함께 보낸 특별한 하루를 글로 표현했다고 가정해 보자. 그 학생은 아침부터 저녁까지의 모든 순간–친구들이 집에 와서 축하해 준 것, 함께 게임을 하며 웃었던 순간, 부모님이 준비해 주신 특별한 케이크–을 글로 기록할 것이다. 이러한 경험을 글로 표현하면서, 학생은 그날의 기쁨과 감사함을 다시 느끼고, 그 감정들을 명확히 하게 된다. 이를 통해 글쓰기는 단순한 기록을 넘어, 아이들이 자신의 삶을 되돌아보고, 그 속에서 배운 교훈을 되새기는 기회를 제공한다. 글쓰기는 삶을 반영하고, 그 삶을 더욱 풍부하게 만들어 주는 도구이다.

결론적으로, 실제로 행동한 것을 바탕으로 한 글쓰기는 아이들의 글쓰기 능력을 향상시키는 데 중요한 역할을 한다. 서사문 쓰기를 통해 아이들은 경험을 구체적으로 표현하는 법을 배우고, 감상문을 통해 그 경험에서 느낀 감정을 깊이 있게 표현할 수 있다. 이를 통해 글쓰기는 아이들의 삶을 반영하고, 그 삶을 더욱 풍부하게 만들어 주는 도구가 된다.

4) 부끄러운 일도 쓰게 한다

우리는 살아가면서 다양한 감정을 경험한다. 그중에서도 부끄러움은 특히 우리를 위축시키고, 자신을 숨기고 싶게 만드는 감정이다. 그러나 부끄러움이 항상 자연스러운 감정일까? 사실 많은 경우, 부끄러움은 사회적 기준이나 잘못된 교육으로 인해 형성된 감정이다. 아이들이 이러한 부끄러움을 느끼지 않도록 돕는 것은 교육의 중요한 역할 중 하나다. 이를 위해 글쓰기는 아이들이 자신의 감정을 솔직하게 표현하고, 그 속에서 진정한 자신을 발견하게 하는 강력한 도구가 될 수 있다.

(1) 부끄러움의 잘못된 기준

우리 사회는 종종 겉모습과 물질적 조건을 기준으로 사람을 평가하는 경향이 있다. 이런 환경 속에서 자라나는 아이들은 자신이 남들과 다른 부분을 부끄러워하게 된다. 예를 들어, 한 학생이 친구들 사이에서 유행하는 고급 스마트폰을 가지고 있지 않다는 이유로 부끄러움을 느꼈다. 이 학생은 자신이 다른 친구들보다 뒤떨어졌다고 생각하며, 자신을 위축시키고 내성적으로 변하게 된다. 이러한 감정은 본래 아이들이 가져야 할 자연스러운 감정이 아니라, 잘못된 사회적 기준에서 비롯된 것이다.

이처럼 사회가 부여한 부끄러움의 기준은 왜곡된 것이다. 이러한 잘못된 기준은 아이들이 자신의 본연의 가치를 깨닫지 못하게 하며, 스스로를 부정적으로 바라보게 만든다. 아이들이 이러한 부끄러움의 실체를 깨닫고, 그것이 자신에게 불필요한 감정임을 인식하게 하는 것이 참교육의 역할이다. 이를 위해 글쓰기를 통해 아이들이 자신의 감정을 탐색하고, 사회적 기준이 아닌 자신만의 가치관을 형성하는 경험을 하도록 도와야 한다.

(2) 참교육과 글쓰기의 역할

참된 교육은 아이들이 스스로를 부끄러워하지 않도록 돕는 데 중점을 두어야 한다. 글쓰기는 이러한 목표를 달성하기 위한 중요한 도구가 될 수 있다. 글쓰기는 아이들이 자신의 감정을 솔직하게 표현하고, 그 속에서 사회가 부여한 부끄러움의 실체를 깨닫게 하는 데 도움을 준다. 예를 들어, 한 학생이 글쓰기 시간에 자신의 가정 형편이 좋지 않다는 이야기를 썼다. 처음에는 주저했지만, 글을 통해 자신의 이야기를 솔직하게 표현하면서, 그동안 자신이 느꼈던 부끄러움이 실제로는 사회가 강요한 것임을 깨닫게 되었다.

이 과정을 통해 이 학생은 부끄러움에서 벗어나 자신감을 얻고, 자신의 가치를 새롭게 발견하게 되었다. 이러한 글쓰기 경험은 아이들에게 진정한 자기 이해와 긍정적인 자아상을 형성하는 데 큰 도움을 준다. 글쓰기는 단순히 감정을 표현하는 것을 넘어, 아이들이 자신을 객관적으로 바라보고, 자신의 상황을 긍정적으로 재해석하는 과정을 통해 자기 자신을 더욱 잘 이해하도록 돕는 중요한 교육 방법이다.

(3) 열등감을 극복하는 글쓰기

어린 시절부터 경제적 차이나 사회적 위치로 인해 느껴지는 열등감은 반드시 극복되어야 한다. 이는 진정한 교육의 중요한 목표 중 하나다. 열등감에서 비롯된 부끄러움은 아이들에게 깊은 상처를 남길 수 있으며, 성인이 되어서도 자신을 제한하는 감정으로 작용할 수 있다. 한 예로, 한 학생이 글쓰기 과제에서 자신의 부모가 높은 사회적 지위를 가지지 못한 점을 부끄러워하며 글을 썼다. 그러나 글을 쓰면서 이 학생은 부모가 가진 진정한 가치, 즉 성실함과 정직함, 그리고 가족을 돌보는 책임감을 깨닫게 되었다.

이 글쓰기 경험을 통해 이 학생은 부모님의 직업이나 사회적 지위가 아니라, 그들이 보여주는 인격적 가치와 가정 내에서의 역할이 더 중요하다는 것을 깨닫게 되었다. 글쓰기를 통해 자신의 환경을 긍정적으로 재해석하게 된 이 학생은 더 이상 자신을 열등하게 여기지 않게 되었다. 오히려 자부심을 가지고 자신의 가족을 바라보게 되었다. 이러한 글쓰기 경험은 아이들에게 열등감에서 오는 부끄러움을 이겨내고, 자신의 삶을 긍정적으로 바라보게 하는 중요한 과정이 된다.

(4) 진리를 추구하는 글쓰기

글쓰기를 통해 아이들은 자신의 감정뿐만 아니라 진리와 맞닥뜨리게 된다. 부끄러움이라는 감정도, 그 속에 진리와 진실이 포함되어 있을 때만 진정한 가치가 있다. 예를 들어, 한 학생이 친구에게 거짓말을 한 후 느낀 부끄러움을 글로 표현하면서, 그 속에서 자신이 저지른 잘못을 직면하게 된다. 이 학생은 글쓰기를 통해 거짓말의 무게와 그로 인해 발생한 부끄러움을 솔직하게 마주하고, 진리를 추구하는 것이 얼마나 중요한지를 깨닫게 된다. 이 과정을 통해 아이들은 잘못된 부끄러움이 아닌, 진실에 기반한 반성과 성찰을 배우게 되며, 진리를 추구하는 자세를 기를 수 있게 된다.

결국, 부끄러운 일을 글로 쓰게 하는 것은 아이들에게 자신의 감정을 솔직하게 마주하고, 그 감정을 통해 자신을 더욱 잘 이해할 수 있는 기회를 제공한다. 사회가 강요한 잘못된 부끄러움이 아닌, 진정한 자기 이해와 진리를 추구하는 글쓰기를 통해 아이들은 더 이상 자신을 부끄러워하지 않고, 오히려 자신감을 가지고 자신의 삶을 긍정적으로 바라보게 된다. 글쓰기는 아이들이 스스로를 돌아보고, 진정한 자신을 발견하게 하는 강력한 도구로서, 교육의 중요한 부분이 되어야 한다.

5) 거짓 글을 왜 쓰게 될까

어린 시절, 우리는 글쓰기를 통해 세상을 이해하고 자신을 표현하는 법을 배운다. 글쓰기는 단순히 생각을 기록하는 것을 넘어, 감정과 경험을 솔직하게 표현하는 중요한 과정이다. 우리가 보고, 듣고, 경험한 것을 그대로 정직하게 글로 쓰는 일은 자연스럽고 즐거운 일이다. 이러한 글쓰기를 통해 우리는 마음의 해방감을 느끼고, 스스로의 내면을 정리하게 된다. 그러나 많은 아이들이 정직한 글쓰기를 포기하고, 진실을 담지 않은 거짓 글을 쓰게 되는 경우가 있다. 왜 아이들은 이러한 거짓된 글을 쓰게 될까?

먼저, 거짓 글을 쓰는 것은 본질적으로 불편하고 고통스러운 일이다. 자신이 보지도 않았고 경험하지도 않은 것을 마치 진짜처럼 꾸며내는 일은 매우 힘든 작업이다. 글을 쓰는 과정에서, 아이들은 자신이 쓰는 것이 진실이 아님을 알기 때문에 내적으로 불편함을 느끼며, 그 과정 자체가 고통스럽게 느껴질 수밖에 없다. 그럼에도 불구하고, 아이들이 거짓 글을 쓰게 되는 이유는 무엇일까?

그 이유 중 하나는 어른들이 무의식적으로 이러한 글쓰기를 장려하기 때문이다. 학교에서 선생님들이 저금의 중요성이나 절약 정신을 가르치기 위해 아이들에게 그러한 주제로 글을 쓰게 할 때가 있다. 문제는 아이들이 실제로 저축을 해보지 않았거나 절약의 경험이 없을 때, 그들은 그 주제에 대해 사실적으로 쓸 수 없다는 점이다. 이 상황에서 아이들은 어쩔 수 없이 선생님이나 부모님이 기대하는 대로 글을 꾸며서 쓰게 된다. 이처럼 아이들이 거짓 글을 쓰게 되는 환경은, 아이들이 정직하게 자신의 경험을 쓰기보다는 다른 사람에게 보여주기 위한 글을 쓰게 만드는 악순환을 초래한다.

이러한 거짓된 글쓰기는 단순히 잘못된 글쓰기 습관을 형성하는 데 그치지 않고, 아이들의 가치관에도 부정적인 영향을 미친다. 아이들이 자신이 경험하지 않은 것을 글로 표현하면서, 정직하게 자신의 이야기를 쓰는 것이 부끄럽거나 무의미한 일이라고 느끼게 된다. 결국, 아이들은 자신을 표현하는 법을 잊어버리고, 다른 사람에게 보여주기 위한 글을 쓰는 데 익숙해진다. 이러한 과정은 진실을 담은 글쓰기가 사라지고, 오히려 거짓된 글이 더 가치 있게 여겨지는 왜곡된 문화를 형성하게 된다.

더욱 심각한 문제는 이러한 거짓 글 쓰기가 아이들에게 자기 자신을 표현하는 데에 대한 혼란과 좌절감을 안겨준다는 점이다. 아이들은 자신이 쓰는 글이 진실이 아니라는 것을 알기에, 글을 쓰는 과정에서 불안감을 느끼고, 결과적으로 글쓰기에 대한 자신감을 잃게 된다. 이는 아이들이 진정한 자기 표현의 기회를 잃게 하며, 글쓰기를 통해 성장할 수 있는 기회를 놓치게 만드는 결과를 초래한다.

이러한 문제를 해결하기 위해, 학교와 사회는 아이들에게 정직한 글쓰기를 장려해야 한다. 아이들이 자신의 경험을 솔직하게 표현하고, 거짓이 아닌 진실을 담아 글을 쓸 수 있도록 지도해야 한다. 예를 들어, 아이들이 글쓰기 과제를 받을 때, 그 주제가 아이들의 실제 경험에 기반할 수 있도록 해야 한다. 만약 특정 주제에 대해 경험이 없는 아이가 있다면, 그 주제 대신 자신의 삶에서 의미 있는 경험을 글로 표현할 수 있는 기회를 제공해야 한다. 또한, 글쓰기 대회나 문예 활동에서도 아이들이 정직하게 쓴 글이 인정받고, 그 가치가 존중받을 수 있는 환경을 조성해야 한다. 이러한 환경에서 아이들은 자신이 쓴 글이 진정한 의미를 가지고 있으며, 그 글이 다른 사람에게도 가치 있는 메시지를 전달할 수 있다는 사실을 깨닫게 될 것이다.

결론적으로, 거짓 글을 쓰게 되는 원인은 아이들 자체에 있는 것이 아니라, 어른들이 조성한 환경과 기대에 있다. 우리는 아이들에게 진실을 말하고, 그 진실을 글로 표현하는 것이 얼마나 중요한지 가르쳐야 한다. 거짓된 글쓰기는 결국 자신에게도, 사회에도 해로운 결과를 초래한다. 아이들이 자신의 경험을 진솔하게 글로 표현할 수 있을 때, 우리는 그들이 진정한 글쓰기를 통해 성장하고 더 나은 세상을 만들어가는 데 기여할 수 있음을 기억해야 한다.

이를 통해 아이들은 자신을 더 깊이 이해하게 되며, 진실된 글쓰기가 얼마나 중요한지를 깨닫게 될 것이다. 이 과정은 그들이 단순한 글쓰기 기술을 넘어, 삶을 이해하고 표현하는 능력을 기르는 데 큰 도움이 될 것이다.

6) 그림 그리듯이 쓰게 하라

글쓰기는 단순히 단어를 나열하는 작업이 아니다. 글을 통해 독자의 마음속에 생생한 이미지를 그리는 과정이다. 공간적 글쓰기와 묘사적 글쓰기는 이러한 목적을 달성하기 위한 중요한 도구다. 이 두 가지 글쓰기 방식은 독자가 글을 읽으며 마치 그 공간에 있는 것처럼, 그 장면을 직접 보고 있는 것처럼 느끼게 한다. 이를 통해 독자는 글에 더욱 몰입하게 되고, 글쓴이의 의도를 깊이 이해하게 된다.

(1) 공간적 글쓰기: 장면 속으로의 초대

공간적 글쓰기는 독자가 글을 읽으며 특정 장소나 공간을 머릿속에 그릴 수 있도록 돕는다. 이는 글쓴이가 그 공간을 어떻게 느끼고, 어떻게 경험했는지를 독자에게 전달하는 중요한 방법이다. 예를 들어, 한 학생이 자신의 방을 묘사하는 글을 쓴다고 하자. 그는 방의 구조와 배치를 세밀하게 설명하면서, 독자가 그 방에 있는 것처럼 느끼도록 할 수 있다.

"내 방은 아늑하고 조용하다. 창문은 남쪽을 향해 있어 아침마다 따뜻한 햇살이 방 안 가득히 들어온다. 창가 옆에는 내가 가장 좋아하는 파란색 책장이 있고, 그 위에는 내가 모은 작은 조각상들이 가지런히 놓여 있다. 침대는 방 한가운데에 자리 잡고 있으며, 푹신한 이불이 항상 나를 기다리고 있다. 책상은 창문 옆에 있어, 앉아 있으면 바깥의 나무들이 흔들리는 모습을 볼 수 있다."

이와 같은 공간적 글쓰기는 독자로 하여금 글쓴이의 방 안에 있는 것처럼 느끼게 하며, 그 공간에서 글쓴이의 경험을 함께 나누도록 이끈다.

(2) 묘사적 글쓰기: 감각을 자극하는 글쓰기

묘사적 글쓰기는 독자의 감각을 자극하여 글의 생동감을 높이는 데 중점을 둔다. 이를 통해 독자는 글쓴이가 보고, 듣고, 느낀 것을 마치 자기 자신이 경험하는 것처럼 생생하게 느낄 수 있다. 묘사적 글쓰기는 글에 색깔, 소리, 냄새, 질감 등을 더해 글이 단순한 문장을 넘어선 생명력을 가지게 한다.

"바닷가에 도착하자, 짠내 나는 바람이 내 얼굴을 스쳐갔다. 발밑에 닿는 모래는 따뜻했고, 파도는 일정한 리듬을 타며 부드럽게 해안을 두드리고 있었다. 멀리서 갈매기들이 날아다니며, 그들의 울음소리가 바람에 실려 들려왔다. 하늘은 맑고 파랗게 펼쳐져 있었고, 태양은 눈부신 빛을 발하며 바다를 황금빛으로 물들이고 있었다."

이와 같이 묘사적 글쓰기를 활용하면, 독자는 글쓴이의 감각을 함께 느끼며 그 장면을 더욱 생생하게 경험하게 된다. 이러한 글쓰기는 독자의 상상력을 자극하고, 글 속의 세계로 깊이 빠져들게 만든다.

(3) 두 가지 글쓰기의 결합: 그림을 그리듯이 쓰기

공간적 글쓰기와 묘사적 글쓰기는 별개로도 강력한 도구지만, 이 둘을 결합하면 더욱 효과적인 글쓰기가 된다. 공간적 글쓰기를 통해 독자에게 공간을 그리게 하고, 묘사적 글쓰기를 통해 그 공간에 생명력을 불어넣음으로써, 독자는 그 공간을 직접 체험하는 듯한 경험을 할 수 있다.

예를 들어, 한 학생이 숲속의 오두막을 묘사하는 글을 쓴다면, 그는 공간적 글쓰기를 통해 오두막의 위치와 구조를 설명하고, 묘사적 글쓰기를 통해 그 안에서 느낄 수 있는 온갖 감각을 자극할 수 있다.

"숲속 깊은 곳에 작은 오두막이 있다. 나무들이 빽빽하게 둘러싸고 있어, 오두막은 마치 숲의 일부인 것처럼 보인다. 오두막의 문을 열면, 나무 바닥이 삐걱거리는 소리가 들리고, 바람에 흔들리는 나뭇잎들의 속삭임이 귓가에 맴돈다. 벽난로에는 장작이 타들어가며 따뜻한 빛을 내고, 그 위로는 나무 타는 향기가 은은하게 퍼진다. 창문 너머로는 숲의 고요한 풍경이 보이고, 어둠이 내리면 별빛이 창가를 가득 채운다."

이처럼 두 가지 글쓰기를 결합하면, 독자는 그 오두막에 들어가 있는 것처럼 생생하게 느낄 수 있다. 글은 단순한 정보 전달을 넘어, 독자에게 진정한 경험을 제공하게 된다.

공간적 글쓰기와 묘사적 글쓰기는 글을 통해 독자에게 생생한 이미지를 전달하는 강력한 도구다. 이 두 가지 방법을 활용하여 그림을 그리듯이 글을 쓰는 것은 독자의 마음속에 강렬한 인상을 남기며, 그들이 글 속의 세계를 직접 체험하게 한다. 이러한 글쓰기는 단순한 읽기를 넘어, 독자에게 깊은 감동과 기억을 남기는 글을 만들어낼 수 있다.

7) 삶이 있는 글쓰기 지도

삶을 가꾸는 글쓰기: 글쓰기의 목표는 단순히 글을 잘 쓰는 기술을 익히는 것이 아니라 삶을 가꾸는 데 있다. 글은 삶을 반영하고, 그 삶을 통해 독자에게 감동을 줄 수 있어야 한다. 삶에서 멀어진 글은 독자에게 진정성을 전달할 수 없으며, 공허한 느낌을 줄 수 있다. 예를 들어, 한 학생이 여름방학 동안 시골 할머니 댁에서 경험한 일들을 글로 쓴다면, 그 글

에는 시골의 풍경, 할머니와의 따뜻한 대화, 자연에서 느낀 감정들이 녹아들어야 한다. 이러한 글은 읽는 이에게 진한 감동을 줄 수 있다. 이처럼 글쓰기는 글쓴이의 삶과 경험을 바탕으로 해야 하며, 이를 통해 독자와 진정성 있게 소통할 수 있다.

(1) 어떤 글이 좋은 글인가?

감동을 주는 글: 좋은 글이란 단순히 잘 쓰여진 글이 아니라, 독자의 마음을 울리고 감동을 주는 글이다. 글쓴이의 진심이 느껴지고, 그 글을 통해 독자가 공감할 수 있는 경험이나 감정이 전달되어야 한다. 예를 들어, 한 학생이 가족과 함께했던 특별한 추억을 글로 표현했다고 가정하자. 그 글에서 가족의 소중함을 느끼고, 그 시간들이 얼마나 귀중했는지를 표현한다면, 그 글은 독자에게 큰 감동을 줄 수 있다. 좋은 글이란 독자의 마음을 움직이고, 글쓴이의 진심을 느끼게 하는 글이다.

(2) 무엇을 쓰게 할 것인가?

자신의 경험을 바탕으로 한 글: 가장 쓰고 싶은 것, 하고 싶은 말, 그리고 자기만이 알고 있는 것을 쓰게 하는 것이 중요하다. 자신의 경험을 바탕으로 한 글은 진솔하며, 그 진솔함이 독자에게 전달된다. 예를 들어, 한 학생이 친구와의 갈등을 해결한 경험을 글로 썼다면, 그 글은 단순한 이야기를 넘어, 갈등 속에서 느낀 감정과 그 해결 과정에서의 깨달음을 담고 있을 것이다. 이러한 글은 진솔함과 함께, 독자에게도 의미 있는 메시지를 전달하게 된다. 학년이 올라갈수록 사회적으로 의미 있는 주제를 다루도록 지도하는 것도 중요하다. 이는 학생들이 자신의 경험을 넘어서, 더 넓은 사회적 맥락에서 글을 쓰는 능력을 기르는 데 도움을 준다.

(3) 글의 제목

자유롭게 정하는 제목: 글의 제목은 글쓴이가 자유롭게 정하는 것이 가장 바람직하다. 제목은 글의 첫 인상을 결정짓는 요소이며, 글쓴이가 자신이 하고 싶은 이야기를 함축적으로 표현할 수 있는 기회이기도 하다. 만약 제목을 정해 준다면, 그 제목이 모든 학생에게 공감을 주고, 각자가 절실하게 체험한 것을 자유롭게 쓸 수 있어야 한다. 예를 들어, "내가 가장 행복했던 순간"이라는 제목은 학생들이 각자의 특별한 경험을 자유롭게 표현할 수 있게 한다. 이 제목을 통해 학생들은 자신이 경험한 다양한 행복의 순간을 떠올리고, 그중에서 가장 기억에 남는 순간을 선택하여 글로 표현하게 된다.

(4) 얼거리 잡기

글쓰기의 방향 설정: 글을 쓰기 전에 글의 얼거리를 잡는 과정은 매우 중요하다. 글쓰기 수업 전, 하루나 이틀 전에 미리 예고하여 학생들이 생활 속에서 쓰고 싶은 제목을 찾고, 길을 가면서 쓸 내용을 생각하며 차례를 정하도록 지도해야 한다. 이 과정에서 학생들은 글의 방향을 설정하고, 자신이 무엇을 쓸지에 대해 구체적으로 계획을 세우게 된다. 예를 들

어, 학생이 주말에 겪은 일을 글로 쓰고자 한다면, 그 경험을 떠올리며 어떤 부분을 강조할지, 어떤 순서로 이야기를 전개할지를 미리 생각해 볼 수 있다. 이렇게 얼거리를 잡아두면 글쓰기가 훨씬 수월해지고, 글의 흐름도 자연스럽게 이어진다.

(5) 쓰기 전에 지도하는 말과 보여 주는 글

진솔한 글 예시: 글을 쓰기 전에 학생들에게 간단한 글 한두 편을 읽어 주거나 읽게 하는 것이 좋다. 이때, 말재주를 부린 '모범문'보다는 진솔한 글을 선택하는 것이 중요하다. 예를 들어, 친구와의 소소한 일상을 진솔하게 표현한 글을 읽게 한다면, 학생들은 글쓰기에 대한 부담을 덜고, 자신만의 글을 쓸 수 있는 자신감을 얻게 된다. 이러한 예시는 학생들에게 진정성 있는 글쓰기가 무엇인지 깨닫게 하며, 자신도 일상에서 경험한 일들을 진솔하게 표현할 수 있도록 격려한다.

(6) 실제로 쓸 때

몰입하여 쓰기: 글쓰기는 온 정신을 기울여 한꺼번에 쓰도록 지도해야 한다. 학생들이 글을 쓸 때, 자신의 경험과 감정을 솔직하게 표현할 수 있도록 격려하는 것이 중요하다. 예를 들어, 학생이 가족과 함께했던 여행에서 느낀 감정을 글로 표현할 때, 그 순간의 기쁨과 설렘을 온전히 몰입하여 쓴다면, 그 글은 더욱 진솔하고 감동적인 글이 될 것이다. 몰입하여 쓰는 글은 글쓴이의 감정을 고스란히 담아내며, 독자에게도 그 감

동이 그대로 전달된다.

(7) 글 다듬기(글 고치기)

자기 점검: 글을 쓴 후에는 자신의 글을 읽어보며 점검하는 과정이 필요하다. 1, 2학년의 경우, 자기가 쓴 글을 한 번쯤 읽어보게 하고, 3학년 이상이 되면 글을 읽으면서 빠진 글자나 틀린 글자를 스스로 고치도록 지도해야 한다. 5, 6학년이 되면 '자신이 꼭 쓰고 싶은 것이 잘 나타났는지'를 고민해 보도록 한다. 예를 들어, 학생이 자신의 글을 읽으면서 자신의 감정이 잘 표현되었는지, 이야기가 잘 전달되었는지 점검하는 과정은 글을 더욱 완성도 있게 만든다. 이 과정에서 학생들은 글을 다듬는 방법을 배우며, 더 나은 글을 쓰기 위해 필요한 수정 작업을 스스로 해나갈 수 있다.

(8) 함께 보고 의논하기

글의 의미와 태도 논의: 글쓰기를 마친 후, 전 시간에 쓴 글 중 몇 편을 골라 아이들과 함께 읽고, 그 글에서 나타난 글쓴이의 생각과 생활 태도를 함께 이야기하는 시간을 갖는다. 이를 통해 서로의 생각을 공유하고, 글쓰기에 대한 다양한 시각을 배울 수 있다. 예를 들어, 친구의 글을 읽고 느낀 점을 서로 나누며, 그 글에 담긴 감정과 의미를 깊이 있게 이해할 수 있다. 이러한 활동은 학생들에게 글쓰기가 단순한 개인의 활동이 아니라, 다른 사람과 생각을 나누고, 서로의 경험을 공유하는 중요한 과정임을 깨닫게 한다.

(9) 시에 대하여

진정한 시의 이해: 시를 쓸 때, 단순한 말장난이 아닌 진정한 감정을 담아내는 것이 중요하다. 이를 위해 말장난의 동시와 진정한 어린이 시를 비교해 보여주는 것이 필요하다. 예를 들어, 아이들이 자연에서 느낀 감정을 솔직하게 표현한 시와 단순한 말장난 시를 비교하여 읽게 한다면, 학생들은 진정한 시의 가치를 이해하게 된다. 이를 통해 "이것이 진짜 우리의 마음을 나타낸 것이구나" 하고 깨달을 수 있도록 해야 한다. 진정한 시는 글쓴이의 감정과 생각이 솔직하게 담겨 있으며, 독자에게도 그 감동이 전달된다.

(10) 발표와 문집

학급 문집 발간: 아이들의 글을 신문이나 잡지에 발표하려는 것보다는 학급 문집을 만들어 아이들 모두가 볼 수 있게 하는 것이 좋다. 이렇게 하면 이름 내기나 상 타기를 위한 글짓기 놀이가 아니라, 삶을 가꾸는 교육의 본질을 지킬 수 있다. 예를 들어, 학급 문집에 실린 글을 친구들과 함께 읽고, 서로의 생각을 공유하는 경험은 매우 가치 있는 학습이 된다. 이를 통해 학생들은 자신의 글이 다른 사람에게 어떤 영향을 미칠 수 있는지를 깨닫고, 글쓰기에 대한 자신감을 키울 수 있다.

(11) 독서감상문에 대하여

강요 없는 자유로운 글쓰기: 독서감상문 쓰기를 강요해서는 안 된다. 무조건 몇 장 이상의 감상문을 써내라는 지시는 아이들을 점수 따기 교육으로 내몰게 되고, 이는 책 읽기를 싫어하게 만들며 글쓰기를 지겨운 일로 여겨지게 한다. 예를 들어, 학생이 감명 깊게 읽은 책에 대해 자유롭게 자신의 느낌을 표현할 수 있게 하면, 책 읽기의 즐거움을 느끼게 된다. 독서감상문은 학생들이 읽은 책에서 느낀 감정과 생각을 자유롭게 표현할 수 있도록 해야 하며, 이를 통해 학생들은 책을 읽는 즐거움을 더욱 깊이 느낄 수 있다.

이와 같은 글쓰기 지도 방법은 아이들이 진정한 삶의 가치를 글로 표현할 수 있도록 돕는 중요한 과정이다. 삶을 가꾸는 글쓰기를 통해 아이들은 자신만의 독특한 목소리를 찾고 세상과 소통하며, 진실된 글을 써나갈 수 있다. 글쓰기는 단순한 기술을 넘어 학생들이 자신의 삶을 되돌아보고 그 속에서 배운 교훈을 글로 표현하며, 이를 통해 더욱 성장할 수 있는 기회를 제공한다.

독서는 쓰기로 완성된다는 주제에 대해 결론적으로 말하자면, 독서는 단순히 정보를 습득하는 행위에서 그치지 않고 그 정보를 자신의 언어로 재구성하고 표현하는 쓰기를 통해 비로소 완성된다. 독서를 통해 얻은 지식과 통찰은 쓰기를 통해 정리되고, 체화되며, 깊은 이해로 발전한다. 이 과정에서 우리는 단순히 정보를 받아들이는 수동적인 존재가 아니라,

그 정보를 분석하고 재해석하여 새로운 의미를 창출하는 능동적인 주체로 성장한다.

책을 읽는 행위는 다양한 생각과 감정을 불러일으킨다. 이러한 생각과 감정을 글로 표현하는 과정은 독서의 결과물을 내면화하는 중요한 통로이다. 쓰기를 통해 우리는 읽은 내용을 더욱 깊이 이해하고, 자신만의 시각을 형성하며, 이를 다른 이들과 공유할 수 있게 된다. 따라서 독서는 쓰기를 통해 자신의 것으로 만들어지며, 이를 통해 우리는 지식을 단순히 소비하는 것이 아니라 창조하는 존재로 나아간다.

독서 후에 쓰는 행위는 그 자체로 독서의 연장선이다. 글을 쓰면서 우리는 읽은 내용을 반추하고 그 의미를 되새기며, 자신의 경험과 연결시킨다. 이를 통해 우리는 독서 경험을 더욱 풍부하게 만들고, 그 속에서 얻은 통찰을 더욱 명확하게 할 수 있다. 또한, 쓰기는 우리가 독서를 통해 얻은 지식과 감정을 체계적으로 정리하고, 이를 바탕으로 새로운 아이디어와 관점을 발전시키는 데 필수적인 도구이다.

결국, 독서는 쓰기로 완성된다는 말은 독서가 쓰기와 함께할 때 비로소 그 의미를 온전히 발휘한다는 것을 의미한다. 독서를 통해 얻은 지식을 쓰기를 통해 정리하고 표현함으로써, 우리는 그 지식을 깊이 이해하고, 자신의 삶과 연결시킬 수 있다. 이는 단순한 정보 습득을 넘어, 지식을 삶의 중요한 자원으로 전환하는 과정이며, 이를 통해 우리는 보다 의미 있는 삶을 살아갈 수 있다.

결론적으로, 수사와 삶으로 표현하기는 단순히 지식을 습득하고 이해하는 것을 넘어서, 그 지식을 바탕으로 자신의 생각과 감정을 타인에게 명확하고 설득력 있게 전달하며, 사회적 변화를 주도하는 능력을 키우는 중요한 과정이다. 수사학은 우리가 학습한 내용을 체계적이고 논리적으로 정리하여 설득력 있게 표현하는 데 도움을 준다. 이로 인해 우리는 단순한 정보의 전달자가 아니라 사회적, 윤리적, 그리고 철학적 문제들에 대해 영향력 있는 목소리를 낼 수 있는 주체로 성장할 수 있다.

삶에서 겪는 다양한 경험과 학습한 지식을 바탕으로 이루어지는 수사적 표현은 단순한 지식 전달을 넘어 개인의 깊은 내면적 성찰과 가치관을 외부로 표현하는 중요한 통로가 된다. 이러한 표현은 자신뿐만 아니라 주변 공동체와 더 넓은 사회에 긍정적인 변화를 일으킬 수 있는 강력한 도구이다. 따라서, 수사와 삶으로 표현하기는 우리가 더 풍요롭고 의미 있는 삶을 살아가며, 더 나은 세상을 만들어가는 데 필수적인 도구이다.

이 과정에서 중요한 점은 단순한 논리적 설득을 넘어서는 것이다. 진정성과 공감을 바탕으로 한 소통이 핵심이다. 자신의 삶에서 얻은 경험과 지식을 통해 터득한 진리와 가치를 진정성 있게 표현할 때, 우리는 타인과 깊이 연결될 수 있고, 이를 통해 더 큰 공동체의 변화를 이끌어낼 수 있다. 수사학적 표현은 이러한 삶의 변화를 이루는 강력한 도구이며, 그것을 통해 우리는 단순히 의미 있는 삶을 사는 데 그치지 않고, 다른 이들에게도 긍정적이고 깊은 영향을 미치는 삶을 살아갈 수 있다.

결국, 수사와 삶으로 표현하기는 개인의 성장을 넘어 사회적 공감과 협력을 이끌어내는 중요한 과정이다. 우리는 수사를 통해 지식과 경험을 단순히 전달하는 것을 넘어서, 진정성을 가지고 타인과 소통하며, 그 결과로 더 나은 공동체와 사회를 만들어갈 수 있다. 이는 개인이 가진 내적 자원을 최대한 활용하여 공동체 전체에 긍정적인 영향을 미치는 삶을 살아가는 길이다.

트리비움(TRIVIUM) 지혜를 담은

SQ3R 독서기술

나가는 말

독서기술이 필요하다

현대 사회에서 독서기술은 매우 중요한 구실을 한다. 빠르게 변화하는 정보 환경과 급변하는 사회적 요구에 대응하기 위해 독서기술은 필수적인 능력이 되고 있다. 현대 사회는 인터넷과 다양한 미디어를 통해 대량의 정보가 흘러들어온다. 독서기술을 갖춘 개인은 유용한 정보를 식별하고 필요한 내용을 선택하는 능력을 갖추게 된다. 올바른 정보를 선택하고 부정확한 정보를 걸러내는 능력은 의사결정과 문제 해결에 큰 영향을 미친다.

독서는 비판적 사고와 분석 능력을 기르는 중요한 방법의 하나다. 다양한 시각과 의견을 비교 분석하며 복잡한 문제를 이해하는 데 도움이 된다. 독서를 통해 다양한 주제와 관점을 접하며 자기 생각을 확장하고 타인의 의견을 이해하는 능력이 향상될 수 있다. 또한 독서는 언어 능력과 표현력을 향상하는 데 큰 도움을 준다. 읽은 내용을 이해하고 다른 사람에게 설명하는 능력은 효과적인 커뮤니케이션에 필수적이다. 독서를 통해 새로운 어휘와 표현을 습득하며 더욱 풍부한 언어 능력을 개발할 수 있다.

다양한 장르의 도서를 읽으면서 자신의 지식과 경험을 확장할 수 있다. 이를 통해 자기 계발과 창의성을 촉진할 수 있다. 독서를 통해 새로운 아이디어를 얻거나 다양한 분야에서 영감을 받아 창작적인 활동을 도모할 수 있다. 독서는 휴식과 휴식 시간을 활용하는 좋은 방법의 하나다. 힘들거나 스트레스를 받는 일상에서 독서를 통해 잠시 현실에서 벗어나 힐링을 경험할 수 있다. 또한, 독서를 통해 다양한 경험을 나누고 공감할 수 있어 멘탈 향상에도 도움이 된다.

탁월함을 추구하는 독서

독서는 수 세기 동안 개인의 성장과 자기 발견을 위한 강력한 도구로 인식됐다. 뛰어난 행복을 추구하고 자신의 정체성을 확립하는 데 있어 명료함과 가시성을 제공하며, 뛰어난 인성을 개발하는 길잡이 역할을 하는 능력을 갖추고 있다.

무엇보다도 독서는 탁월함으로 가는 길을 제공할 수 있다. 독서는 우리에게 새로운 아이디어, 관점 및 경험을 제공함으로써 우리의 지평을 넓히고 삶을 풍요롭게 할 수 있다. 그것은 또한 어려운 시기에 위안, 영감의 원천을 제공할 수 있다. 자기계발서, 소설, 성공한 개인의 전기 등 무엇을 통해서든 독서는 더 행복한 삶을 사는 방법에 대한 귀중한 통찰력과 지침을 제공할 수 있다.

독서는 또한 자신의 정체성을 확립하는 데 중요한 역할을 할 수 있다. 독서는 우리를 다양한 관점과 경험에 드러냄으로써 우리 자신의 가치, 신념 및 욕구를 이해하는 데 도움이 될 수 있다. 또한 안전하고 통제된 환경에서 자신의 경험과 감정을 탐색하는 데 도움이 될 수 있다. 독서를 통해 우리는 우리 자신과 세상에서 우리의 위치를 더 깊이 이해할 수 있다.

독서는 뛰어난 성격을 개발하는 데 지침이 될 수 있다. 독서는 덕이 있는 행동의 모범을 보여줌으로써 공감, 연민, 용기, 지혜와 같은 중요한 성품을 배양하는 데 도움이 될 수 있다. 그것은 또한 우리 자신을 위한 목표를 설정하고 최고의 자신이 되기 위해 노력하도록 영감을 줄 수 있다.

무엇보다도 독서는 공감 능력을 키우는 데 도움이 된다. 독서는 우리를 다양한 관점과 경험에 드러냄으로써 우리의 지평을 넓히고 다른 사람을 더 깊이 이해하고 관계를 맺도록 도와준다. 그것이 소설이든, 전기든, 심리학에 관한 논픽션 책이든, 독서는 인간 경험에 대한 귀중한 통찰력을 제공하고 타인에 대한 더 큰 공감과 이해를 발전시키는 데 도움이 될 수 있다.

독서는 또한 우리가 용기를 기르는 데 도움이 될 수 있다. 역경을 극복하고 두려움에 직면한 사람들의 사례를 접함으로써 독서는 우리가 더 용감해지고 더 큰 자신감을 가지고 우리 자신의 도전에 맞서도록 영감을 줄 수 있다. 성공한 개인의 전기를 읽든, 어려운 상황에 부닥친 인물을 묘사한 소설을 읽든, 독서는 용기를 키우는 데 귀중한 통찰력과 영감을 줄 수 있다.

마지막으로 독서는 우리가 지혜를 발전시키는 데 도움이 될 수 있다. 독서는 우리를 다양한 생각과 관점에 드러냄으로써 우리의 지평을 넓히고 세상에 대해 더 비판적으로 생각하는 데 도움이 될 수 있다. 철학 서적, 역사 서적 또는 복잡한 아이디어를 탐구하는 소설 작품을 읽든 독서는 세상의 작용에 대한 귀중한 통찰력을 제공하고 더 큰 지혜와 이해력을 개발하는 데 도움이 될 수 있다.

기독교 세계관 독서

기독교 세계관 독서는 하나님의 존재와 창조 원리를 탐구하며, 하나님의 의도에 따라 삶을 살도록 인도하는 중요한 활동이다. 이는 그리스도인들에게 큰 가치와 의미를 부여하며, 책의 내용을 기독교 신념과 경험과 결합하여 의미를 찾을 수 있는 과정이다. 어떤 책을 선택하느냐보다도 누가 그 책을 읽느냐가 더욱 중요한데, 그리스도인은 기독교 세계관을 바탕으로 독서를 시행함으로써 하나님과의 관계를 깊게 하고 믿음을 성장시킬 수 있다.

기독교 세계관 독서의 목적 중 하나는 하나님의 존재와 창조의 중요성을 확인하는 것이다. 성경과 기독교 교리를 통해 하나님의 창조적인 역사와 무한한 지혜가 드러나며, 이는 우주와 만물의 아름다움과 순서를 통해 더욱 분명하게 나타난다. 바울은 로마서 1장에서 하나님의 존재가 창조를 통해 드러나고, 모든 만물은 그의 영원하신 능력과 신성을 나타낸다고 말하였다. 따라서 기독교 세계관 독서는 하나님의 창조와 그의 존재를 더욱 확고하게 믿으므로써 깨닫게 하는 역할을 한다.

또한 기독교 독자는 독서를 통해 자아를 발견하고 성찰할 수 있다. 독서를 통해 성경의 가르침과 인간의 죄의 본성, 그리고 구원을 통한 변화에 대한 깨달음을 얻을 수 있다. 이 과정에서 자신의 부족함과 필요성을 더욱더 인식하며 하나님의 은혜와 사랑에 대한 감사와 순종의 태도를 갖출 수 있다.

하지만 진정한 기독교적 독서는 자기 비판적인 태도를 갖추면서도 동시에 신앙을 강화하는 과정이다. 독서를 통해 더 깊은 지식과 통찰력을 얻으면서도, 결국에는 자신의 한계와 하나님의 무한한 지혜 앞에서 겸손한 마음으로 다가갈 수 있다. 이를 통해 자신의 기준보다는 하나님의 기준을 더욱 중요하게 여기며, 세상적인 시선이 아닌 하나님의 뜻을 따르는 방향을 선택할 수 있다.

기독교 세계관 독서는 또한 사회와 사람들을 섬기는 목적을 함축하고 있다. 성경의 가르침을 통해 사랑과 관용, 공정함 등의 가치를 배우며, 이를 실천하여 사회적으로 더 나은 공동체를 형성하는 데 기여할 수 있다. 또한 공부를 통해 얻은 지식과 현실적인 능력을 이웃을 섬기며 활용함으로써 하나님의 나라를 세우는 일에 도움이 되는 역할을 할 수 있다.

기독교 세계관 독서는 학문적인 노력과 신앙적인 열매를 결합하여 믿음의 깊이를 깨닫고 하나님의 뜻을 이해하며, 사랑과 섬김으로 세상에 영향을 미치는 데 도움이 되는 중요한 과정이다. 어떤 분야의 독서를 통해도 하나님의 창조와 뜻을 발견하며 그리스도의 사랑과 관용을 세상에 전파하는 일에 도움을 줄 수 있을 것이다.

SQ3R 독서기술의 네 가지 주제

종합적으로 우리가 지금까지 다룬 주제는 네 가지 정도다.

첫째, 독서는 기술이다. SQ3R 독서기술은 트리비움에 기반하고 있다. 트리비움은 전통은 양한 측면에서 탁월함을 보인다. 트리비움은 학습자들에게 효율적인 학습 전략을 제공한다. 학습 과정을 단계적으로 진행하면서 읽기, 노트 작성, 질문 생성, 토론 및 설득하는 의사소통 등 다양한 기술을 활용한다. 트리비움은 학습자들의 비판적 사고 능력을 강화하는 데 중점을 둔다. 학습자들은 정보를 분석하고 평가하는 과정을 거치면서 다양한 관점과 의견을 이해하고 비교한다. 이는 문제 해결 능력을 향상하고 복잡한 주제를 깊이 있게 이해하는 데 도움을 준다. 트리비움은 학습자들의 참여와 협력을 촉진한다. 토론과 의사소통을 통해 학습자들은 서로의 의견을 나누고 토론을 통해 새로운 아이디어를 얻을 수 있다. 트리비움은 학습자들이 설득하는 의사소통 기술을 개발하는 데 도움을 준다. 로고스, 에토스, 파토스와 같은 설득의 원칙을 배우면서 학습자들은 정보를 효과적으로 전달하고 타인을 설득하는 능력을 키울 수 있다.

SQ3R은 독서기술 중 하나로, Survey(개관), Question(질문), Read(읽기), Recite(되새김), Review(표현)의 약어다. SQ3R은 독서 전반에 걸쳐 개인의 이해도를 향상하고, 독서를 더욱 효과적으로 수행할 수 있도록 도와준다. 개관단계에서는 책의 목차와 구성 요소, 그리고 책에 대한 용어와 개념을 파악하고, 질문 단계에서는 이러한 정보를 바탕으로 독서 목표와 관련된 질문들을 작성한다. 이후 읽기 단계에서는 질문에 대한 답을 찾으며, 되새김 단계에서는 읽은 내용을 정리하고, 수사학 단계에서는 개인의 이해도와 기억력을 살려 표현하는 단계다. SQ3R은 독서를 더욱 효율적으로 수행할 수 있도록 도와주며, 개인의 학습 능력과 이해도를 향상하는 데 큰 도움이 된다.

둘째, 탁월함을 추구하는 독서다. 탁월함을 추구하는 데는 독서만 한 것이 없다. 독서는 지식과 경험을 얻는 데 있어서 가장 중요한 수단 중 하나다. 탁월한 독서 습관은 개인의 지식과 능력을 향상하고, 새로운 아이디어와 관점을 제공하여 개인이 성장하고 발전할 수 있도록 도와준다. 하지만, 탁월한 독서 습관을 형성하기는 쉽지 않은 일이다. 개인의 관심사와 목표에 따라 적합한 책을 찾는 것이 중요하며, 독서를 할 때는 집중하고 이해력을 발휘하는 것이 필요하다. 또한, 독서를 할 때는 노트를 작성하거나 다른 방법으로 기록하는 것이 도움이 된다. 이러한 방법으로 탁월한 독서 습관을 형성하면 개인의 성장과 발전에 큰 도움이 될 것이다.

셋째, 기독교 세계관은 독서를 하는 데 있어서 중요한 역할을 한다. 기독교 세계관은 개인의 가치관과 신념을 반영하며, 개인이 세상을 바라보는 시각을 형성한다. 기독교 세계관을 통해 독서를 하면, 개인은 새로운 아이디어와 관점을 제공하는 책들을 더욱 효과적으로 이해하고, 적용할 수 있다. 기독교 세계관을 통해 독서를 하면, 개인은 자신의 가치관과 신념을 더욱 명확하게 이해하고, 세상을 바라보는 새로운 시각을 형성할 수 있다. 이러한 방법으로 독서를 수행하면 개인은 새로운 아이디어와 관점을 제공하는 책들을 더욱 효과적으로 이해하고, 적용할 수 있을 뿐만 아니라 자신의 성장과 발전에도 큰 도움이 될 것이다.

넷째, 읽기와 수사학이 세상을 바꾼다. 현대는 전쟁의 시기가 아니라 논리의 시기다. 독서와 수사학은 개인의 능력과 경험을 향상하는 데 있어서 중요할 뿐만 아니라 더 중요한 것은, 이들은 세상을 혁신하고 변화를 끌어내는 데도 중요한 역할을 한다. 읽기와 수사학을 통해 개인은 새로운 관점을 제공하고, 문제를 해결하는 새로운 방법을 발견할 수 있다. 예를 들어, 이런 분야에서는 논리학이나 수사학을 통해, 역사 분야에서는 독서를 통해 새로운 사실을 발견할 수 있다. 이러한 방법으로 개인은 세상을 바꾸는 데 큰 역할을 할 수 있다.

SQ3R 독서 예시

『호밀밭의 파수꾼』 – J. D. 샐린저

Survey(개관하기)

시대적 배경·저자의 세계관·작품 주제·구조 파악(목차)

시대적 배경

『호밀밭의 파수꾼』은 1951년에 출간된 소설로, 제2차 세계대전 이후의 미국 사회를 배경으로 합니다. 이 시기는 경제적으로는 풍요로웠지만, 사회적으로는 냉전의 긴장감과 개인주의의 확산으로 인해 청소년들의 정체성 혼란과 소외감이 심화된 시기였습니다. 홀든 콜필드의 이야기 역시 이러한 시대적 배경 속에서 그의 불안과 반항심, 그리고 순수함을 지키려는 갈망을 중심으로 전개됩니다.

저자의 세계관

샐린저는 제2차 세계대전 이후의 혼란과 불안정한 사회를 배경으로 활동했습니다. 전쟁의 상흔과 급변하는 사회적 가치관은 그의 작품에 깊은 영향을 미쳤습니다. 샐린저는 이러한 시대적 배경 속에서 인간의 고독과 소외, 그리고 사회적 부조리를 예리하게 묘사했습니다. 그의 작품은 개인주의적 성향이 강하며, 전통적 가치와 권위에 대한 도전을 담고 있습니다.

작품의 주제 파악

성장과 상실: 홀든 콜필드의 성장 과정과 그로 인한 상실의 경험이 주요한 주제입니다. 그는 어린 시절의 순수함을 잃어가는 과정을 겪으며 세상의 위선과 부조리 속에서 상처받고 방황합니다. 어린 시절을 잃어버리는 것에 대한 두려움과 그로 인해 느끼는 상실감이 소설 전체를 관통합니다.

순수함과 보호: 홀든은 어린아이들의 순수함을 보호하고 싶어하는 강한 욕구를 가지고 있습니다. 그는 자신을 '호밀밭의 파수꾼'으로 상상하며, 아이들이 호밀밭에서 놀다가 절벽으로 떨어지는 것을 막아주는 역할을 하고 싶어합니다. 이는 그의 순수함과 보호 본능을 나타냅니다.

소외와 고독: 홀든은 자신을 주변 사람들과 소통하지 못하고 소외된 존재로 느낍니다. 그는 사회의 위선에 대해 강한 반감을 가지고 있으며, 자신을 이해해줄 사람을 찾지 못해 고독감을 느낍니다. 이러한 소외와

고독은 그가 여러 사람들과의 관계에서 어려움을 겪게 만듭니다.

위선과 진실: 홀든은 세상의 위선과 가식에 대해 비판적입니다. 그는 사람들의 겉과 속이 다르다고 느끼며, 진실한 관계를 갈망합니다. 이러한 그의 태도는 그가 주위 사람들과의 관계를 맺는 데 어려움을 겪는 주요한 이유가 됩니다.

정체성의 탐색: 홀든은 자신이 누구인지, 무엇을 원하는지에 대해 끊임없이 고민합니다. 그는 자신의 정체성을 찾기 위해 여러 가지 시도를 하지만, 갈등과 혼란 속에서 방향을 잃고 방황합니다. 정체성의 탐색은 성장과 성숙의 과정에서 필연적으로 겪게 되는 주제입니다.

구조 파악

제롬 데이비드 샐린저의 『호밀밭의 파수꾼』은 퇴학 위기에 처한 16세 소년 홀든 콜필드가 뉴욕에서 방황하며 겪는 일들을 다룬 소설입니다. 학교와 가정에서 소외감을 느끼는 홀든은 도망치듯 뉴욕으로 가서 여러 사람들과 만나지만 점점 더 고독해집니다. 특히 동생 피비와의 만남에서 그는 순수함을 지키고 싶다는 소망을 드러냅니다. 결국 정신적 위기를 맞은 홀든은 병원에 입원하게 되고, 가족과 재회하며 새로운 시작을 다짐합니다. 이 소설은 성장과 상실, 순수함과 보호, 소외와 고독을 주제로 홀든의 복잡한 내면 세계를 그려냅니다.

Question(질문하기)

청소년의 고독과 소외, 순수함의 상실, 사회적 위선과 도덕적 방황은 제롬 데이비드 샐린저의 소설 『호밀밭의 파수꾼』에서 주인공 홀든 콜필드의 주요한 주제들입니다. 각각의 주제를 뒷받침하는 구체적인 텍스트 예시를 아래에 제시합니다.

1) 청소년의 고독과 소외

홀든은 자신이 속한 사회에서 고립감을 느끼며 타인과의 관계에서 진정한 소통을 갈망합니다. 그는 학교에서 퇴학을 당하고, 가족이나 친구들과도 깊이 있는 소통을 하기 어려워합니다. 홀든의 고독감을 보여주는 예시는 다음과 같습니다.

> "아무에게도 아무 말도 하지 마라. 그러면 모두가 그리워지기 시작한다."

이 구절은 소설의 마지막 부분에서 홀든이 말한 것으로, 자신의 고독함과 소외감을 표현합니다. 그는 타인에게 자신의 속마음을 털어놓으면 결국 그들을 그리워하게 될 것이라고 생각합니다.

2) 순수함의 상실

홀든은 어린 시절의 순수함을 지키고 싶어 하며, 이를 상징적으로 호밀밭의 파수꾼 역할을 꿈꿉니다. 그는 순수함을 잃어가는 것에 대한 두려움과 저항을 느끼고 있습니다. 이를 상징적으로 보여주는 장면은 다음과 같습니다.

> "나는 항상 이런 생각을 한다. 이 넓은 호밀밭에서 많은 아이들이 어떤 놀이를 하고 있는데, 그 주위에는 아무도 없다. 어른은 없고 나만 있는 거다. 내가 그 미친 절벽 끝에 서서 애들이 절벽에서 떨어지려고 할 때마다 붙잡아 줘야 한다. 그게 내가 하루 종일 하는 일이다. 나는 호밀밭의 파수꾼이 되는 거다. 미친 소리 같지만, 그게 내가 정말 하고 싶은 유일한 일이다."

홀든은 자신을 호밀밭의 파수꾼으로 상상하며, 어린아이들이 절벽에서 떨어지지 않도록 지켜주고 싶어합니다. 이는 그가 어린 시절의 순수함을 지키고 싶어 하는 마음을 상징합니다.

3) 사회적 위선과 도덕적 방황

홀든은 성인 세계의 위선과 가식에 반감을 가지고 있으며, 이를 비판적으로 바라봅니다. 그는 어른들이 보이는 위선적인 행동에 환멸을 느끼며, 자신이 속한 사회의 도덕적 기준에 혼란을 느낍니다. 이를 잘 나타내는 예시는 다음과 같습니다.

"사람들은 항상 잘못된 일에 박수를 보낸다."

이 구절은 홀든이 성인 사회의 가식을 비판하는 예시입니다. 그는 사람들이 중요하지 않거나 거짓된 것들에 박수를 보내는 모습을 보고, 사회의 도덕적 혼란을 느낍니다.

Read(문법 읽기)

발단

소설의 시작 부분에서는 주인공 홀든 콜필드가 자신이 다니던 펜시 준비학교에서 퇴학당하게 되었다는 사실을 알립니다. 홀든은 이 학교에서 다른 학생들과의 관계에서 고립감을 느끼고 있으며, 학교의 위선적인 분위기에 환멸을 느낍니다. 이로 인해 그는 집으로 돌아가기 전에 뉴욕 시내를 방황하기로 결심합니다. 이 부분에서는 홀든의 고독과 소외, 성인 세계에 대한 반감이 드러납니다.

전개

홀든은 뉴욕에서 다양한 사람들을 만나게 됩니다. 그는 옛 친구들과,

가족과, 낯선 사람들과의 만남을 통해 자신이 느끼는 소외감과 고독을 극복하려고 노력합니다. 특히 동생 피비와의 만남에서 홀든은 자신이 얼마나 동생을 사랑하는지, 그리고 순수함을 지키고 싶어 하는 자신의 마음을 깨닫게 됩니다. 이 과정에서 그는 자신의 감정과 내면 갈등을 더 깊이 탐구하게 됩니다.

위기

홀든은 여러 가지 시도에도 불구하고 자신이 느끼는 고립감과 불안감을 해결하지 못하고 점점 더 큰 혼란에 빠지게 됩니다. 그는 술을 마시고, 낯선 사람들과의 만남에서 실망을 경험하며, 결국 정신적으로나 신체적으로 지쳐버립니다. 이 시점에서 홀든은 심각한 위기에 처하게 되며, 자신이 처한 상황에 대한 통제력을 상실하게 됩니다.

절정

소설의 절정 부분은 홀든이 동생 피비와의 대화에서 자신의 진정한 소망과 두려움을 털어놓는 장면입니다. 그는 피비에게 자신이 호밀밭의 파수꾼이 되어 어린아이들이 절벽에서 떨어지지 않도록 지켜주고 싶다고 말합니다. 이 장면에서 홀든은 자신의 순수함을 지키고자 하는 강한 열망을 드러내며, 동시에 자신의 한계를 인정하게 됩니다.

대단원

소설의 결말에서는 홀든이 정신과 병원에 입원하게 됩니다. 그는 자신의 이야기를 독자에게 들려주며, 지금은 상태가 많이 호전되었고, 앞으로의 삶에 대한 기대를 가지고 있다고 말합니다. 이로써 홀든의 여정은 끝나지만, 그의 내면 갈등과 성장 과정은 독자에게 깊은 인상을 남깁니다.

Recite(논리로 사고하기)

Q1: 홀든 콜필드가 사람들을 '위선자'와 '순수한 사람'으로 나누는 흑백 논리가 그의 관계와 행동에 어떤 영향을 미쳤는가? 홀든 콜필드가 사람들을 '위선자'와 '순수한 사람'으로 나누는 흑백 논리는 그의 관계와 행동에 여러 가지 영향을 미쳤습니다.

관계 단절

홀든은 사람들을 흑백 논리로 구분하면서 많은 사람들과의 관계를 단절시킵니다. 그는 위선적이라고 생각하는 사람들과의 관계를 피하려고 하며, 이로 인해 친구나 가족과도 깊이 있는 소통을 하지 못합니다. 예를 들어, 그는 학교 친구들, 교사들 그리고 심지어 자신의 형 D. B.마저도 위선자로 여깁니다.

신뢰 문제

홀든은 사람들을 쉽게 믿지 않으며, 진정한 관계를 형성하는 데 어려움을 겪습니다. 그는 사람들의 겉모습과 행동을 의심하고 그들이 자신에게 진실되지 않을 것이라는 불신을 갖고 있습니다.

고독과 소외

흑백 논리로 인한 관계 단절과 신뢰 문제는 결국 홀든을 더 깊은 고독과 소외감으로 이끕니다. 그는 자신이 이해받지 못하고 외로움을 느끼며 진정한 소통을 갈망하게 됩니다.

내적 갈등

홀든은 위선적인 세계와 순수함을 지키려는 자신의 이상 사이에서 끊임없이 내적 갈등을 겪습니다. 이는 그가 자신을 보호하기 위해 사람들을 멀리하고, 동시에 순수한 관계를 갈망하는 모순적인 행동으로 나타납니다.

Q2: 홀든의 경험을 통해 성인 사회의 위선과 그의 고독감을 귀납적으로 이해할 수 있는 방법은 무엇인가? 홀든의 경험을 통해 성인 사회의 위선과 그의 고독감을 귀납적으로 이해하는 방법은 다음과 같습니다.

구체적 경험 수집

홀든이 뉴욕에서 만난 여러 사람들과의 경험을 분석합니다. 예를 들어, 그는 호텔에서 만난 매춘부와의 어색한 만남, 술집에서 만난 위선적인 친구들, 영화관에서 느낀 사람들의 가식적인 행동 등을 통해 성인 사회의 위선을 경험합니다.

경험의 일반화

이러한 구체적인 경험들을 통해 홀든은 성인 사회 전체에 대한 일반적인 인식을 형성합니다. 그는 몇몇 개인의 행동을 통해 전체 사회가 위선적이라는 결론을 도출하게 됩니다.

고독의 증거 찾기

홀든이 느끼는 고독감의 원인을 그의 경험에서 찾습니다. 그는 자신이 이해받지 못하고, 진정한 소통을 할 수 없는 상황에서 점점 더 고립감을 느낍니다. 예를 들어, 그는 동생 피비와의 대화를 제외하고는 거의 모든 관계에서 소외감을 느낍니다.

논리적 추론

이러한 경험들을 바탕으로 홀든의 고독감이 성인 사회의 위선에서 비롯된 것임을 논리적으로 추론할 수 있습니다. 그의 고독감은 단순히 개인적인 문제가 아니라 사회적 환경과 매우 깊은 관련이 있음을 이해하게 됩니다.

Q3: 홀든이 '호밀밭의 파수꾼' 역할을 꿈꾸는 이유를 논리적으로 분석할 때, 그의 내면 동기와 소망은 어떻게 연결되는가? 홀든이 '호밀밭의 파수꾼' 역할을 꿈꾸는 이유를 논리적으로 분석하면 그의 내면 동기와 소망이 다음과 같이 연결됩니다.

대전제: 어린 시절의 순수함은 보호받아야 한다.

소전제: 홀든은 어린 시절의 순수함을 지키고 싶어 한다.

결론: 따라서 홀든은 어린 시절의 순수함을 보호하기 위해 '호밀밭의 파수꾼' 역할을 꿈꾼다.

이 논리적 구조를 통해 다음과 같은 분석이 가능합니다:

순수함에 대한 열망

홀든은 성인 세계의 위선과 타락을 보면서 순수함을 잃지 않는 것이 중요하다고 생각합니다. 이는 그가 어린 시절의 순수함을 지키고자 하는 강한 열망으로 나타납니다.

보호자의 역할

홀든은 자신을 순수함을 지키는 보호자로 상상합니다. '호밀밭의 파수꾼' 역할은 순수한 아이들이 절벽에서 떨어지지 않도록 지키는 상징적인 역할입니다. 이는 그가 순수함을 잃지 않고, 지키고 싶어 하는 마음을 반영합니다.

내면의 갈등과 해결

홀든은 자신이 할 수 있는 유일한 중요한 일로 '호밀밭의 파수꾼' 역할을 생각합니다. 이는 그의 내면 갈등, 즉 순수함을 지키고자 하는 열망과 성인 세계의 위선 사이에서 발생하는 갈등을 해결하고자 하는 소망을 나타냅니다.

이 분석을 통해 홀든의 내면 동기와 소망이 그의 행동과 꿈에 어떻게 연결되는지 논리적으로 이해할 수 있습니다.

Review(기독교 세계관으로 수사)

『호밀밭의 파수꾼』에서 나타난 제롬 데이비드 샐린저의 세계관을 기독교 세계관과 비교하면, 여러 흥미로운 대조와 유사점을 발견할 수 있습니다. 소설 속에서 샐린저는 청소년의 고독과 소외, 순수함의 상실, 사회적 위선 등의 주제를 다루며, 이를 통해 인간 존재와 사회에 대한 비판적인 시각을 드러냅니다. 기독교 세계관과의 비교를 통해 샐린저의 세계관을 더 깊이 이해할 수 있습니다.

인간의 본성과 타락

샐린저는 소설을 통해 인간 사회의 위선과 가식, 그리고 타락을 강조합니다. 주인공 홀든 콜필드는 성인 세계의 위선과 가식에 대해 깊은 회의를 느끼며, 이를 피하려고 합니다. 그는 어린 시절의 순수함을 지키고자 노력하지만, 성인 사회의 타락한 모습을 보며 좌절합니다. 기독교 세계관에서는 인간의 타락을 원죄(Original Sin)로 설명합니다. 인간은 본래 죄인이며, 하나님의 은혜 없이는 구원받을 수 없다고 믿습니다. 성경에서는 모든 인간이 죄를 범하였고, 하나님의 영광에 이르지 못한다고 가르칩니다(롬 3:23). 둘 다 인간 사회의 타락과 위선을 인정하지만, 기독교 세계관은 이를 구원과 회복의 가능성으로 연결시킵니다. 반면, 샐린저는 홀든을 통해 이러한 타락에서 벗어나기 어려운 현실을 강조합니다.

순수함과 보호

홀든은 어린아이들의 순수함을 지키고 싶어 하며 자신을 '호밀밭의 파수꾼'으로 상상합니다. 이는 순수함이 보호받아야 한다는 그의 강한 신념을 반영합니다. 기독교 세계관에서는 순수함과 순결이 중요시됩니다. 예수님은 "어린아이와 같지 않으면 결코 천국에 들어가지 못한다"(마 18:3)고 말씀하셨습니다. 또한, 기독교에서는 하나님이 인간의 보호자이자 인도자로서 순수함을 지키는 분으로 여겨집니다. 두 세계관 모두 순수함의 중요성을 강조하지만, 기독교 세계관은 하나님의 보호와 인도를 강조하는 반면, 샐린저는 인간 자신의 역할에 더 집중합니다.

고독과 소외

홀든은 깊은 고독과 소외감을 느끼며 타인과의 진정한 소통을 갈망합니다. 그는 성인 사회의 위선으로 인해 소외감을 더욱 강하게 느끼게 됩니다. 기독교 세계관에서는 인간이 하나님과의 관계에서 진정한 소속감을 찾을 수 있다고 믿습니다. 하나님과의 관계를 통해 인간은 고독에서 벗어나며, 교회 공동체는 이 소속감을 강화합니다. 성경은 "내가 너희를 고아와 같이 버려두지 아니하고 너희에게로 오리라"(요 14:18)고 말씀하십니다. 샐린저는 홀든의 고독과 소외를 사회적 문제로 바라보며, 해결책을 찾지 못하고 방황하는 모습을 그립니다. 반면, 기독교 세계관은 하나님과의 관계를 통해 고독과 소외를 극복할 수 있음을 제시합니다.

구원과 회복

홀든은 소설 내내 구원과 회복을 찾으려 하지만, 끝내 이를 완전히 이루지 못합니다. 그는 병원에 입원하면서 일시적인 안정을 찾지만, 근본적인 해결책을 발견하지 못합니다. 기독교 세계관에서는 예수 그리스도를 통한 구원과 회복을 강조합니다. 모든 인간은 예수님의 희생을 통해 죄에서 구원받을 수 있으며, 이는 영원한 회복을 의미합니다. "주 예수를 믿으라 그리하면 너와 네 집이 구원을 받으리라"(행 16:31). 샐린저는 인간적인 노력으로는 완전한 구원과 회복이 어렵다는 현실적인 관점을 제시합니다. 반면, 기독교 세계관은 하나님의 은혜를 통한 완전한 구원과 회복의 가능성을 제시합니다.

샐린저의 소설 『호밀밭의 파수꾼』과 기독교 세계관을 비교하면, 두 세계관은 인간의 타락과 순수함, 고독과 소외, 구원과 회복 등 여러 면에서 대조적이지만, 동시에 인간 존재의 깊은 고민을 공유하고 있음을 알 수 있습니다. 샐린저는 인간의 내면 갈등과 사회적 문제를 현실적으로 묘사하는 반면, 기독교 세계관은 하나님과의 관계를 통한 해결책을 제시합니다. 이를 통해 우리는 인간 존재에 대한 더 깊은 이해와 다양한 시각을 얻을 수 있습니다.

기독 지성인이 읽어야 할 문사철

1. 기독 지성인들에게

인류는 문명의 발전과 함께 다양한 문학 작품을 창작하고 감상하며 문화와 지식을 축적해 왔습니다. 문학은 단순히 이야기나 시를 즐기는 것을 넘어, 인간의 사상, 철학, 역사, 사회 구조 등을 이해하는 중요한 도구로 작용해 왔습니다. 특히, 청소년기에는 이러한 문학 작품을 통해 사고의 폭을 넓히고, 다양한 가치를 이해하며, 글로벌 시각을 키울 수 있는 중요한 시기입니다.

한국인이자 아시아인, 그리고 세계인으로서 청소년들이나 교양인들이 읽어야 할 도서 목록은, 이들이 미래에 국제적 감각을 갖춘 지성인으로 성장하는 데 필수적인 밑거름이 됩니다. 이러한 도서 목록은 문학 작품을 통해 인류의 역사와 문명, 철학적 사유, 사회적 변화와 혁명, 그리고 개인의 성장과 성숙을 탐구할 수 있도록 구성되었습니다. 이를 통해 우리는 과거의 지혜를 배우고, 현재의 도전을 이해하며, 미래를 준비할 수 있는 기반을 마련하게 됩니다.

문학은 우리에게 모험의 흥분과 방황 속에서 자기 탐구의 깊이를 제공하며, 사회의 혁명적 변화를 목격하고 사랑과 관계의 복잡성을 이해하게 합니다. 또한, 생존과 인간의 조건을 탐구하며, 윤리적 딜레마와 철학적 질문에 대해 깊이 고민하게 합니다. 이러한 과정에서 독자들은 단순한 독서를 넘어, 인류의 지적 유산을 체험하고, 다양한 문화와 사상을 이해하며, 보다 넓은 시야를 가지게 됩니다.

특히 기독교적 세계관을 가진 지성인들에게 문학 작품은 더욱 중요한 역할을 합니다. 성경과 신앙의 가르침을 바탕으로 한 도덕적, 윤리적 기준을 문학 작품에서 확인하고, 이를 통해 사회와 인간 관계의 복잡성을 더욱 깊이 이해할 수 있습니다. 문학은 기독교적 가치와 신앙적 성찰을 강화하는 도구가 될 수 있으며, 이를 통해 기독교인들은 더욱 견고한 신앙적 기반 위에서 지적인 탐구를 할 수 있게 됩니다. 예를 들어, 도스토옙스키의 작품들은 깊은 신앙적 고민과 인간의 본질에 대한 질문을 다루며, 독자들에게 신앙과 도덕적 딜레마에 대한 깊은 통찰을 제공합니다.

이와 같은 도서 목록은 특히 서울대학교에서 추천한 100선의 도서를 포함하여, 다양한 주제와 시대를 아우르는 작품들로 구성되었습니다. 이는 독자들이 보다 균형 잡힌 시각으로 세계를 바라보고, 다양한 문화적 배경과 역사적 맥락을 이해하는 데 큰 도움이 될 것입니다. 이러한 도서 목록을 통해 청소년들과 교양인들은 풍부한 지식을 쌓고, 비판적 사고 능력을 기르며, 글로벌 사회에서 중요한 역할을 할 수 있는 역량을 갖추게 될 것입니다.

기독교적 세계관을 바탕으로 문학 작품을 읽는 것은 단순한 지식 축적을 넘어, 신앙적 성찰과 도덕적 성장의 기회를 제공합니다. 이는 기독교인들이 세상 속에서 빛과 소금의 역할을 하는 데 필요한 영적, 지적 기반을 강화하는 중요한 방법입니다. 이 도서 목록은 이러한 목표를 달성하는 데 크게 기여할 것입니다.

2. 도서분류표의 특징

이 도서 분류표는 다양한 주제와 영역에서 인류가 이해하고 탐구해야 할 핵심적인 분야들을 포괄하고 있습니다. 이 분류표의 주요 특징은 다음과 같습니다.

다양한 장르와 주제

이 분류표는 문학, 역사, 철학 등 여러 분야를 포함하고 있으며, 이를 통해 독자들은 다양한 장르의 작품을 접하며 폭넓은 지식을 습득할 수 있습니다.

문학: 모험, 방황과 자기 탐구, 사회와 혁명, 사랑과 관계, 역사와 서사, 생존과 인간의 조건, 성장과 성숙, 종교와 철학 등 다양한 주제로 나뉘어 있습니다. 예를 들어, '모험' 카테고리에는 쥘 베른의 『80일간의 세계일주』, 마크 트웨인의 『허클베리 핀의 모험』 등이 포함됩니다. 이러한 작품들은 독자에게 흥미로운 스토리와 함께 인생의 다양한 면모를 탐구하게 합니다.

고전과 현대 작품의 균형

고전 작품과 현대 작품을 균형 있게 포함하여 독자들이 다양한 시대의 작품을 접할 수 있도록 구성되어 있습니다.

고전 작품: 플라톤의 『국가』, 호메로스의 『일리아드』, 『오딧세이아』, 도스토옙스키의 『죄와 벌』 등이 포함됩니다. 이러한 고전 작품들은 인류의 지적 유산을 대표하며, 오늘날에도 여전히 중요한 사상적, 문화적 가치를 지닙니다.

현대 작품: 유발 하라리의 『사피엔스』, 제레드 다이아몬드의 『총, 균, 쇠』 등 현대의 주요 저작도 포함되어 있어, 독자들이 현대적 시각으로 세상을 이해하고 해석할 수 있도록 돕습니다.

세계 문학과 사상의 포괄

동양 문학과 사상: 예를 들어, 『삼국유사』와 『사기열전』 같은 동양 고

전들이 포함되어 있으며, 이는 독자들이 동서양의 다양한 문화와 사상을 이해하는 데 도움을 줍니다. 이러한 작품들은 동양의 철학과 역사적 배경을 바탕으로 인류 문명의 또 다른 측면을 조명합니다.

인간의 다양한 측면 탐구

모험: 인간의 도전 정신과 탐험을 다룹니다. 예를 들어, 쥘 베른의 『80일간의 세계일주』는 전 세계를 여행하는 주인공의 모험을 통해 독자들에게 도전과 모험의 중요성을 전달합니다.

방황과 자기 탐구: 개인의 내면과 자아를 탐구합니다. 헤르만 헤세의 『데미안』과 같은 작품들은 자아 발견과 성찰의 과정을 통해 독자들에게 깊은 통찰을 제공합니다.

사회와 혁명: 사회적 변화와 혁신을 다룹니다. 조지 오웰의 『1984』와 『동물 농장』은 사회적 불평등과 권력의 문제를 날카롭게 비판합니다.

교육적 가치

이 분류표는 교육적으로 매우 가치가 있으며, 학생들과 교양인들이 필수적으로 읽어야 할 도서들을 포함하고 있습니다. 이는 서울대학교에서 추천한 도서들과도 일치하여, 독자들이 학문적 깊이를 더할 수 있도록 돕습니다.

서울대 추천 도서: 『고백록』 – 아우구스티누스, 『니코마코스 윤리학』

– 아리스토텔레스, 『자유론』 – 존 스튜어트 밀 등이 포함되어 있습니다. 이러한 도서들은 철학적, 윤리적, 사회적 통찰을 제공하여 독자들이 비판적 사고를 기르고, 지성인으로 성장하는 데 기여합니다.

글로벌 시각

분류표는 독자들이 글로벌 시각을 갖추도록 돕습니다. 다양한 국가와 문화의 작품들이 포함되어 있어, 독자들이 세계 각국의 역사와 문화를 이해하는 데 도움이 됩니다.

특정 국가 및 지역사: 『미국 민중사』 – 하워드 진, 『중국의 역사』 – 존 킹 페어뱅크, 『일본의 역사』 – 에드윈 라이샤워 등의 도서들이 포함되어 있습니다. 이러한 도서들은 특정 국가와 지역의 역사적 맥락과 문화를 깊이 있게 이해하는 데 도움을 줍니다.

이와 같은 특징들을 통해 이 분류표는 독자들이 문학적, 역사적, 철학적 탐구를 통해 폭넓은 지식과 깊은 통찰을 얻을 수 있도록 돕습니다. 다양한 작품을 통해 독자들은 과거의 지혜를 배우고, 현재의 도전을 이해하며, 미래를 준비하는 데 필요한 지적 자양분을 얻을 수 있습니다.

주제별로 분류한 문학, 역사, 철학

• 문학

이 도서 분류표는 기독교적 지성인으로 성장하는 데 필요한 8가지 주요 특징을 포함하고 있습니다. 이 분류표는 문학을 통해 신앙과 삶의 다양한 측면을 탐구할 수 있도록 하여, 기독교인들이 보다 균형 잡힌 시각으로 세계를 이해하고, 신앙적 성찰과 도덕적 성장을 이룰 수 있도록 돕습니다. 각 특징은 독자들이 신앙적, 지적, 도덕적 성장을 도모하는 데 중점을 둡니다.

도전과 탐험 정신

모험 카테고리는 독자들에게 도전과 탐험 정신을 고취시킵니다. 쥘 베른의 『80일간의 세계일주』, 마크 트웨인의 『허클베리 핀의 모험』 등은 주인공들이 새로운 세계를 탐험하며 도전하는 이야기를 담고 있습니다. 이는 기독교인들이 신앙 안에서 새로운 도전과 탐험을 두려워하지 않도록 격려합니다.

자아 발견과 성찰

방황과 자기 탐구 카테고리는 자아 발견과 성찰을 주제로 합니다. 헤르만 헤세의 『데미안』과 프란츠 카프카의 『변신』은 독자들이 자신의 정체성과 내면을 깊이 탐구하도록 돕습니다. 이는 기독교인들이 자신과 하나님과의 관계를 깊이 성찰하는 데 기여합니다.

사회 정의와 혁명

사회와 혁명 카테고리는 사회 정의와 혁명의 중요성을 강조합니다. 조지 오웰의 『1984』와 『동물 농장』은 사회적 불평등과 권력의 남용을 비판하며, 독자들이 사회 정의를 실현하는 데 기독교적 가치를 어떻게 적용할 수 있는지 고민하게 합니다.

사랑과 관계의 복잡성 이해

사랑과 관계 카테고리는 사랑과 인간 관계의 복잡성을 탐구합니다. 제인 오스틴의 『오만과 편견』과 샬롯 브론테의 『제인 에어』는 사랑과 관계에서 발생하는 다양한 갈등과 해결 방안을 제시하며, 기독교인들이 인간 관계에서 사랑과 용서를 실천하는 데 도움을 줍니다.

역사적 통찰과 서사 이해

역사와 서사 카테고리는 역사적 통찰과 서사의 중요성을 강조합니다. 레프 톨스토이의 『전쟁과 평화』와 조지 엘리엇의 『미들마치』는 역사적 사건과 그 속에 담긴 인간의 이야기를 통해 기독교인들이 역사 속에서 하나님의 손길을 발견하도록 돕습니다.

생존과 인간의 조건 탐구

생존과 인간의 조건 카테고리는 생존과 인간의 조건을 심도 있게 탐구합니다. 에르네스트 헤밍웨이의 『노인과 바다』와 허먼 멜빌의 『모비딕』은 극한 상황에서 인간의 본성과 생존을 다루며, 기독교인들이 어려운 상황에서도 신앙을 지키고 희망을 잃지 않도록 격려합니다.

성장과 성숙의 과정

성장과 성숙 카테고리는 개인의 성장과 성숙을 주제로 합니다. 루이자 메이 올콧의 『작은 아씨들』과 J. D. 샐린저의 『호밀밭의 파수꾼』은 주인공들이 성장 과정에서 겪는 갈등과 성장을 그리며, 기독교인들이 신앙 안에서 성숙해지는 과정을 이해하도록 돕습니다.

종교적 성찰과 철학적 사유

종교와 철학 카테고리는 종교적 성찰과 철학적 사유를 중심으로 합니다. 아우구스티누스의 『고백록』과 아리스토텔레스의 『니코마코스 윤리학』은 독자들이 깊이 있는 신앙적 성찰과 철학적 사유를 통해 자신의 신앙을 더욱 견고히 할 수 있도록 돕습니다.

(1) 모험

『80일간의 세계일주』 – 쥘 베른
『허클베리 핀의 모험』 – 마크 트웨인
『톰 소여의 모험』 – 마크 트웨인
『반지의 제왕』 – J. R. R. 톨킨
『오즈의 마법사』 – L. 프랭크 바움
『해리 포터 시리즈』 – J. K. 롤링
『걸리버 여행기』 – 조너선 스위프트
『셜록 홈즈 시리즈』 – 아서 코난 도일
『일리아드, 오딧세이아』 – 호메로스
『돈키호테』 – 세르반테스

(2) 방황과 자기 탐구

『데미안』 – 헤르만 헤세
『변신』 – 프란츠 카프카
『이방인』 – 알베르 카뮈
『율리시스』 – 제임스 조이스
『파리대왕』 – 윌리엄 골딩
『로미오와 줄리엣』 – 윌리엄 셰익스피어
『햄릿』 – 윌리엄 셰익스피어
『지킬 박사와 하이드 씨』 – 로버트 루이스 스티븐슨
『젊은 예술가의 초상』 – 제임스 조이스
『변신』 – 오비디우스

(3) 사회와 혁명

『1984』 – 조지 오웰

『동물 농장』 – 조지 오웰

『레 미제라블』 – 빅토르 위고

『분노의 포도』 – 존 스타인벡

『주홍 글씨』 – 너새니얼 호손

『모비 딕』 – 허먼 멜빌

『죄와 벌』 – 도스토옙스키

『카라마조프가의 형제들』 – 도스토옙스키

『감시와 처벌』 – 미셸 푸코

(4) 사랑과 관계

『오만과 편견』 – 제인 오스틴

『제인 에어』 – 샬롯 브론테

『폭풍의 언덕』 – 에밀리 브론테

『위대한 개츠비』 – F. 스콧 피츠제럴드

『작은 아씨들』 – 루이자 메이 올콧

『바람과 함께 사라지다』 – 마거릿 미첼

『테스』 – 토마스 하디

『안나 카레니나』 – 톨스토이

『보바리 부인』 – 플로베르

『젊은 예술가의 초상』 – 제임스 조이스

(5) 역사와 서사

『전쟁과 평화』 – 레프 톨스토이

『미들마치』 – 조지 엘리엇

『백 년의 고독』 – 가브리엘 가르시아 마르케스

『소리와 분노』 – 윌리엄 포크너

『위대한 유산』 – 찰스 디킨스

『톨스토이 단편선』 – 레프 톨스토이

『슬픈 열대』 – 레비스트로스

『삼국유사』 – 일연

『사기열전』 – 사마천

『물질문명과 자본주의』 – 페르낭 브로델

(6) 생존과 인간의 조건

『노인과 바다』 – 에르네스트 헤밍웨이

『모비 딕』 – 허먼 멜빌

『프랑켄슈타인』 – 메리 셸리

『파리대왕』 – 윌리엄 골딩

『걸리버 여행기』 – 조너선 스위프트

『지킬 박사와 하이드 씨』 – 로버트 루이스 스티븐슨

『이기적 유전자』 – 리처드 도킨스

『종의 기원』 – 찰스 다윈

『괴델, 에셔, 바흐』 – 더글러스 호프스태터

『부분과 전체』 – 베르너 하이젠베르크

(7) 성장과 성숙

『작은 아씨들』 – 루이자 메이 올콧

『빨강머리 앤』 – 루시 모드 몽고메리

『호밀밭의 파수꾼』 – J. D. 샐린저

『해리 포터 시리즈』 – J. K. 롤링

『무정』 – 이광수

『삼대』 – 염상섭

『천변풍경』 – 박태원

『광장』 – 최인훈

『토지』 – 박경리

『카인의 후예』 – 황순원

(8) 종교와 철학

『데미안』 – 헤르만 헤세

『죄와 벌』 – 도스토옙스키

『카라마조프가의 형제들』 – 도스토옙스키

『변신』 – 프란츠 카프카

『이방인』 – 알베르 카뮈

『주홍 글씨』 – 너새니얼 호손

『고백록』 – 아우구스티누스

『니코마코스 윤리학』 – 아리스토텔레스

『논어』 – 공자

『도덕계보학』 – 니체 (추천: 네이버 블로그)

• 역사

이 도서 분류표는 기독교적 지성으로 성장하기 위한 8가지 주요 특징을 포함하고 있습니다. 각 특징은 독자들이 신앙적, 지적, 도덕적 성장을 도모하는 데 중점을 둡니다.

이 역사 도서 분류표는 기독교적 지성으로 성장하는 데 필수적인 8가지 주요 특징을 갖추고 있습니다. 각 특징은 독자들이 신앙적, 지적, 도덕적 성장을 도모하는 데 중점을 둡니다.

인류 역사와 문명의 이해

인류 역사 및 문명 카테고리는 인류의 기원과 발전을 다루는 도서들을 포함하고 있습니다. 유발 하라리의 『사피엔스』는 인류의 기원부터 현대까지의 역사를 폭넓게 설명하며, 인간의 진화와 문명의 발달 과정을 탐구합니다. 제레드 다이아몬드의 『총, 균, 쇠』는 인간 사회의 발전과 문명의 차이를 설명하며, 환경적 요인이 어떻게 문명의 형성에 영향을 미쳤는지 논의합니다. 이는 기독교인들이 하나님의 창조와 인류의 역사를 더 깊이 이해하는 데 도움을 줍니다. 윌 듀랜트의 『세계 역사』는 다양한 문명과 시대를 다루며, 인간의 역사적 경험을 포괄적으로 이해할 수 있게 합니다. 이러한 도서들은 독자들이 역사적 맥락을 이해하고, 하나님의 창조와 섭리를 깊이 이해하는 데 기여합니다.

고대와 중세의 지혜

고대 및 중세 역사 카테고리는 고대와 중세 시대의 지혜를 탐구합니다. 에드워드 기번의 『로마 제국 쇠망사』는 로마 제국의 흥망성쇠를 통해 권력의 본질과 인간 사회의 변화를 탐구합니다. 줄리어스 시저의 『갈리아 전쟁기』는 고대 로마의 군사적 업적과 정치적 전략을 기록하며, 당시의 역사적 사건을 이해하는 데 도움을 줍니다. 사마천의 『사기열전』은 중국 고대사의 중요한 사건들과 인물들을 다루며, 동양 역사에 대한 깊은 통찰을 제공합니다. 이러한 도서들은 기독교인들이 고대와 중세의 역사적 지혜를 통해 현대 사회에 적용할 수 있는 교훈을 얻도록 돕습니다.

근대와 현대의 도전

근대 및 현대 역사 카테고리는 근대와 현대의 중요한 역사적 사건과 도전을 다룹니다. 에릭 홉스봄의 『혁명의 시대』는 산업혁명과 프랑스 혁명 이후의 유럽 사회 변화를 탐구하며, 현대 사회의 기원을 이해하게 합니다. 폴 존슨의 『현대 세계사』는 20세기와 21세기의 주요 사건들을 다루며, 현대 세계를 이해하는 데 중요한 관점을 제공합니다. 토니 주트의 『포스트워』는 제2차 세계대전 이후의 유럽 사회를 다루며, 전후 복구와 냉전 시대의 정치적 변화를 분석합니다. 이러한 도서들은 기독교인들이 현대 사회의 변화를 신앙적 시각에서 해석하고 대응할 수 있게 합니다.

특정 국가와 지역의 역사

특정 국가 및 지역사 카테고리는 특정 국가와 지역의 역사적 배경을 깊이 있게 탐구합니다. 하워드 진의 『미국 민중사』는 미국 역사에서 소외된 계층의 시각을 조명하며, 미국 사회의 다양한 목소리를 이해하게 합니다. 존 킹 페어뱅크의 『중국의 역사』는 중국의 역사적 발전과 변화를 다루며, 동양 문명에 대한 깊은 이해를 제공합니다. 에드윈 라이샤워의 『일본의 역사』는 일본의 역사와 문화를 탐구하며, 동아시아의 역사적 배경을 이해하는 데 도움을 줍니다. 이러한 도서들은 글로벌 시각을 키우고, 다양한 문화를 이해하는 데 기여합니다.

개인의 이야기와 전기

전기 및 개인사 카테고리는 개인의 삶과 업적을 통해 역사적 사건과 변화를 조명합니다. 엘리너 로즈벨트의 『나의 이야기』는 그녀의 삶과 업적을 통해 미국의 정치와 사회 변화를 이해하게 합니다. M. K. 간디의 『간디 자서전』은 비폭력 저항 운동의 기원을 설명하며, 도덕적 결단과 신앙의 중요성을 강조합니다. 찰리 채플린의 『채플린 자서전』은 그의 예술적 업적과 개인적 경험을 통해 20세기 초의 문화적 변화를 이해하게 합니다. 이러한 도서들은 기독교인들이 신앙을 바탕으로 개인의 삶을 조명하고 본받을 수 있도록 합니다.

역사 철학과 이론

역사 철학 및 이론 카테고리는 역사에 대한 철학적 탐구와 이론을 제공합니다. 프랜시스 후쿠야마의 『역사의 종언』은 자유민주주의의 승리를 주장하며, 역사적 진보의 종말을 논의합니다. E.H.카의 『역사란 무엇인가?』는 역사의 본질과 역사가의 역할을 탐구하며, 역사 서술의 객관성과 주관성을 논의합니다. 토마스 쿤의 『과학 혁명의 구조』는 과학적 패러다임의 변화를 통해 역사의 진보를 이해하는 방식을 제시합니다. 이러한 도서들은 기독교인들이 역사적 사건을 철학적 관점에서 해석하고 이해하는 데 기여합니다.

비판적 사고와 분석

이 분류표는 다양한 주제를 다루면서 독자들이 비판적 사고와 분석 능력을 기를 수 있도록 합니다. 예를 들어, 새뮤얼 헌팅턴의 『문명의 충돌』은 현대 세계의 문화적 갈등과 상호작용을 분석하며, 독자들이 다양한 문화적 관점을 이해하고 비판적으로 사고할 수 있도록 돕습니다. 이러한 도서들은 독자들이 역사의 복잡성과 다양한 관점을 이해하고, 신앙적 가치와 도덕적 판단을 강화할 수 있습니다.

신앙과 역사적 맥락의 조화

이 분류표는 신앙과 역사적 맥락을 조화롭게 이해할 수 있는 도서들을 포함하고 있습니다. 막스 베버의 『프로테스탄티즘의 윤리와 자본주의 정신』은 신앙이 경제와 사회에 미친 영향을 분석하며, 기독교인들이 역사적 맥락 속에서 신앙의 역할을 이해하는 데 도움을 줍니다. 이는 신앙적 성찰과 역사적 이해를 통해 균형 잡힌 시각을 제공합니다. 또한, 아놀드 토인비의 『역사의 연구』는 역사의 반복과 패턴을 분석하여, 기독교인들이 과거의 교훈을 현재와 미래에 적용하는 데 도움을 줍니다.

이와 같은 특징들은 독자들이 역사의식을 갖추고, 신앙적 가치와 역사적 이해를 바탕으로 세계를 바라보며, 다양한 도전과 변화를 효과적으로 대응할 수 있도록 돕습니다. 이러한 도서들은 기독교인들이 역사적 맥락에서 신앙을 이해하고 실천하는 데 중요한 자원이 됩니다.

(1) 인류 역사 및 문명

『사피엔스』 – 유발 하라리
『총, 균, 쇠』 – 제레드 다이아몬드
『세계 역사』 – 윌 듀랜트
『문명의 대전환』 – 케네스 클라크
『인류의 진보』 – 스티븐 핑거
『역사』 – 헤로도토스
『역사의 연구』 – 아놀드 토인비
『세계사 강의』 – E. H. 카
『물질문명과 자본주의』 – 페르낭 브로델
『프로테스탄티즘의 윤리와 자본주의 정신』 – 막스 베버

(2) 고대 및 중세 역사

『로마 제국 쇠망사』 – 에드워드 기번

『갈리아 전쟁기』 – 줄리어스 시저

『30년 전쟁의 역사』 – 피터 윌슨

『삼국유사』 – 일연

『사기열전』 – 사마천

『고대 그리스의 역사』 – 헤로도토스

『중세 유럽의 역사』 – 자크 르 고프

『성경의 역사』 – 브루스 메츠거

『그리스 비극 선집』 – 소포클레스 외

『율곡문선』 – 이이

(3) 근대 및 현대 역사

『혁명의 시대』 – 에릭 홉스봄

『현대 세계사』 – 폴 존슨

『포스트워』 – 토니 주트

『제국의 역사』 – 니얼 퍼거슨

『대변동의 시대』 – 바바라 터크먼

『프랑스 혁명의 역사』 – 알렉시스 드 토크빌

『제2차 세계대전』 – 앤터니 비버

『냉전의 역사』 – 존 루이스 개디스

『러시아 혁명』 – 리처드 파이프스

『미국의 민주주의』 – 알렉시스 드 토크빌

(4) 특정 국가 및 지역사

『미국 민중사』 – 하워드 진

『남북전쟁의 역사』 – 제임스 맥퍼슨

『D–Day』 – 스티븐 앰브로스

『파리의 혁명』 – 존 토머스

『히틀러: 전기』 – 이언 케르쇼

『중국의 역사』 – 존 킹 페어뱅크

『일본의 역사』 – 에드윈 라이샤워

『러시아의 역사』 – 오크쇼트

『인도의 역사』 – 존 키(John Keay)

『독일의 역사』 – 아서 콘트

(5) 전기 및 개인사

『히틀러: 전기』 – 이언 케르쇼

『나의 이야기』 – 엘리너 로즈벨트

『미국의 흥망성쇠』 – 윌리엄 맨체스터

『간디 자서전』 – M. K. 간디

『채플린 자서전』 – 찰리 채플린

『헬렌 켈러 자서전』 – 헬렌 켈러

『나의 투쟁』 – 아돌프 히틀러

『잔다르크 전기』 – 마크 트웨인

『스티브 잡스』 – 월터 아이작슨

『프랭클린 자서전』 – 벤저민 프랭클린

(6) 역사 철학 및 이론

『역사의 종언』 – 프랜시스 후쿠야마

『역사란 무엇인가?』 – E. H. 카

『역사철학』 – 헤겔

『역사적 유물론』 – 칼 마르크스

『시간의 역사』 – 스티븐 호킹

『과학 혁명의 구조』 – 토마스 쿤

『진화론』 – 찰스 다윈

『세계사 속의 인문학』 – 노엄 촘스키

『문명의 충돌』 – 새뮤얼 헌팅턴

『방법서설』 – 르네 데카르트

- 철학

이 철학 도서 분류표는 철학적 사고를 가진 기독지성으로 성장하는 데 도움을 주기 위해 다음과 같은 다섯 가지 주요 특징을 갖추고 있습니다. 각 특징은 독자들이 신앙적, 지적, 도덕적 성장을 도모하는 데 중점을 둡니다.

형이상학적 탐구

형이상학(Metaphysics) 카테고리는 존재와 현실의 본질을 탐구하는 도서들을 포함하고 있습니다. 플라톤의 『소크라테스의 변명』, 니체의 『차라투스트라는 이렇게 말했다』, 하이데거의 『존재와 시간』 등은 존재의 본질과 현실의 본성을 깊이 탐구합니다. 이는 기독교인들이 하나님의 존재와 창조의 신비를 더 깊이 이해하는 데 도움을 줍니다. 예를 들어, 플라톤은 『국가』에서 이상적인 국가와 정의의 개념을 설명하며, 인간의 영혼과 현실 세계의 본질에 대한 철학적 논의를 제시합니다. 니체는 『차라투스트라는 이렇게 말했다』를 통해 초인(Übermensch)의 개념을 소개하며, 기존의 도덕적 가치와 체계를 넘어서는 새로운 가치 창출의 필요성을 강조합니다. 이러한 형이상학적 탐구를 통해 독자들은 하나님의 창조와 존재의 근본적인 질문들에 대한 답을 찾을 수 있습니다.

인식론적 이해

인식론(Epistemology) 카테고리는 지식의 본질과 한계를 다룹니다. 데카르트의 『방법서설』, 칸트의 『실천이성비판』, 비트겐슈타인의 『철학적 논고』 등은 지식의 근원과 본질을 탐구합니다. 이는 기독교인들이 신앙과 지식의 관계를 이해하고, 진리에 대한 탐구를 통해 하나님을 더 깊이 알아가는 데 기여합니다. 데카르트는 『방법서설』에서 "나는 생각한다, 고로 존재한다"라는 명제로 유명한 자아와 존재의 확실성을 탐구합니다. 칸트는 『실천이성비판』에서 도덕법칙과 자유의지를 논하며, 인간이 어떻게 도덕적 행위를 통해 신앙과 이성을 조화시킬 수 있는지 설명합니다. 비트겐슈타인은 『철학적 논고』를 통해 언어와 현실의 관계를 분석하며, 우리의 인식이 어떻게 언어를 통해 형성되는지 탐구합니다. 이러한 인식론적 도서들은 독자들이 신앙적 확신을 갖추는 데 필요한 이성적 근거를 제공합니다.

윤리적 성찰

윤리학(Ethics) 카테고리는 도덕적 판단과 행동에 대한 탐구를 포함합니다. 아리스토텔레스의 『니코마코스 윤리학』, 칸트의 『도덕철학』, 롤스의 『정의론』 등은 도덕적 원칙과 규범을 다룹니다. 이는 기독교인들이 성경적 가르침을 바탕으로 도덕적 결단을 내리는 데 도움을 줍니다. 아리스토텔레스는 『니코마코스 윤리학』에서 덕과 행복의 관계를 설명하며, 인간이 어떻게 덕을 실천하여 행복에 이를 수 있는지 탐구합니다. 칸트는 『도덕철학』에서 의무와 보편적 도덕법칙을 강조하며, 도덕적 행위의 기준을 제시합니다. 롤스는 『정의론』에서 공정성과 정의의 원칙을 다루며, 사회적 불평등을 해결하기 위한 철학적 기반을 제공합니다. 윤리적 성찰을 통해 독자들은 기독교적 가치를 실천하는 구체적인 방안을 모색할 수 있습니다.

사회 철학과 정치

사회 철학과 정치는 기독교인이 사회적 책임과 공동체의 역할을 이해하는 데 필수적입니다. 루소의 『사회계약론』, 푸코의 『감시와 처벌』, 아렌트의 『전체주의의 기원』 등은 사회적 구조와 권력의 본질을 다룹니다. 이는 기독교인들이 사회 정의와 공의를 실천하는 데 기여합니다. 루소는 『사회계약론』에서 개인과 국가 간의 계약을 통해 자유와 평등을 이루는 방안을 제시하며, 공동체의 중요성을 강조합니다. 푸코는 『감시와 처벌』에서 현대 사회의 권력 구조와 감시 시스템을 분석하며, 권력의 작동 방식에 대한 비판적 시각을 제공합니다. 아렌트는 『전체주의의 기원』에서 전체주의 정권의 형성과 작동 방식을 탐구하며, 사회적 억압과 폭력의 근원을 밝힙니다. 사회 철학과 정치 철학 도서들은 기독교인이 사회 참여와 봉사를 통해 신앙을 실천하는 데 중요한 지침을 제공합니다.

신앙과 철학의 조화

이 분류표는 신앙과 철학의 조화를 이루는 도서를 포함하고 있습니다. 아우구스티누스의 『고백록』, 아리스토텔레스의 『니코마코스 윤리학』, 플라톤의 『국가』 등은 철학적 사유와 신앙적 성찰을 통해 기독교인이 보다 균형 잡힌 신앙을 가질 수 있도록 돕습니다. 아우구스티누스는 『고백록』에서 자신의 신앙 여정을 서술하며, 하나님의 은혜와 인간의 죄성을 고백합니다. 아리스토텔레스는 『니코마코스 윤리학』에서 인간의 덕과 행복을 탐구하며, 도덕적 삶의 중요성을 강조합니다. 플라톤은 『국가』에서 정의와 이상국가를 논하며, 철학적 사유를 통해 사회의 이상을 제시합니다. 신앙과 철학의 조화는 기독교인들이 이성적 사고와 영적 성장을 동시에 이루는 데 기여합니다.

(1) 형이상학(Metaphysics)

『소크라테스의 변명』 – 플라톤

『차라투스트라는 이렇게 말했다』 – 프리드리히 니체

『변신』 – 프란츠 카프카

『이방인』 – 알베르 카뮈

『사회계약론』 – 장 자크 루소

『국가』 – 플라톤

『존재와 시간』 – 마르틴 하이데거

『철학적 탐구』 – 루트비히 비트겐슈타인

『니코마코스 윤리학』 – 아리스토텔레스

『파우스트』 – 요한 볼프강 폰 괴테

(2) 인식론(Epistemology)

『명상록』 – 마르쿠스 아우렐리우스

『데카르트의 성찰』 – 르네 데카르트

『전체주의의 기원』 – 한나 아렌트

『감시와 처벌』 – 미셸 푸코

『자유론』 – 존 스튜어트 밀

『과학 혁명의 구조』 – 토마스 쿤

『방법서설』 – 르네 데카르트

『실천이성비판』 – 임마누엘 칸트

『진리와 방법』 – 한스 게오르크 가다머

『철학적 논고』 – 루트비히 비트겐슈타인

(3) 윤리학(Ethics)

『니코마코스 윤리학』 – 아리스토텔레스

『실존주의는 휴머니즘이다』 – 장 폴 사르트르

『제2의 성』 – 시몬 드 보부아르

『도덕 감정론』 – 아담 스미스

『칸트의 도덕철학』 – 임마누엘 칸트

『공리주의』 – 존 스튜어트 밀

『도덕적 인간과 비도덕적 사회』 – 라인홀드 니버

『사랑의 윤리학』 – 에리히 프롬

『동물 해방』 – 피터 싱어

『정의론』 – 존 롤스

『도덕계보학』 – 프리드리히 니체

『공리주의』 – 존 스튜어트 밀

『국가』 – 플라톤

『인간의 조건』 – 한나 아렌트

『고백록』 – 아우구스티누스

참고문헌

1부 독서는 기술이다

『독서의 기술』, 모티머 J. 애들러·찰즈 반 도렌, 민병덕 역, 범우사, 2011

『독서의 발견』, 유영만, 카모마일북스, 2018

『명작 독서 명품 인생』, 이상욱, 예영커뮤니케이션, 2012

『어려운 책을 읽는 기술』, 다카다 아키노리, 안천 역, 바다출판사, 2017

『5차원 독서법과 학문의 9단계』, 원동연, 김영사, 2017

『책에 대해 던지는 7가지 질문』, 정수복, 로도스, 2013

『거장처럼 써라』, 윌리엄 케인, 김민수 역, 이론과실천, 2011

『청소년을 위한 필사 가이드』, 권정희·전은경·정지선, 북바이북, 2021

『필사 문장력 특강』, 김민영·이진희·김제희·권정희, 북바이북, 2018

『초독서법』, 가토 슈이치, 이원두 편역, 명지사, 1997 [7:0†트리비움.pdf]

2부 개관(Survey)

『독서방법론』, 로빈슨, 김영채 역, 배영사, 1983

『논리적 독서법』, 모티머 J. 애들러·찰스 반 도렌, 오연희 역, 1994

『논리적 독서법』, 한국독서교육연구원, 예림기획, 1997

『생각을 넓혀주는 독서법』, 모티머 J.애들러·찰스 반 도렌, 독고 앤 역, 멘토, 2000

『독서왕이 성공한다』, 버니스 E. 컬리넌, 최진 역, 프레스빌. 1995

『독서술』, 에밀 파게, 이휘영 역, 서문당, 1972

『독서지도방법–사고중심, 전략중심』, 아윈·베이커, 한철우·천경록 역, 교학사, 1996

『독서를 좋아하는 아이로 기르기 위한 50가지 방법』, 캐시. A. 제일러, 최이정 역, 문원, 1999

『독서와 독서지도』 김병원, 보림출판사, 1976

『11가지 질문도구의 비판적 사고력 연습』, M. 닐 브라운·스튜어트 M. 킬리, 이명순·하자인 역, 돈키호테, 2016 [7:2†트리비움.pdf]

3부 질문(Question)

『질문형 학습법』, 이영직, 스마트주니어, 2010

『디자인으로 미래를 경영하라』, 크레이그 M. 보겔·조나단 케이건·피터 보트라이트, 정국현·이윤동·이돈태, 럭스미디어 2006

『잘라라 기도하는 그 손을』, 사사키 아타루, 송태욱 역, 자음과모음, 2012

『아기의 지능은 무한하다』, 글렌 도만, 안영준 역, 민지사, 2006
『진작 이렇게 책을 읽었더라면』, 장경철, 생각지도, 2020
『생각을 문장으로 바꾸는 글쓰기 공작소』, 이만교, 현대문학, 2020
『공부하는 그리스도인』, 도널드 오피츠·데릭 멜러비, 이지혜 역, IVP, 2010
『그리스도인은 왜 인문학을 공부해야 하는가?』, 김용규, IVP, 2019
『기독교 고전교육을 말하다』, 더글라스 윌슨 엮음, 임종원 역, 꿈을이루는사람들, 2022
『기독교 세계관 렌즈로 인문학 읽기』, 이상욱, 예영커뮤니케이션, 2017 [7:3 † 트리비움.pdf]

4부 읽기(Read)

『기독교 세계관으로 가르치기』, 알버트 E. 그린, 현은자·정희영·황보영란 역, 도서출판 CUP, 2009
『벤저민 블룸 완전학습의 길』, 토마스 거스키, 임재환 역, 유비온, 2015
『기독교 강요』, 존 칼빈, 김대웅 역, 복있는사람, 2022
『1984』, 조지 오웰, 정회성 역, 민음사, 2007
『군주의 거울』, 김상근, 21세기북스, 2021
『기독교 세계관으로 본 셰익스피어』, 피터 J. 라잇하르트, 김민석 역, 꿈을이루는사람들, 2016
『기독교적 고전교육』, 하비 블루던, 로리 블루던, 김선화 역, 꿈을이루는사람들, 2008

『니코마코스 윤리학』 아리스토텔레스, 강상진·김재홍·이창우 역, 2011

『멋진 신세계』, 올더스 헉슬리, 안정효 역, 소담출판사, 2015

『모두를 위한 아리스토텔레스』, 모티머 J. 애들러, 김인수 역, 마인드큐브, 2016 [7:6 † 트리비움.pdf]

5부 되새김(Recite)

『철학은 내 친구』, 위기철, 현북스, 2022

『키루스의 교육』, 크세노폰, 이동수 역, 한길사, 2015

『국가』, 플라톤, 박종현 역, 서광사, 2005

『역사』, 헤로도토스, 천병희 역, 숲, 2022

『펠로폰네소스 전쟁사』, 투퀴디데스, 천병희 역, 숲, 2011

『새로운 인생』, 단테, 박우수 역, 민음사, 2005

『역사란 무엇인가』, E. H. 카, 김택현 역, 까치, 2015

『영국 기행』, 니코스 카잔차키스, 이종인 역, 열린책들, 2008

『고백록』, 어거스틴, 선한용 역, 대한기독교서회, 2019

『변신』, 프란츠 카프카, 이재황 역, 문학동네, 2011 [7:11 † 트리비움.pdf]

6부 표현(Review)

『아리스토텔레스 수사학』, 아리스토텔레스, 박문재 역, 현대지성, 2020

『서사철학』, 김용석, 휴머니스트, 2009

『철학 정원』, 김용석, 한겨레출판사, 2007

『휘파람 부는 사람』, 메리 올리버, 민승남 역, 마음산책, 2015
『소설의 기술』, 밀란 쿤데라, 권오룡 역, 민음사, 2013
『감옥으로부터의 사색』, 신영복, 돌베개, 2018
『혼불 2』, 최명희, 매안, 2010
『죽도록 즐기기』, 닐 포스트먼, 홍윤선 역, 굿인포메이션, 2020
『세계관은 이야기다』, 마이클 고힌·크레이그 바르톨로뮤, 윤종석 역, IVP, 2011
『그리스도와 문화』, 리처드 니버, 홍병룡·임성빈 역, IVP, 2007

트리비움(TRIVIUM) 지혜를 담은

SQ3R 독서기술